子どもの発達と
保育カウンセリング

次良丸睦子・五十嵐一枝・加藤千佐子・高橋君江=共著

金子書房

まえがき

　近年，育児問題をめぐる社会病理的な，あるいは家族病理的な現象にはまことに憂うべきものがあります。曰く育児ノイローゼ，育児ストレス，いじめ，学級崩壊，キレる子ども，児童虐待，登校拒否，離婚，父親崩壊，自殺，家庭内暴力，薬物依存，非行と犯罪の低年齢化などなど。現代は物質的な豊かさに満ち溢れておりますが，心の健康はそれに反比例して損なわれるものなのでしょうか。こうした精神の病理現象は私たち人間の心の幸福とは程遠い深刻な問題を投げかけています。今日ほど人の心の，とくに幼児・児童の心のケアの必要が叫ばれる時代もないといわれる所以です。こういうときの頼りは昔は（もしかすると今でも）お祈りかおまじないの類だったのでしょうが，現代の私たちにはもう一つ，心の学問として「カウンセリング心理学」という救いの手があります。本書は心理学の力でなんとかこの問題に明るい光をあてようとする切なる試みです。言い換えれば，心理学の立場から育児に必要な心の援助と助言を提供することです。

　近頃，カラスが鳴かぬ日があってもカウンセリングとかカウンセラーとか，聞かぬ日とてないというのは，当事者にとってはもちろん，将来，この道に進みたいと志す人たちにとって（そして事実，そういう人たちは多いのですが），あながち誇張でもないでしょう。しかしどうかすると「何でもかんでもカウンセリング」といって，この言葉が上滑りしてしまうことを恐れます。心のケアであるカウンセリングは心理学の一分野であり，いろいろな心理学と関係があります。どんな心理学が関係あるのか，それは本書で逐次説明することになるのですが，とにかくカウンセリングには心理学の基礎があります。心理学がカウンセリングの原点であり，いざというときにはカウンセラーの救いの神でもあるのです。心理学の一学徒としてもそうであることを願っております。

　しかし生きた人間を相手とするカウンセリングは，同時に優れた応用問題であることはいうまでもありません。唐突のようですが，テレビその他のメディ

アの園芸相談で「植物カウンセラー！」がいとも明快に「このときはこうする，こうすればこうなる」と断定的にいわれるのを見聞きするとき，個人的な感想ながら私はいつも「植物カウンセラーはいいなあ」と思います。園芸家のお叱りを覚悟でいえば，「人間ではとてもそうはいかない」と思っています。「人間カウンセラー」は「人間，この未知なるもの」につねに謙虚でなければなりません。事実，大変難しい存在です。しかしカウンセリングの実践においては「植物カウンセラー」の皆さんに負けないくらい自信と説得性をもつ必要があります。それには相当の経験と研鑽を積んで，どんな応用問題にも対応できなくてはならないということでしょう。

　さて，月並みながら本書の概要と執筆者について簡単に紹介したいと思います。本書の全体的構成は子どもの発達に関する心理学的基礎論，発達心理検査の実施と解釈，子どもと親の関係についての心の援助を中核とする保育カウンセリング，実際に取り扱った症例，児童の福祉社会学を論述しています。とりあえず1，2章の執筆担当である私を措くこととして，本書は児童学とくに幼児や児童を専門として現在，子どもの教育あるいは治療に活躍していらっしゃるお三人に，それぞれの立場から今日的問題を提起して書いていただきました。

　3章と6章の執筆者は長年，保育カウンセリングに携わってきた実践家で臨床経験が豊富です。発達検査を通して親からみた心理療法を得意としております。3章は子どもの発達を診断する実践的立場で，多くの心理検査の中からよく使われる精神発達検査，行動発達検査，知能診断検査，心理療法に用いる投影法検査を選んで紹介しています。検査は治療とともに心理臨床の両輪の一つで，子どもの発達の遅れが言葉の遅れなのか，行動・動作の障害なのか，人とのかかわりや社会性に問題があるのか，情緒的な問題なのかなど，その見極めは非常に大事です。

　とんで6章は子どもの対人関係の障害について親子関係の歪み，とくに未熟な親，子育て不安をもつ親，片親家庭，虐待などの問題を取り扱い，こじれた親子関係をどのように修復するかについての解決方法を筆者の保育カウンセリングの視点から紹介しています。また子どもどうしの対人関係のもつれ，ソーシャル・スキルの獲得方法，子どもから好かれる先生，保育者として望ま

しい先生とはどんな先生かを問題提起しました。

　4章と5章の執筆者は精神身体障害児や神経行動障害児の心理療法に携わって30年という，発達障害児の治療教育家です。小児神経・小児臨床心理学の臨床分析に造詣深く，とくにてんかんの研究に取り組んでおります。そういう次第で，その4章は子どもの「心と体」の関係について精神身体的障害や神経症的行動障害の立場から考察しています。近年，小児心身症，小児神経症，心因反応などと診断される子どもが増えているようです。彼女は小児医学と心理学の接点にあり，症例をあげて実際に役立つ知識を提供しています。

　5章は子どもの認知と行動の問題について臨床神経心理学的障害の側面から精神発達遅滞，自閉症，ADHD（注意欠陥／多動性障害），LD（学習障害），てんかんの症例を扱い，臨床心理学的援助の方法を述べています。4章も5章も特異なケースだけに，その臨床的症例は興味深いものです。

　7章と8章の執筆者は子どもの問題を福祉や社会学の立場から論じた点がユニークで，今日的な社会・家族の病理現象を問題提起した意義は大きいと思います。7章は近頃の「親になれない・なりたがらない大人たち」をめぐって，児童福祉，母子保健，父子保健の立場から親としてなすべき事柄について考察しました。育児に対する不安や負担の解消にとって父親の育児・家事協力の重要性，行政の子育て支援の一層の拡充，公共施設の利用，保育所の新たな役割，学童保育の今後などについて筆者の考えが展開されます。さらに少子・高齢社会における親業の現在と今後の問題など，課題提起は多岐にわたっています。

　8章は子どもと共に育ち合う大人たちの実像として，乳児・幼児期で現代の親における家庭教育のマニュアル化時代の到来が指摘されます。幼児・児童期では「子どもの権利条約」と「児童買春・ポルノ処罰法」の成立に触れ，虐待，いじめ，不登校からいかに子どもを守るか，今後の新しい家族のライフデザインが考案されます。

　都合で後先になりましたが1章と2章は私が担当しました。私は健常な幼児・児童の英才教育と発達障害児の治療教育という両面から，かれこれ30年ほど幼児教育と臨床経験に携わってきました。この間，パーソナリティ研究や最近は幼児の認知に関して数概念の発達などの研究もしましたが，保育カウンセ

リングの構想はつねづね心の中で温めてきたものでした。そこで *1* 章は「保育カウンセリング」とは何かを改めて定義し，保育の場にカウンセリング心理学の理論と技法を導入することによって子どもと親たちにどのような援助ができるか，学校カウンセリング，職場カウンセリング等々ある中で，新しく「保育カウンセリング」なるものを「旗揚げ」するつもりで書きました。本書全体の意図もそこにあります。私は児童学とともに心理学を専攻したものですから，保育カウンセリングの基礎に心理学をおいたこと，保育カウンセリングに心理学は必須であることを意識していることは冒頭にも述べたとおりです。もちろん隣接科学領域として脳科学，小児神経学，小児医学，児童福祉などの知識が欠かせないのはいうまでもないことです。

2 章は発達とは何かを発達心理学の定説にもとづいて述べたものです。子どもとは何かといえばなんといってもそれは発達成長する存在で，発達理論は児童理解の根幹です。保育カウンセリングにとってカウンセリング心理学を横糸とすれば，発達心理学は縦糸ともいうべきものです。ここではもっぱら基礎的なことを述べて *3* 章（発達検査）への導入としました。

保育カウンセリングは現代という時代の要請でもあります。本書が子どもの真の幸福のために，乳幼児や児童と接する両親や教師，将来，親や教師に，あるいは専門のカウンセラーをめざす人たちのお役に立つことを切に願うものです。

2000年1月

著者代表　次良丸睦子

目　次

まえがき

1章　保育カウンセリングとは何か……………………………1

1節　保育カウンセリングのめざすもの　1
1．保育カウンセリングの必要性　1
2．保育カウンセリングの定義　3
3．保育カウンセリングの内容　4
4．保育カウンセラーとしての要件　7

2節　保育カウンセリングに関連する諸理論　10
1．カウンセリング理論　10
2．発達理論　14
3．精神分析　17
4．行動理論　21

3節　保育カウンセリングに関連する心理療法　23
1．行動療法　23
2．認知行動療法　23
3．論理療法　25
4．認知行動カウンセリング　26
5．交流分析　26
6．遊戯療法と箱庭療法　28
7．ソーシャル・スキル・トレーニング　29
8．音楽療法　30

2章　子どもの発達 ……………………………………………32

1節　発達とは何か　32
1．発達を定義する　32
2．発達の規則性　33

2節　発達の規定因　35

　　1．遺伝説　36
　　2．環境説　40
　　3．遺伝−環境折衷説　43

3節　子どもの各発達段階の行動特徴　44

　　1．新生児期　44
　　2．乳児期　46
　　3．幼児期　52
　　4．児童期　56

4節　これからの幼児教育のあり方　59

　　1．人生の発達課題　59
　　2．これからの幼児教育　60

3章　子どもの発達を診断する　……………………………65

1節　発達診断検査の種類　65

　　1．乳幼児発達検査　65
　　2．知能検査と言語発達検査　73
　　3．認知や学習に関する検査　76
　　4．パーソナリティ検査　79
　　5．行動に関する検査　82

2節　発達診断の必要性　86

4章　子どもの心と体のつながり　……………………………88

1節　心と体の問題——精神身体的障害　88

　　1．呼吸器系の障害　89
　　2．消化器系の障害　92
　　3．内分泌系の障害　94
　　4．泌尿器系の障害　95
　　5．中枢神経系の障害　98

2節　情緒と行動の問題——神経症的行動障害　98

　　1．食事行動の障害　98
　　2．睡眠の障害　100

3．くせ（習癖） 101
　　　4．社会行動の障害 102
　　　5．言語の障害 104

5章　子どもの認知と行動の問題 …………………105

1節　精神遅滞 105
　　　1．精神遅滞とは 105
　　　2．精神遅滞の原因 106
　　　3．精神遅滞の現れ方 107

2節　自閉症 109
　　　1．自閉症とは 109
　　　2．自閉症の原因 111
　　　3．評価と指導法 114

3節　注意欠陥／多動性障害と学習障害 114
　　　1．ADHDとLDの変遷と定義 114
　　　2．ADHDとLDのプロフィール 117
　　　3．ADHDとLDへの対応 121

4節　てんかん 122
　　　1．てんかんとは 122
　　　2．てんかんと認知障害 125
　　　3．てんかんの臨床心理 126

6章　子どもの対人関係とその障害 …………………128

1節　親子関係の成り立ち 128
　　　1．初期の母子関係とその諸問題 128
　　　2．アタッチメント形成と本来の親子の姿 129

2節　親子関係の歪みと崩壊 132
　　　1．未熟な親（親になれない親）と幼児虐待 132
　　　2．片親家庭の問題 136
　　　3．子育てに悩む母親 137
　　　4．親になれない親の援助 141

3節　子どもどうしの関係 141

1．きょうだい関係と親の養育態度　142
　　　2．園でのかかわり　143
　　　3．子どもどうしのかかわりから学ぶもの　144

　4節　子どもと保育者とのかかわり　147
　　　1．子どもにとっての保育者の意義　147
　　　2．保育者の役割と援助　148
　　　3．子どもにとっての先生　148
　　　4．問題のある子
　　　　　——とくに人とのかかわりができない子への指導・援助方法　150
　　　5．問題のある子の親への保育者の対応　152

7章　親になれない・なりたがらない大人たち　154

　1節　母親の育児不安と育児ストレス　154
　　　1．母性信仰からの解放　154
　　　2．母親の育児不安　157
　　　3．父親の育児・家事協力　158

　2節　子どもの発達と親の成長を促す地域社会　161
　　　1．子育て支援とグループづくりの必要性　162
　　　2．保育所の新たなる役割と課題　167
　　　3．幼稚園教育と保育所保育の整合性　170

　3節　少子・高齢社会における親業　170
　　　1．少子・高齢社会における子育て　171
　　　2．働く母親と子育て　174

8章　子どもと共に育ち合う大人たち　179

　1節　子どもの生きる力と心をはぐくむ——乳児・幼児期　179
　　　1．家庭教育のマニュアル化時代　179
　　　2．自立できない子どもたち——ピーターパンとシンデレラ　180
　　　3．のびた君とジャイアン君　183
　　　4．しつけ・家庭教育のポイント　183
　　　5．子どものSOS　184

　2節　子どもの生きる力と心をはぐくむ——幼児・児童期　188
　　　1．子どもの体験活動の重要性と総合学習　188

2．子どもと人権意識　190
3節　新しい家族・家庭のライフデザイン　196
　　1．多様な家族・家庭　196
　　2．結婚と離婚の規制緩和と自己決定　198

人名索引
事項索引

1 章 保育カウンセリングとは何か

　近頃の家庭の問題として，核家族化，少子化，幼児虐待，学級崩壊，キレる子どもたちなどの家族病理や社会病理の現象がある。それにともない若い母親が子どもを育てるにあたっては，心配事が増えるばかりである。多くははじめての子育てであり，しかも核家族のために育児知識の伝承ということがない。そういう心配やいろいろわからないことに答えてくれる人がいない。そこでひとりで悩んで育児不安や育児ストレスに陥る母親も少なくない。あるいはもっぱら育児書に頼り，しばしばそこに提示されている平均的な発達基準といったようなものとわが子の発達レベルとを比べて，「うちの子はこれでいいのか」とまた心配になる。そんな育児を余儀なくされているのが若い母親の現状である。

　本書はこのような現実を踏まえて，児童の発達や，その他の正しい知識を提供し，「カウンセリング心理学の立場から」育児に必要な助言をしようという目的のために計画された。もちろんこれは若い両親にとって役に立つことを期待はするが，それ以上に子どもを預かって両親とともに保育の責任を「専門職として」負わねばならない保育士，あるいは保育士をめざす方々に必要な知識である。これを称してここに「子育てに関する保育カウンセリング」というが，そういうわけで，これは発達心理学や教育・臨床心理学に関する心理学的理論がその基礎にあり，実践や技法もそういう心理学的手法を応用したものである。

1節　保育カウンセリングのめざすもの

1．保育カウンセリングの必要性

　現代の小学校にみられる学級崩壊や中学生のキレる子どもの現象も，じつは

幼児期の養育の延長線上にあると考えられる。つまりそのような学級病理現象は小学期や中学期の問題ではなく、すでに幼児期にその萌芽があり、もとはといえば親の考え方、しつけの仕方、養育態度、人生観や価値観に原因があると思われる。都内某保育園の園長は最近の母親像の特徴をつぎのように述べた。

　最近の母親は以前とまったく様変わりです。親は挨拶をしないし、そもそも挨拶ができません。自分本位で相手に対して気づかいというものがありません。子どもがよそ様でお食事をしても母親からのお礼がない。むしろ子どものほうが気をつかうくらいです。離婚が増えているようですが、これは親の精神的な病ですね。とくに都会の母親は隣近所のつきあいがないので孤独です。子どもをどう育てればいいのかわからずに、育児不安や育児ストレスになります。果てはその反動で子を虐待したりします。子どもも不安です。物は何でも与えてやって不自由はさせませんが、「物」で子どもの「心」は育ちません。父親は母親のいいなりですから、いまや権威がありません。母親にも子どもを叱ったり、しつけたりという光景はほんとうにみられなくなりました。子どもの心をはぐくみ、いとおしむ、そして美しく育てるという奥ゆかしさはどこへ行ったのでしょう。「現代の子育て」は日本的文化や日本の伝統的な精神的美を喪失してしまいましたね。

　石井美穂（1999）は家庭教育が子どもの成長にとって重要であることを強調したが、子どものしつけと親の養育態度にとってとくに大切なことは一貫性であるといった。親の都合や機嫌で昨日は白であったものが今日は黒だというのでは子どもは混乱してしまう。最近の保護者が過保護や過干渉の傾向にあるのは問題だが、もっと問題なのはそこに一貫性がないことである。家庭教育に筋が通らないと、やがて綻びが来て、ついにはすべて崩壊してしまう。ともあれ「現代の子育て」は、幼児期の教育と専門家による両親の指導の援助を急務としている。子どもに現れる問題は、もとをたどればどれも子どもに対する取り扱いの誤りの結果である。この意味でも幼児教育に一貫した指針を与えるものとして「保育カウンセリング」の必要性とその役割が期待される。

2．保育カウンセリングの定義

少子化とともに児童の問題行動が猖獗を極めている今日，その対策としてカウンセリングという言葉を聞かぬ日とてない。そもそもカウンセリングとは，もとはラテン語のコンシリウム（忠告，助言，相談，協議，会議）で，日本語では「相談」があてられる。相談者はカウンセラー，その相談を受ける人はクライエントである。日本語では「来談者」というが，そのもとはやはりラテン語で，クリエンス（被保護者）である。

そこでカウンセリングとは何かといえば，たとえば「適応上の問題を持ち，その解決に援助を必要とする人（クライエント）に，専門的訓練を受けて助力者としての資質を備えた専門家（カウンセラー）が面接し，主として言語的手段によって心理的影響を与え，問題解決を助ける過程」（倉石, 1966）である。アメリカの心理学者ロジャーズ（Rogers, C. R.）は「もっぱら相手の話を聞くだけ」という独特なカウンセリング法で有名であるが，彼はカウンセリングとは「クライエントとの継続的直接的接触を通してこれを援助し，その行動と態度の変容を図る」ことだといった（Rogers, 1942）。いずれにしても「話し合いを手段とする」ことと「援助である」ことがポイントである。

関連する用語として心理治療がある。治療は病気あるいは病気をもった患者（ペイシェント）に対しておこなうもので，技法も言語的手段にとどまらない。したがって語義の上ではカウンセリングは原則として援助はしても治療には踏み込まない範囲といえるが，実際には相談と治療の境界は曖昧なことがある。そこでカウンセラーを治療者といったりすることもある。

さて本書でいう「保育カウンセリング」とは子育てに関する心理的援助をおこなうカウンセリングのことである。そこで定義的にいえば保育カウンセリングとは「出生から小学校入学までの乳幼児について発達；情緒，適応の問題があるとき，その解決のために子どもの発達課題の達成を心理学的に援助し，養育者（父母）の行動と態度の変容を図る」ことである。これには子どもの治療教育的面接や技法も含まれるものとする。そういうわけで保育カウンセリングにはつぎの四つの側面がある。

(1) 一般論として乳幼児の発達，教育，情緒，適応の問題に関する心理学的

知識を提供し，問題解決法を示すこと。
(2) 養育者（父母）に対して的確な助言，指導，情報の提供をおこなうこと。
(3) 被養育者（児童）の心理教育面接をおこない，発達アセスメントを実施する。
(4) 治療教育のための心理的技法を使用し，児童の発達を促進する。

これは換言すればつぎのようなことである。乳幼児をめぐる問題は，発達，教育，情緒，適応の多岐にわたるが，それはいずれも心理学の専門的知識によって解決しなくてはならない課題であり，また心理学はそれをめざしている。心理学や児童学の専門家はそういう一般的知識を両親や保育士に提供せねばならない立場にある。子育てのそれぞれの問題については，養育者（とくに父母）との相談面接を通して的確な助言を与え，心理的な指導と援助をおこなう。また子ども一人ひとりの心理的教育面接をおこない，その子どもの発達を専門的な立場から査定（アセスメント）し，これを子どもの発達促進の一つの指標とする。とくに発達障害をもつ子どもには，そのための心理学的技法があるので，それによっての治療教育と両親への心理的ケアと教育的指導をすることが必要である。本書は，保育カウンセリングのこのような理論面と実践面について，順を追って説明することになる。

3．保育カウンセリングの内容

筆者は筆者の大学の児童学科学生200名に「あなたがお子さんを育てると仮定して，どのような子育ての悩みや問題があるだろうかを自由に記述してください」という質問をしたことがある。その回答を参考に，保育カウンセリングにとっての具体的な問題をまとめると，つぎのような5項目になった。これらが以下に本書で取り扱う内容になるだろう。学生たちの回答も表現は違うが，おおむねこれに含まれている。

(1) 妊娠期と産褥期の精神的問題とその対応
　・妊娠期に発症しやすい不安発作への心理療法
　・産褥期の精神障害（マタニティーブルー，神経症型，躁鬱病型，分裂病型，非定型精神病型，症状精神病型など）の心理的援助
　・親の悲哀の心理的援助（欠陥新生児の母親や家族の悲嘆への理解と援

助）
(2) 乳児期の発達的問題とその対応
- 母親の育児不安と育児ストレスの解消の援助
- 赤ちゃんとの心のきずなの結び方（父性・母性の獲得の意味と方法，母子相互作用と愛着の形成）
- 赤ちゃんに身体的問題がある場合のこと（低出生体重児，未熟児，先天代謝異常，染色体異常，先天奇形）
- 身体の発育，発達の問題（ハイハイができない，首のすわりが悪い，身長が伸びない，湿疹，難聴，人見知り，ベビースイミング，はだし，赤ちゃん体操）
- 赤ちゃんの気になる行動（多動な子，機嫌の悪い子，すぐ嚙む子，気になるくせ，夜泣き，ねごと）への対応
- 離乳，食事の問題（離乳食，偏食，食が細い，箸の使い方）
- 排泄，着脱の問題（おむつかぶれ，紙おむつ，夜尿，衣服の着脱）
- 母性喪失，育児意欲喪失，乳幼児虐待などの親のカウンセリング（子どもに愛情を感じない親，授乳拒否，母乳ノイローゼ）
- こじれた親子関係の修復方法の指導（子どもへの偏愛，第一子いじめ，早すぎる母子分離，遅すぎる母子分離）

(3) 幼児期の発達的問題とその対応
- 子どもの気質の理解とその対処方法（暴力を振るう子，癇癪を起こす子）
- 子どもの気になる行動（わがままな子，強情，反抗的，うそつき，盗癖のある子，反抗する子，悪戯をやめない子，厄介な子，取りかかりの遅い子，性器いじり，爪かみ）
- 心と体のつながり：精神身体的障害（憤怒痙攣，気管支喘息，反復性腹痛，遺糞，低身長，頻尿）
- 情緒と行動の問題：神経症的行動障害（食事行動の障害，睡眠の障害，夜泣き，習癖，社会行動の障害，言語に関する障害）
- 子どもの生活上の問題についての指導（脱おむつ，排泄のしつけ，嘘言癖，偏食，肥満対策）

- 社会的スキルの学習と指導（言葉づかい，約束を破ったときのこと，仲間はずれ，登園拒否，祖父母の甘やかし，祖父母との不和，夫婦の問題，近隣との不和，遊び友達がいない，褒め方叱り方，誘惑への抵抗，欲求不満の耐性，自制心）
- 情緒的問題の心理臨床的対応（チック症状，抜け毛症，自傷癖，爪かみや指なめ，異常な独り言，多動性障害，自閉症，吃音，夜尿症，遺糞症，非行，家族神経症）
- 親の死の臨床を体験した子の援助（親を亡くした子どもの心情，心理的外傷体験）

(4) 教育上の問題とその対応
- 子どもの知的教育に関する助言（おもちゃの与え方，幼児期の知的教育の意味，早期教育の是非－とくに英語教育，英才教育の有効性，才能開発法，絶対音感の訓練，お稽古事の意義，幼児の数概念の発達と算数教育）
- 親に関する心理的援助（子育てに自信がない，母親になりきれない，未熟な父親と母親，父子家庭，母子家庭，夫に先立たれたときの喪失感，親の閉塞感と孤独感，家庭崩壊の中の子，保護者の自己実現の援助）
- 親子関係およびきょうだい関係と親の役割についてのカウンセリング（良い親子関係を結ぶには，極端な放任家庭の子どもの不安，同胞の嫉妬，責任回避的な親，冷酷な親，父親の役割，母親の役割，父親の育児参加，子どもから分離できない親，父親の離別，母親の離別，両親の離別）

(5) 発達障害児の治療教育と親の援助
- 発達障害児の治療教育と親の援助（自閉症，学習障害，ダウン症，ウィリアムス症候群，てんかん，注意欠陥／多動性障害，緘黙，精神遅滞）
- 発達障害児の認知障害の援助（言葉がでない，呼びかけても振り向かない，語彙が増えない，集中力がない，数がわからない，完全な文が書けない，語句の意味がわからない，助詞を正しく使えない，意味不明の言葉をしゃべる，何度教えても憶えられない，長音・拗音の読み書きができない）

・発達障害児の行動障害の援助（ボタンのついた服を嫌がる，靴紐が結べない，電文体で話す，パニックと自傷行動，こだわりが強い）

4．保育カウンセラーとしての要件

　専門職としてのカウンセラーは人格をもった人間としての他者と相対するわけであるから，だれでも「そうなれる」ものではなく，それなりの要件がある。子どもへの精神的援助をする人とは親，保育士，心理療法家などということになるが，以上に述べたことからも明らかなように，親は保育に関してはむしろ援助を受ける立場でもあることのほうが多い。親は子を保育をする立場にあり，良き保育者としての条件が望ましいにしても，少なくとも親をカウンセラーと呼ぶことはない。

　カウンセラーにとってクライエント（子どもや親）との出会いは，一つの意味深い出来事である。なによりも「子どもにとっての良き親こそ，子どもにとって最高のカウンセラー」である。親ではないカウンセラーとしてはこのことをまず認識し，謙虚な気持ちを忘れてはならない。その上で子どもの心理的援助にあたっては，まず子どもの心の全体をとらえなければならない。子どもの症状をたんなる異常行動だとか，問題行動というようにとらえないで，子どもの成長過程全体の中の一つの出来事としてみなくてはならない。そのためには親を含めて保育者および心理臨床家たるものは，深い洞察力と豊かな人間性が問われる。このことをさらに具体的に述べれば，つぎの6条件になる。これは高邁な理想で大変に難しいが，せめてこれを望ましい条件として努力しなければならない。

(1) 「自己を知る」

　まず自分はどのような人間であるかを知ることである。この場合，たとえば内気であるとか衝動的であるとかの常識的日常的概念でもよいが，さらに専門的に心理学的な性格の類型論や特性説などに親しむとよい。そのためにも心理学の方法が必要である。自己を知るには自己に関心をもつことである。自己分析をするだけでなく，自己を客観的に他者から観察をしてもらい，教育分析を受けることが必要である。つまり他者の分析を受けることによってクライエントとしての体験をするのである。

(2)「自己を練り上げる」

　人とのかかわりをもつには人間として精神的に心豊かな深いものを自ら身につけることが必要である。心理臨床家は技術も大事であるが，何事も経験が自己を広げ練り上げるための財産となる。それが直接・間接に心理療法に役に立つ。しかしただ「年齢（とし）の功」を待ってはいられない。心理学の知識だけでなく，絵画，映画，文学にふれ，思想や哲学に親しむなど，積極的な努力によって，はじめてカウンセリングに精神的な幅とゆとりができる。

(3)「ロジャーズの3条件を会得する」

　ロジャーズは心理カウンセラーの3条件として，自己一致，無条件の肯定的配慮，共感的理解ということをいった。これについてはロジャーズ理論として後述する。

(4)「専門的な知識と技法を身につける」

　カウンセリングは専門職であるから，専門的な知識と訓練が必要である。保育カウンセリングの対象は多様で，親子関係，育児問題，学業－教育の問題，性格上の問題，子どもの病理的問題などのほか，夫婦問題，嫁－姑の関係もある。まさに「人が人生の発達途上でだれもが遭遇し解決しなければならない問題」といっても過言ではない。最小限に見積もっても「子どもの発達と心理的理解」の専門的知識が要求される。他方，カウンセリングだけでは解決できない発達障害児などの治療教育の問題もあり，そのための臨床心理学的知見や技法がある。

(5)「心理アセスメントに習熟する」

　心理アセスメント（査定）とは要するに各種のテストによる心理測定と診断である。カウンセラーにとって心理アセスメントとカウンセリングは車の両輪であり，子どもを理解するための必須条件である。心理テストはいろいろあるが，とくに診断的な心理検査法の習熟が重要である。テストはたくさんやればよいというものでもなく，カウンセラーの得意なテストをいくつかもつことが必要である。心理査定を通して子どもへの洞察と理解も深まり，つぎのようにクライエントをより深く受け入れることができる。

(6)「クライエントを受容できる」

カウンセラーはクライエントをよく理解するとともに，クライエントを「あたたかく包み込んで」受容する姿勢が要求される。そういう親密な関係をラポールといい，カウンセリングの前提条件である。受容の直接的な表現として微笑は欠かせないであろうし，間接的に相談室のあたたかい雰囲気も必要であろうが，受容の最も基本は「よく聞く能力」を身につけることである。クライエントの感情を大切にし，それに耳を傾けなくてはならない。よく聞くためには聞き上手でなければならない。カウンセラーがどんな立派な意見をいっても，それは参考にすぎない。クライエントが感

事例1　カウンセリングを体験し学習する

カウンセリング (counseling) は来談者（クライエント）のもつさまざまな問題の解決に心理的援助を与えることで，主に言語を媒体として展開される。面接の基本的態度は，①ラポールの形成，②受容と共感的理解，③明確化である。

（目　的）　ロールプレイを通してカウンセリング面接のプロセスを体験し学習する。

（方法と手続き）

1. 役割（カウンセラーとクライエント）をとる：二人一組になって一人がカウンセラー，もう一人がクライエントとなる。ここでは全員が相手を替えてカウンセラーとクライエントの役割をとる。
2. ロールプレイの準備：ロールプレイに要する時間はおよそ15分程度でそれ以上にならないようにする。カウンセラーとクライエントは斜めの席に座る。カウンセリングの問題は「母親として子育ての不安を感じどのようにしたらいいか」，「子どもが反抗して仕方がない」などの保育カウンセリングに関する問題のロールがよい。
3. ロールプレイの導入：いきなりロールプレイをやらないでクライエントロールをとる人の緊張を解きほぐし話しやすい雰囲気をつくって後，カウンセリングを開始する。
4. ロールプレイの終了：クライエントが熱心に話をしていても，15分が経過したら話を区切り「これで終了します」と多少事務的に打ち切る。
5. 終了したら全員で面接について討議する。つまり，①受容的に聞くことができたか，②クライエントに対して批判などはなかったか，③カウンセラーの自己主張はなかったか。

情のレベルでそれを受け入れたときはじめて治療の糸口が開かれる。受容性を高める訓練と努力はカウンセラーの技術とともに、人間性をも高める結果となる。

2節　保育カウンセリングに関連する諸理論

　保育カウンセリング理論や学説は多岐にわたり、扱う対象も多様である。いわく、ロジャーズの「自己理論」、フロイト、エリクソンなどの「精神分析的理論」、バンデューラなどの「行動療法的理論」など。カウンセリングや心理治療の直接の理論ではないが、発達理論も関係があり、ピアジェの「認知発達理論」、ボウルビィの「愛着理論」などが大事である。カウンセラーは専門常識として一通りそれを知らねばならない。以下はその要点にとどまるが、カウンセリング理論およびとくに保育カウンセリングに関連する問題としての発達理論や学習理論について、である。

1．カウンセリング理論

a　ロジャーズ理論とその治療的基礎

　カール・ロジャーズ（Rogers, C. R. 1902～1987）はカウンセリング理論の第一人者というにふさわしい。彼の理論は「クライエント中心」といわれるが、これは彼の人間主体の人間観から来ており、人間学的理論だといわれる。すなわち人間であるクライエントは、自ら自己を発見し改善する能力と動機づけをもっていると考えるのである。その意味ではカウンセラーはまさに援助者である。カウンセラーはもっぱら聞き役として、クライエントが自らを発見するのを援助はするが、「ああしなさい、こうしなさい」などと指示はしない。そこでその方法を「非指示的」ということもある。

　ロジャーズ理論における「条件－過程－結果」の図式に従えば、治療の開始時点で、クライエントは必ず不協和の状態にある。それは彼の自己認知と実際の体験とのくいちがいから生じる。たとえば自分は友好的で人から好かれると思っているのに、実際には嫌われているというようなことである。彼がこれを意識するしないにかかわらず、このとき彼は不安になり抑鬱的になる。そこで

彼の行動は不適応的な防衛的歪みを受ける。

　カウンセリングにあたってロジャーズはカウンセラーの態度としてつぎの三つの条件をあげた。

　第一は自己一致または純粋性である。ロジャーズは，「事実の自分」と「思い込みの自分」が一致している人間を健全な人間であるとした。つまり事実（または経験）の自分にもとづいた自己概念をもつことが必要で，これが「自己一致」である。ロジャーズはカウンセラー自身がそうであることを要求する。

　第二にクライエントに対して援助的であろうするならば，カウンセラーは協調的でなければならない。それにはクライエントに対して「無条件に肯定的」でなければならない。無条件の肯定とはカウンセラーがクライエントに対して心から畏敬の念をもち，すべてを受容し，どんな弱点をもあたたかい気持ちをもって見守ってやることである。これはクライエントに対する「愛」の精神にほかならない。

　第三は共感的理解である。これは文字どおりクライエントが何を感じ，何を考えているか，その内的世界を一緒に相手の身になって理解してやることである。

　これら三つの条件が整えば，クライエントは胸を開いて心の中を語るであろう。その過程で自己の体験との不一致が明確になり，自我構造の再体制化がおこなわれ，問題が解決する。カウンセラーの側に無条件の肯定があれば，クライエントは自分の感情を安心して語り，そこに自然の治癒的過程が働くのである。カウンセラーの側からいえば，共感的理解と自己一致があってはじめてクライエントが何を考え，何を感じているかがわかる。共感してやれることがクライエントを援助することになる。

　ロジャーズはクライエントが「自分でそれをすること」（クライエント中心，非指示的）を重視する。人間は「自らを維持し，強めるためのあらゆる能力を開発する内的な傾性」を有すると考えられている。この自己実現的傾性がとりもなおさず自己と体験との一致への原動力である。実際，自己のイメージへの脅威や不一致の不安によって体験が否定されたり歪められたりすることがなければ，人は自ら一致を得ることができる。それにはカウンセラーとして無条件の肯定的配慮を一貫することが大切である。

治療の結果，クライエントの「現実自己」と「理想自己」とは一層一致し，防衛や不安はなくなる。自信と有能感が生まれ，積極的に自己を認識する。「そうありたい私」（理想自己），つまり彼が最高の価値をおく自己は，より現実的なものとなる。こうしてクライエントは成熟し，適応的になる。ロジャーズ理論が多くの研究を推進した功績は大きかった。とくに「自己」とその「不協和」の概念はきわめて発見的で，カウンセリング理論としてきわめて有効であった。

b　國分の「育てるカウンセリング」論

「育てるカウンセリング」の提唱者の國分康孝は，現今の学校における「学級崩壊」「いじめ」などの問題は学校心理学，カウンセリング心理学，ソーシャルワークの領域であり，アメリカではスクールカンセラーがそれにあたっているということで，そういうカウンセリングは病理的なパーソナリティの治療を主な目的とした臨床心理学の問題とは別だといった（國分, 1999）。

國分によるとカウンセリングには「リメディアル・カウンセリング」と「育てるカウンセリング」（予防・開発カウンセリング）がある。リメディアルは「治療」という意味であるが，リメディアル・カウンセリングもカウンセリングである限り病理治療的な心理療法（サイコセラピー）とは区別されるが，その一方において学校カウンセリングにおいて彼が主張するのは「育てるカウンセリング」のほうである。学校カウンセリングは発達課題を解きつつ人が成長するのを援助する方法なので，治療ではなくて問題解決の援助である。したがってこれは教育的色彩が濃い。学校教育の課題は，①学業の向上，②人生計画，③性格−社会教育の三つで，これが学校心理学と学校カウンセリングの主題である。

「育てる」という用語には，括弧づきで「予防−開発的援助」という意味が含まれている。つまりみんなが健全なパーソナリティに成長するように，児童生徒の心的機能不全を予防するという意味である。それにはそれぞれの多様な思考（信念），行動（技能），感情（喜怒哀楽）を援助し，それぞれが自分らしく機能する個人として成長することを助けるという意味が含まれている。教育的環境でどのような方法で思考・行動・感情を育成するかについてはつぎのよ

うな方法が議論される。
 (1) 構成的グループエンカウンター
　　エンカウンターというのは「接触」とか「ふれあい」という意味で，当然ここでは「集団における心のふれあい」という意味になる。学級や学年集団の中に自分の居場所をつくるのにこの手法は効果的である。人間関係づくりのほかに道徳教育，人権教育，学習指導にも活用できる。構成的グループエンカウンターは課題を遂行しているうちに，思考・行動・感情のいずれかに変化を生じさせるグループ体験である。
 (2) キャリア・ガイダンス
　　キャリアとは進路のことで，これは進路指導，人生の将来を考えることである。つまり将来の計画を立てるには現在の困難な問題に耐える力がなくてはならず，将来展望は問題行動をコントロールする力となる。将来との関係の中で現在どう生きるかを考えさせる教育である。
 (3) ソーシャルリレーション志向のグループ体験
　　人はグループを通してグループへの所属感，規範意識，洞察，模倣，試行錯誤などの体験を得る。そのことが人を癒したり育てたりするグループ機能となる。グループ体験からソーシャル・スキル，自己主張スキル，コミュニケーション・スキル，リーダーシップ・スキルなどを学習する。これらスキル学習は教育的志向で，「育てるカウンセリング」とはこのことである。
 (4) 対話のある授業
　　教師が子どもと同じ「目の高さで」話すことである。これには「相手の能力，興味，状況，心情を考慮して」という意味が含まれている。そのほかに子どもどうしがお互いに語り合える心的世界をもつことである。
　「育てるカウンセリング」論は，A. S. ニイルとエーリッヒ・フロムの著作を関連する人生哲学の指針として，またロジャーズ理論，精神分析理論，行動理論，そのほかに行動療法，遊戯療法などを関連するカウンセリング理論として，その活用を推奨している。

2. 発達理論

　保育カウンセリング理論にとって発達の問題を欠かせないのは明らかである。発達心理学にとっておそらく双璧といってよいのはピアジェとフロイトの発達理論である。子どもの発達機制には両者とも生物学的という基本的な考えに類似性はあるが，ピアジェが認知の発達であるのに対して，フロイトは情動に主眼をおいた。ピアジェの発達論はどちらかといえば孤高の理論であるのに対し（新ピアジェ派というような展開がないではないが），フロイトの精神分析はきわめて影響が大きく，新フロイト派のエリクソンの心理社会的な対人関係論，アンナ・フロイトの自我心理学，スピッツの母子関係論，ボウルビィの乳児の社会的愛着理論など，いずれもその系統にある。

a　ピアジェの認知発達理論

　ピアジェ（Piaget, J. 1896～1980）は現代発達心理学の開祖ともいわれる。彼は自ら発生的認識論者と名乗り，「知識とは何か，知識はいかに発達するか」について生物学と論理学を折衷した独自の発達論を構築したが，それには他の追随を許さないものがある。それは従来の行動主義的な学習発達の定義を認知論的な定義で置き換えたという点でも，発達心理学史上，画期的な出来事であった。以下はピアジェの発達理論のほんの要点であるが，つぎの五つに要約される。

(1)　発生認識論

　　生物発生が遺伝的な内因要素で決定されるのと同じように，認知発達も生得的なプログラムで決定されるというもの。

(2)　生物学的アプローチ

　　彼の発達理論は生物学的諸概念を軸に構成された。順応，組織化，構造，同化，調節，均衡化などがこれである。

(3)　構成主義

　　構成主義者は要素をどのようにして一つの全体に組織化するかに関心がある。ピアジェによれば思考の要素は年少児も年長児も同じであるが，それが結合して一つの思考全体を構成する仕方にその違いがあるという。

(4) 方法

ピアジェの方法は保存実験にみられるような独自の臨床法であった。それは通常の面接法に近い手法で，子どもへの質問とそれに対する言語応答から成り立っている。したがってこの手法は子どもの言語反応に依存するが，子どもの考え方を力動的にとらえることが可能になった。

(5) 段階的アプローチ

認知発達は次の4段階に区分される。

　　感覚－運動期（出生時～2年間）
　　前操作期（2～7歳）
　　具体的操作期（7～11歳まで）
　　形式的操作期（11歳以上）

ピアジェの発達段階の特徴は，①各段階には変化の時期と安定の時期の交代がある。②各段階はすべての子どもに共通の構造と機能を有する。③段階の順序は一定であり，逆転や飛び越しはない。④新しい段階では前段階の構造は消滅するのではなく，新しい概念体系を通じて再構成される。⑤新しい段階への移行は突然ではなく漸次的である。

b　ボウルビィの愛着理論

アタッチメントとよくいわれるのが，この「愛着」のことで，ボウルビィ（Bowlby, J. 1907～1990）の用語である。母子のアッタチメント（愛着）とは文字どおり，人間や動物の母子の間におけるような「情愛的きずな」のことである。母子とは限らないにしても，多くの場合そうである。母子の情愛関係などいまさらのようなことであるが，動物行動学（エソロジー）で見直されるに及んで，これが愛着理論となり，心理学的発達研究や児童臨床にも影響を及ぼすにいたった。ボウルビィが児童相談の仕事に携わって子どもの非行の原因を考究する中で，その原因の一つに乳幼児期における「愛情の欠如」があることがわかったといわれる。

アタッチメントはきわめて生物学的な概念で，人間や動物の子どもが共通の「赤ちゃんっぽい」かわいい顔かたちをしているのも，それが母親の愛護本能のリリーサー（解発因）として働くためだといわれる。ボウルビィは人間にお

けるアタッチメントについてつぎのような特徴をあげた（村田，1987による）。
(1) 愛着行動は一人あるいは少数の特定の個人に対して向けられ，大方は明確な出現順序がある。
(2) 愛着は通常，生涯の大部分を通じて持続する。青年期になると幼少時の愛着は弱まり，新しい愛着行動にとって代わるが，幼少期の愛着が完全に放棄されることはない。
(3) 強烈な情緒的体験の多くは愛情関係の形成，維持，中断，あるいは変化の際に生じる。愛着には愛着対象を失うことの不安と恐れがともなう。ほんとうにそれを失えば悲哀となり，あるいは怒りとなる。
(4) 好きな相手に対する愛着行動は，ほぼ生後9カ月までに発達する。愛着行動は3歳の終わり頃まで続く。
(5) 行動に対する賞罰の一般的効果は，愛着行動にはあたらない。愛着対象に対する罰は愛着を弱めず，かえってこれを強めることがある。
(6) 愛着行動は最初期には，ごく単純な系列に従って一連の反応として生じるが，1歳の終わり頃からは徐々に複雑かつ多様な行動をとるようになる。この行動系は環境と自己の表象モデルの統合とみることができる。
(7) 愛着行動はほとんどすべての哺乳類動物の幼体に認められ，生涯持続する。ふつうは未成熟な個体が自分の好む成熟個体（通常は母親）から離れないということで，その最も重要な機能は敵から身を守ることにある。したがって生存上の意義がある。

C　ハーロウのアカゲザルの子どもの愛情発達

　ハーロウ（Harlow, H. F. 1905～1981）がおこなったアカゲザルの子どもにおける「愛情の発達」の実験研究も有名である。要するに幼児期に親子関係を引き離されて育ったサルは，好奇心に欠け，探索行動が少なく，非社会的行動が顕著である。人間でも親から離れて施設で育てられた子は社会的適応や性的適応に欠陥があるといわれ，これをホスピタリズム（施設病）というが，それに似ている。サルと人間とは違いがあるものの，母親の保育の仕方，母子間の接触，子どものしがみつき，視聴覚探索など，愛情に関連した基本的行動に大きな差はなく，知覚，恐怖，フラストレーション，学習能力などの発達過程も

非常に似ているということである。

「スキンシップ」が大事だとはよくいわれるが，ハーロウの実験では柔らかい毛で覆われた母親のモデルに子ザルが好んでしがみつく様子が観察され，母親との身体的接触の重要性が示された。哺乳瓶だけの機能をもったグロテスクな形の母親モデルでは母親の真の機能は果たせなかった。（なおスキンシップは和製英語で，キンシップ（親族関係）との語呂合わせである。）

ハーロウは他者にかかわる愛情を，子から母への愛情，母から子への愛情，仲間間の愛情，異性間の愛情，父から子への愛情に分けた。このうち子から母への愛情については次の4段階の発達を考えた。

段階Ⅰ：反射の段階
　子が母にしがみつき乳を吸うなど，主に反射によって子が母にかかわる段階。
段階Ⅱ：心地よさと愛着の段階
　子どもが温かく柔らかい母の体と接触し，また乳を吸うことによって生じる情動で母とかかわる段階。
段階Ⅲ：安全の段階
　子どもに危害を与える状況に対し，母を安全な基地としてとらえ，かかわる段階。
段階Ⅳ：分離の段階
　子どもが母から離れて仲間と接触したり周囲を探索したりする過程で母にかかわる段階。

母の子どもに対する愛情は子が母にもつ愛情とは別のものであるが，それもいくつかの段階を経て形成される。

3．精神分析

およそ学説や理論というものの簡単な説明は難しいことであるが，精神分析はとくにそういわれることが多い。事情はここでも同じである。精神分析はジグムント・フロイト（Freud, S. 1856～1939）に始まり，それ自体が非常に深い理論であるが，新フロイト派にいたるその広がりがまた大きい。以下はまったくその要点である。

a　フロイト派の精神分析

心的決定論

　フロイトの基本的仮説として心的決定論がある。人間の行動には必ず原因がある。日常のささいな行動，言い間違いや物忘れなどでも，また夢はとくに好例だが，それはけっして偶然ではなく，起こるべくして起こった。そのことがわからない（意識できない）のは，その原因が無意識の世界にあるからである。意識の水面下には深い無意識の世界がある。行動の原因を無意識の世界に求め，それを明るみに出そうとするのが精神分析である。

　精神を氷山にたとえて，意識を「氷山の一角」とする表現はまさに無意識界の深さをいうにあたっている。フロイトによればその喫水線に前意識界がある。それぞれの世界を支配するのが，超自我，自我，イド（「それ」または「あれ」を意味するラテン語，ドイツ語でエス）という心的存在であり，その力動的な関係で人間の行動を説明する。

　無意識界のイドは精神の最も原初的な働きをし，リビドーと呼ばれる心的エネルギーがあって，本能的欲求のおもむくままに快楽を求めようとする（快楽原理）。前意識界の自我の一部は意識的，一部は無意識である。イドが快楽を求めて衝動的に動こうとしても現実世界ではそれは通用しない。そこで自我はそのエネルギーを現実に適応するように検閲する役割をしている（現実原理）。

　超自我は氷山のトップにあって，高度に意識的であり，道徳的である。模範的良心がこれにあたる。超自我は非道徳的イドに対してきびしい戒律をもってのぞむが，人間はそのようなきびしさにいつもは耐えられない。自我は下にはイドの衝動性，上には超自我の戒律の間にあって悩める存在であるが，人間の全人格のバランスを保つための調整役として重要である。精神の健全な発達は自我の健全な発達にかかっている。

フロイトの性格形成論

　フロイトによれば根源的欲求のリビドーは広い意味の性的衝動で，すべて心的活動の原因をこれに帰するところから汎性欲説ともいわれる。リビドーは乳幼児期から思春期にかけて，各時期に異なった放出のされ方をする。フロイトの決定論は性格形成にも及び，幼児期のリビドーの処理の仕方がその後の人の性格を決定するという。「三つ子の魂百まで」という諺がある。

(1) 口唇期

リビドーがもっぱら口唇部に集中する時期で，出生から約1年。この時期は乳児が物を口に入れ，吸い，嚙むことによってリビドーが解放される。それが不十分だと，リビドーが口唇部に固着したままで成長し，口唇期性格となる。その特徴は受動的，依存的，甘えである。

(2) 肛門期

排泄のしつけがなされる2～3歳の時期で，リビドーの解放は排泄機能に向かう。この時期，排泄を「がまんする」とか「放出する」ことが要求される。それが適切に処理されないと，リビドーがそこに固着して肛門期性格となる。責任感，倹約家，執念深さを特徴とする。

(3) 男根期

子どもの性器官に対する関心の現れる4～5歳のことで，男子はエディプス・コンプレックス，女子はエレクトラ・コンプレックスの時期である。これは子の親に対する近親相姦的葛藤で，これらのコンプレックス（葛藤）が成長後の異性や権威者に対する態度に影響する。

(4) 潜伏期

思春期以前の6～12歳ぐらいまでの時期。性的興味は潜伏し，興味は外に向いて社会的態度が発達する。

(5) 性器期

いよいよ思春期に入る。健康な自我が形成され，正常な成人性愛が発達する時期である。快楽原則より現実原則によって行動する成熟した豊かな人格がはぐくまれる。幼児期にリビドーの過度の抑圧があったり，あるいは無意識世界に精神的外傷が潜むと，自我にとっては難問となり脅威となる。自我防衛というのはこういうときのことであるが，それに失敗すれば自我の崩壊を招くことになる。それが神経症である。

b　エリクソンの心理社会的発達理論

エリクソン（Erikson, E. H. 1902～1994）は新フロイト派であるが，新フロイト派は生物学的決定因子よりも社会的影響を強調するところが違っている。彼はフロイトのいう幼児期の人格形成上の重要性を否定しないが，自我の現実

指向的－統合的機能に注目して精神分析発達理論を幼児期から成人期を経て老年期まで発展させた。その視点から彼は人間のライフサイクル（人生周期）を八つの段階に分けた。

(1) 基本的信頼 対 基本的不信（乳児期）

人間関係の基本的信頼は乳児期初期の母子関係によって養われ，それは健康なパーソナリティ形成にとって欠かせない。大切なことは，母親が子に対して与える愛や口唇的満足の量でなくて質である。母は子の要求をよく感じとり，感情的にならず一貫した保育をするときに，対人的信頼が育成される。

(2) 自律性 対 恥と疑惑（幼児前期）

これはフロイト説の肛門期に対応し，幼児が社会的行動を学習する時期である。親が排泄のしつけにあまりきびしいと子どもは肛門期的行動が固着して自律性を失う。その性格は敵意と強情，恥と疑惑である。

(3) 自発性 対 罪悪感（幼児後期）

この段階はフロイト説の男根期に対応し，探索行動と性への好奇心が活発である。この時期に自己判断，自己観察，自己指導，自己処罰など，自己が形成され，また「社会的良心」というものがわかるようになる。このような道徳的感覚が確立されるとき，健全な自発性の感覚も発達する。

(4) 勤勉 対 劣等感（児童期）

これはフロイト説の潜伏期にあたる。子どもの勤勉感覚が芽生え，体系的な学校教育を受ける時期である。この時期，子どもは大人たちに倣って（同一化），基本的な社会的な技能を身につけ，それを通して勤勉性と自己信頼感がはぐくまれる。社会に役立つ生産的な人間としての自分，あるいは自分は自分であるという感情発達の基礎づくりがなされる。

(5) 自我の確立 対 自我の拡散（青年期）

よく知られた「エゴ・アイデンティティ」という用語はエリクソンの提唱であるが，これは「自分とは何か」という自己認識のことである。青年期には自己が確立されなければならない。男として，女としていかに生きるべきか，職業はどうするか，深刻に悩むのがこの時期である。そのための猶予（これを心理社会的モラトリアムという）も許されるが，それでも失

敗すれば自我認識は混乱あるいは拡散する。青年期はその危険を十分にはらんでいる。

(6) 親和 対 孤独（成人前期）

自己確立した成人は他者に対して寛容であり，親和的でありうる。自己犠牲を厭わず，他者への強い献身的精神がある。自己確立に失敗すれば，他者とのよい関係も難しく，果ては孤独にさいなまれる。

(7) 生殖 対 停滞（成人期）

成熟した成人は社会がこれを必要とする。エリクソンにおける生殖の概念は，家族を養い，次代を育てるという意味で成人の義務である。家族のない者は他者を育成し，生産的かつ創造的活動によって社会に貢献しなければならない。

(8) 自我の統合 対 絶望（成熟期）

この段階において，以上の7段階の自分のライフサイクルの結果を不可避的に受け入れることになる。ここにいたって人は両親をありのままに受け入れ愛することができるようになり，自分の生涯は自分の責任であるという事実を受け入れる。さらに過去の人，世界の人に対する普遍的な人間愛を知り，時代を通しての伝承を尊重しつつ，ついには自らの老いを肯定するにいたる。

4．行動理論

a　ワトソンと行動主義

アメリカの心理学における行動主義はワトソン（Watson, J. B. 1878〜1958）の「宣言」に始まったが，その後，古典的条件づけ理論や道具的条件づけ理論によって強化され，やがて新行動主義へと発展した。

古典的条件づけとは，ベルの音に犬が唾液を出すといういわゆるパブロフの条件反射をいう。条件反射による刺激－反応の結合は大脳皮質に形成されるものであることから，条件反射学はもともとパブロフにおいては大脳生理学研究であった。パブロフによれば高次神経活動には興奮と抑制の拮抗的活動があり，そのバランスが行動特性を決定する。神経症などの異常行動もそれで説明される。

道具的条件づけというのは反射というよりは何らかの報酬を得るための（道具，言い換えれば手段としての）反応の獲得のことである。いわゆる試行錯誤学習はみなこれで，課題場面でいろいろ失敗を重ねながら，やがて目的の行動を獲得して解決にいたる。動物にある行動を仕込むには，「それ」をしたら餌をやる。このようにその行動に報酬を与えることを強化という。多くの学習行動がこうして形成される。

　古典的条件づけも道具的条件づけも，行動変容の説明として行動主義にとって強力な根拠となった。しかし行動主義は「意識」を否定するので，「魂なき心理学」（Psychologie ohne Seele とドイツ語でいわれる）とか，あるいは，一時期，もっぱらネズミの行動ばかりであったので「ラット・サイコロジー」とか，悪口をいわれたが，新行動主義では行動の認知的側面も含まれ，さらに人間学的行動理論へと発展した。

　b　バンデューラのモデリング論
　人間における学習は社会的学習の部分が大きいが，このことについてバンデューラ（Bandura, A. 1925～　）は模倣の役割について独自のモデリング理論を展開した。子どもは他者の「言ったこと」や「おこなったこと」を見本（モデル）として模倣することで社会的行動が学習される。それが子どもの社会的行動レパートリーになる。見本を観察するので観察学習ともいわれる。バンデューラはモデリングとパーソナリティ発達との関係も強調した。

　そういうわけでモデリングとは他者の行動を観察することによって，その人の行動や特徴を自己の中に取り入れることである。バンデューラによればモデリングは新たな学習の原理であって，条件づけや試行錯誤だけでは行動学習を説明することはできない。モデリングを通して子どもはほとんどすべての情報や技能を身につける。行動だけでなく，言語的，象徴的なモデリングも含まれる。親が子に対して攻撃的に振る舞うと，子は攻撃行動を学習する。子どもは映像メディアの中の攻撃行動も模倣する。

　モデリングには必ずしも強化があるようにはみえない。子どもは何ら報酬もなしに親や兄弟，その他さまざまなものを模倣する。しかしこれは強化がないのではなく，モデルが賞罰などの強化を受けるのを観察することが代理強化と

なって，学習が成立するのだといわれる。バンデューラによれば養育してくれる人，力があって愛情豊かな大人，子どもが望むものを備えている大人を模倣する傾向が最も多い。多くの場合，この条件にかなっているのが親である。

バンデューラによると自己強化というのもある。人は適時に自己に対して強化を与えることによって自分の行動を統制できる。つまり自己強化とは「人が自己の規定した基準に達したときに自分自身に報酬を与えることによって自己の行動を高め，これを維持する」ことである。

3節　保育カウンセリングに関連する心理療法

保育カウンセリングにはカウンセリングのほかに，行動療法，認知行動療法，遊戯療法，箱庭療法，交流分析，自律訓練法などといった，各種の心理療法も関連する。心理アセスメントも保育カウンセリングと関係があるが，それは3章に述べる。

1．行動療法

これは文字どおり上に述べたような行動主義理論の応用である。すなわち「実験的に確立された行動学習の諸原理を応用して，不適応行動を少なくしたり，除くとともに，適応行動を触発し，強化する方法」(Wolpe, 1969)，あるいは「学習理論にもとづいて人間の行動を変容する方法のシステムあるいはプログラム」(内山, 1988) などと定義される。条件づけ理論は実験的に神経症をつくったりする（実験神経症）が，その逆をすれば神経症の治療法にもなるわけで，それが行動療法である。したがって強化，消去，抑制，その他の条件づけの概念や技法が多用される。その適用例は対人恐怖，強迫観念，吃音，自閉症，言語遅滞，抜け毛症，登校拒否，外出恐怖症，過呼吸症候群，心身症など，いろいろである。

2．認知行動療法

行動には外に現れた行動（外顕的行動）だけでなく，外に現れない側面（内潜的行動）があることを否定できない。ただこれは外から直接みえるものでは

事例 2　言語遅滞児の行動療法

下記の行動療法の研究結果を分析し，発達障害者の言語獲得について討議してみよう。

（事　例）　4歳男児（古賀・原, 1984）
（主　訴）　言語遅滞
（生育歴）　妊娠中，出産時，乳児期には異常なし。1歳時に7日間39〜40度の高熱が続き，その後視線が合わなくなり対人関係がつかなくなった。周囲の模倣や発語も消え多動性がともない物へのこだわりや発達遅滞が目立つようになった。
（初診時の状態）
・発達水準（津守式乳幼児発達検査）は，運動3歳6カ月，探索1歳9カ月，社会1歳3カ月，生活習慣1歳9カ月，言語理解1歳6カ月。
・知的能力：身体部位名称（目，鼻，口，耳）の認知はできる。指の名称，左右，色，形，大小などの認知はできない。
・行動特性：多動性がいくらか減少し，母親に対する反応が増えてきている。
・発語数：6語——ブーブー，コー，目，手，ババ(バナナ)，メメ(明治タクシー)
（治療期間）　5月〜同年10月
（治療方法）　障害児に対して，シェーピング法とモデリング法による言語訓練をおこなう。週1回，50分。母親は子どもの訓練場面に参加し，治療者の指導にもとづいて訓練方法をマスターする。母親は家庭での子どもの訓練もおこなう。
（結　果）　図は治療50セッション中の発語数の増加である。

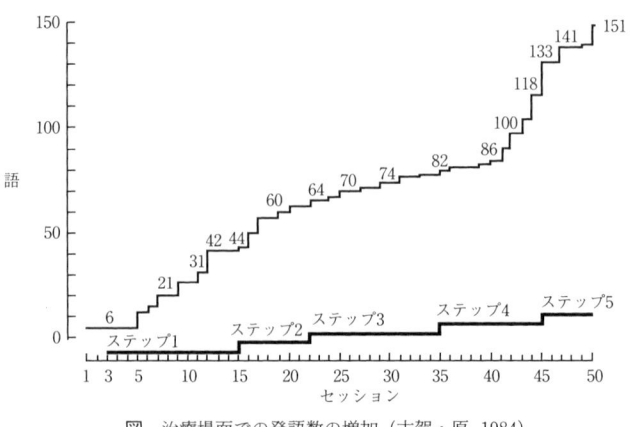

図　治療場面での発語数の増加（古賀・原, 1984）

ないから，どこまでこれを考察の対象とするかが問題である。これは一概に論じられないことであるが，時代の趨勢というものがあり，近年はこれを認める方向にある。内的なものとは，つまり意識であり，その知的側面が認知である。

認知行動療法は人間の問題行動の原因は外部的な刺激によるよりは，人間の不合理な信念や誤ったものの考え方などの内的な問題にあると考え，クライエント自らに行動の管理と操作を促す理詰めな方法である。それがセルフ・コントロールであり，その中心的技法がセルフ・モニタリング（自己監視法）である。自己監視とはクライエントが自身の行動や態度，感情，思考過程などを，具体的かつ客観的な事実として観察し理解する認知活動である。そのように自分自身の行動を観察したり記録することによって，クライエントは自らの問題行動の現れる状況を一層意識できるようになる。

自己監視法は肥満，吃音，チック，不眠，喫煙行動，学業不振，精神遅滞行動，アルコール依存症など，広範囲の症例に適用され，改善の効果をあげている。当然，テスト不安，対人不安，発話不安などの認知的不適応にも有効で，そこには認知的再体制化がある。

認知行動療法にはそのほかに，レスポンデント系として内潜条件づけ法，内潜増感作法，オペラント系として内潜消去法，内潜レスポンス・コスト法，内潜正強化法，内潜負強化法などがある。ここにレスポンデントとオペラントというのは，それぞれ古典的条件づけと道具的条件づけに対応する行動心理学用語であり，また詳細はともかく，いずれも「内潜」というところにそれが行動の内面にかかわる問題だということが察せられる。

さらにハイブリッド（混合）系として構成的学習療法，合理情動療法，合理行動療法，認知療法，多面的アプローチなどがあり，近年にわかに注目されている。

3．論理療法

ハイブリッド系の合理情動療法（論理情動療法ともいう）の創始者であるエリス（Ellis, A.）は，その後，「行動」の語を加えて「論理情動行動療法」を提唱したが，これは医療，教育，福祉，産業界などに多大の影響を与えた。論理情動行動療法は個人のもつさまざまな問題を認知と感情と行動の面から効率

よく積極的に解決しようとする。その背景には精神分析，来談者中心療法，行動療法，ゲシュタルト療法，集団心理療法，役割演技法，心理劇など，あらゆる療法があり，認知的行動論や一般意味論などの影響もある。まさしく包括的統合的カウンセリングである（橋口，1999）。

論理情動行動療法の基本的な考え方はアルファベットでABCDEと表すとおもしろい。Aは刺激的な出来事や経験（Activating event or experience），Bは信念体系（Belief system），Cはそれより派生する問題（Consequence），Dは非理性的な信念と理性的な信念の見分けと反駁（Discriminant and Dispute），Eはその結果として正しい信念を導き出せるような自己コントロールの効果（Effect）である。

4．認知行動カウンセリング

論理情動行動療法は理論的にも臨床的にも高い評価を得ており，これをカウンセリングに導入したのが認知行動カウンセリングである。そこには三つの基本的な前提がある。①情動と行動は思考によって決まる。②情緒障害はネガティブで非現実的な思考が原因である。③したがってネガティブで非現実的な思考を改めれば情動的問題は解決する。このように思考という内潜的な認知活動を情動と行動よりも優先させたところにこの名称の理由がある。

そこではクライエントに次のことを教える。①情緒的混乱とその原因となる出来事をモニターする。②不適応な思考と信念体系をつき止める。③思考と情動と行動との関係を理解する。④不適応な思考と信念の証拠あるいは反証を吟味することによって，それを徹底的に検証する。⑤ネガティブ思考を現実的な思考に改める。

5．交流分析

交流分析は米国のバーン（Berne, E.）によって創始された心理療法の一体系である。ここに交流とは対人交流様式のことであるが，全体として構造分析，交流分析，脚本分析，ゲーム分析の四つの分析で構成されている。

構造分析とは性格構造論のことである。それによると人間の心には親の心（P），大人の心（A），子どもの心（C）の三つの心があり，健全な人はこの

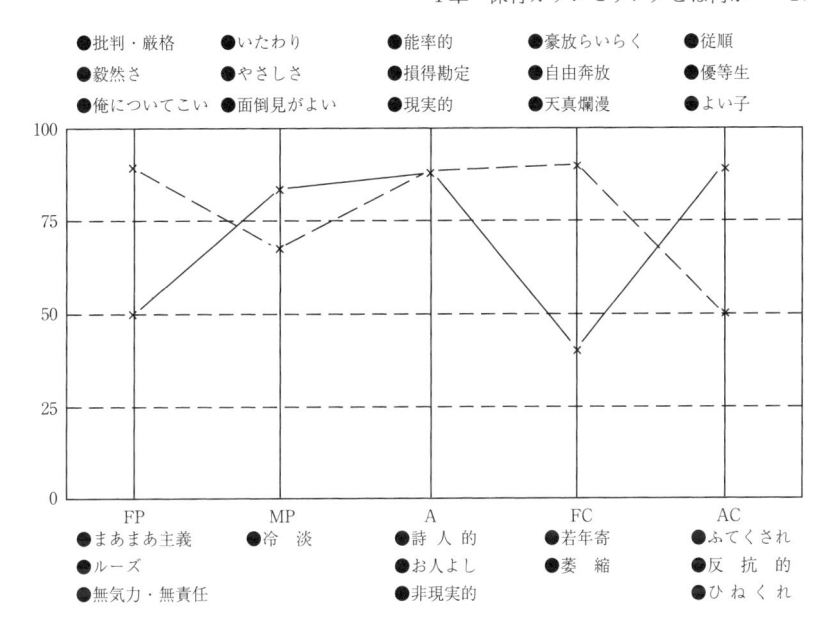

1章 保育カウンセリングとは何か　27

	●批判・厳格	●いたわり	●能率的	●豪放らいらく	●従順
	●毅然さ	●やさしさ	●損得勘定	●自由奔放	●優等生
	●俺についてこい	●面倒見がよい	●現実的	●天真爛漫	●よい子

（グラフ：縦軸 0〜100、横軸 FP, MP, A, FC, AC）

	FP	MP	A	FC	AC
	●まあまあ主義	●冷　淡	●詩人的	●若年寄	●ふてくされ
	●ルーズ		●お人よし	●萎縮	●反抗的
	●無気力・無責任		●非現実的		●ひねくれ

──（家庭）子どもを叱ることもできず，家事はよくする。冗談もいわず，口答えもしない。
……（職場）家庭ではおとなしいので，職場では精一杯威張り，やり手である。相当な自己表現・わがままをエンジョイし上司にも簡単に服従しない。

図1-1　エゴグラムの例

三つの心を状況に応じて使い分けることができる。親の心（P）は毅然とした父性的な心と愛情豊かな母性的な心を持ち合わせた心である。大人の心（A）は現実状況の把握，損得勘定，能率性，情報収集などの機能を果たす心である。子どもの心（C）には二つの面があり，天真爛漫な性格をもつ「自由な子ども」と従順な優等生の性格をもつ「従順な子ども」である。P・A・Cの心はそのどれにしろ偏ることは好ましくないが，ふつうはだれでも偏りがある。そこでそれを自分で発見するためのエゴグラムが開発されている。

　エゴグラムはP・A・Cの傾向から自己（エゴ）を発見するものである。図1-1を参考に家庭・職場・社交の場面を設定して自分のエゴグラムをつくってみるとよい。Aはバランスをとる自我の能力（現実能力）であり，P・A・Cのかなめである。換言すればAは個人のパーソナリティの統合機能を果たす重要な役割をもっており，交流分析もA志向である。

　交流分析は二人の人間のコミュニケーション様式を自我の分析にもとづいて

明確にする方法である。その相互交流の仕方には相補的交流，交叉的交流，裏面的交流の三つのパターンがあるが，「交叉的裏面交流」が一番好ましくない人間関係である。裏面的交流に焦点をあてるのが「ゲーム分析」であり，交流分析の中核をなす。

　脚本分析はより深い自己理解のための技法である。「脚本」とは子ども時代に形成されて個人の生き方を規定する隠された人生の脚本のことで，その脚本の意味に気づいて新しい生き方を習得していくよう援助していく。

6．遊戯療法と箱庭療法

　遊戯療法とは「遊戯の中で展開されるクライエントとカウンセラーとの間の特殊な心理的相互交流を通じて，クライエントの性格や行動上の問題を解決し，ひいては個人のパーソナリティの発達を促進すること」である（佐藤・山下, 1978）。つまり遊びの特性を活かして子どもの性格の歪みや問題行動を治療する技法である。

　遊戯療法の原理は，遊びのもつ特性および子どもとカウンセラーとの人間関係の中で子どもの自己治癒力が発揮されることを意味している。それには遊びを見守るカウンセラーが一緒にいることが重要で，カウンセラーのあたたかい友好的行為を通して子どもは抑圧した感情を浄化し，他者の信頼感を取り戻すのである。そのとき子どもは自ら成長する力（自己治癒力）を発揮する。

　遊戯療法にはつぎの条件が望ましい。①問題が性格・行動上の障害で，それが心因性であること，②学習能力があること，③治療意欲があること，④生活に希望をもっていること。治療対象は登校拒否，緘黙，言語遅滞，自閉症，精神遅滞，多動性行動障害などである。

　箱庭療法は遊戯療法の一技法である。カルフ（Kalff, D.）は「箱庭療法の根底あるいは箱庭を媒体とした患者とカウンセラーとの関係には，〈母子の一体性〉がある」といった（カルフ, 1972）。子どもは母親のあたたかさに包まれて自己を確認し，成長するのであるが，問題をもつ子どもはそういう感情体験がない。箱庭療法はその再現を通して自己の内的世界で治癒がおこなわれる。その目的のために箱庭療法は他の遊びと併用されることも多い。

　箱庭作品の見方は，①全体的布置（広い意味で患者とカウンセラーの出会い

を含む），②主題（作品は何をテーマとしているか），③象徴性（作品は何かを象徴している），④系列的理解（作品をシリーズとしてその変化をみる）の4点があげられている。また箱庭作品の本質はそのイメージ性にある。イメージの特徴は，①具象性（言語の抽象性に対して），②集約性（イメージには意味の多重性と象徴性がある），③直接性（イメージは直接に訴える），④力動性（イメージは動的かつ変化に富む）の四つがある。

　箱庭療法の治療的要因の第一は治療的人間関係にある。患者とカウンセラーとの人間関係が根底にあり，箱庭をつくることによって「母子一体性」の感情が深化され体験される。第二がカタルシス（浄化）の作用である。箱庭を通して無意識に抑圧されたものが外界へ表出され，意識化されることが治療的役割を果たす。第三は自己表現，第四に自己治癒力である。自己を表現することによって自己治癒力の働きを促すのである。

　適用対象はあらゆる症例に使われ実施されている。たとえば精神分裂病，小児神経症，情緒障害，ダウン症，登校拒否，緘黙症，自閉症，非行，強迫神経症，精神遅滞，知的優秀児などである。

7．ソーシャル・スキル・トレーニング

　ソーシャル・スキル・トレーニングとは「人と人とのつきあい方を学び，不足している知識を充足し，不適切な行動（非言語的な行動を含めて）を改善し，より社会的に望ましい行動を新たに獲得していく方法」である（渡辺, 1997）。

　もともとこれはトレーニングという用語も意味するとおり，行動療法の中で発展してきたもので，入院などで長く社会から遠ざかっていた患者の社会復帰のリハビリテーションとして使用されてきた。

　ソーシャル・スキル・トレーニング技法としては，①言語的教示，②モデリング，③行動リハーサル（ロールプレイ），④強化，⑤コーチング，⑥問題解決トレーニング，⑦ホームワークがある。臨床分野におけるソーシャル・スキル・トレーニングは引っ込み思案，孤立，攻撃性の高い子どもなどの治療に使用されるほか，心身障害者，精神分裂病患者，犯罪者にも適用される。

　ソーシャル・スキルは母子関係，自己概念の発達，学業成績，自尊心，自己統制，将来の社会適応にも大きな影響がある。

8．音楽療法

　音楽療法は音楽をコミュニケーションの手段とする各種の活動の中で母子関係のかかわりを深めること，感覚運動機能の発達を促しながら物への興味と関心を育てていくことを目標とする（郡司，1998）。具体的にはつぎのようになる。①母子間で楽しい活動が展開できるようにする。②音や言語刺激に対する注意の持続力をはぐくみ，子どもの自発性を促すとともにその態度を身につけさせる。③音楽活動を通して表現力を身につけていく。歌遊びや手遊びを通して模倣力を促し，リトミック（リズム遊び）を通して空間認知，ボディー・イメージの意識を高め，運動機能の発達を促進する。④楽器遊びを通して感覚運動機能の発達を促す。楽器を使うことによって目と手の協応を学習する。⑤音楽活動を通して社会性を促進する。（リトミックはリズミックのフランス語。）

　音楽療法の治療原理は，医学・生理学の分野だけでなく臨床心理学に依存するところが多く，クライエント中心理論，精神分析理論，社会的学習のモデリング論，行動療法，認知行動療法，認知行動カウンセリング論など，多くの心理療法的アプローチが無関係ではない。エヴァン・ルンド（Rund, E., 1978）も音楽療法の理論的背景として精神分析理論のほかに医学モデル理論，コミュニケーション理論，人間主義的理論などをあげている。今後，臨床心理学的理論と技法によってより一層強化していくことが音楽療法の課題である。

引用・参考文献

Arnold, L. E.　1978　*Helping parents help their children.* Mazel.［作田勉（監訳）　1981　親指導と児童精神科治療　星和書店］
Ellis, A.　1962　*Reason and emotion in psychotherapy.* Lyle Stuart Press.
Geiwitz, P. J.,　1969　*Non-Freudian personality theories.* Brooks/Cole.［次良丸睦子（訳）　1999　現代アメリカ・パーソナリティ心理学　聖徳大学出版部］
郡司正樹　1998　職業としての音楽療法──通園施設からの報告　音楽療法研究, 3, 7-12.
橋口英俊　1999　論理療法　第7回日本カウンセリング学会研修会資料
石井美穂　1999　親の養育態度に関する研究　聖徳大学卒業論文
カルフ, D.　大原貢・中山康裕（訳）　1972　箱庭療法　誠信書房
古賀靖之・原紀子　1984　モデリング法による母親指導を試みた発達障害児への言語訓練　日本行動療法学会第10回大会発表論文集, 54-55.

國分康孝　1989　カウンセリングの理論　誠信書房
國分康孝　1999　「治すカウンセリング」から「育てるカウンセリング」　カウンセリング研究, 32(1), 85-89.
國分康孝　1999　エンカウンター　誠信書房
倉石精一　1966　カウンセリング　桂広介・倉石精一・沢田慶輔（編）　教育相談事典　金子書房　Pp.61-63.
村田孝次　1987　発達心理学史入門　培風館
村田孝次　1992　発達心理学史　培風館
岡田康伸　1989　箱庭療法の基礎　誠信書房
Rogers, C. R.　1942　*Counseling and psychotherapy*. Houghton Mifflin.［友田不二男（訳）1966　カウンセリング（ロージァズ全集２）　岩崎学術出版社］
Rotter, J. & Hochreich, D. J.　1975　*Personality*. Scott, Foresman.［詫摩武俊・次良丸睦子・佐山菫子（訳）1980　パーソナリティの心理学　新曜社］
Rund, E.　1978　*Music therapy and its relationship to current treatment theories*. Norsk Musikforlag.［村井靖児（訳）1992　音楽療法——理論と背景　ユリシス・出版部］
坂野雄二　1995　認知行動療法　日本評論社
佐藤修策・山下勲（編）　1978　遊戯療法　福村出版
Trower, P., Casey, A., & Dryden, W.　1988　*Cognitive-Behavioural counseling in action*. Newbury Park and New Delhi.［内山喜久雄（監訳）1997　実践認知行動カウンセリング　川島書店］
内山喜久雄　1988　行動療法　日本文化科学社
内山喜久雄ほか　1980　行動療法の理論と技術　日本文化科学社
内山喜久雄・高野清純・田畑治　1984　カウンセリング　日本文化科学社
氏原寛・東山紘久・岡田康伸（編）　1993　心理面接のノウハウ　誠信書房
渡辺弥生　1997　ソーシャル・スキル・トレーニング　日本文化科学社
Wolpe, J.　1969　*The practice of behavior therapy*. Pergamon Press.

2章　子どもの発達

1節　発達とは何か

1．発達を定義する

a　発達と発生

発達 development と類似した用語に発生 genesis がある。発生はどちらかといえば生物学の用語で，生物の個体あるいは系統（または種）がこの世に現れる過程をいう。発達はどちらかといえば心理学の用語で，この世に現れた生物の個体が心身ともに成長する過程をいう。個体の場合，出現と成長のこの過程の，どこまでが発生で，どこからが発達か，は難しい問題である。当然，発達過程を胎児期にさかのぼることができるが，誕生までを発生とし，その後を発達の過程とみなすのも一つの考え方といえるだろう。これは常識的でもある。

b　適　応

辞典風に言えば，発達とは「発育して完全な形態に近づくこと，個体がその生命活動において環境に適応していく過程である」と定義することができる。ここでは環境への適応という，生物学のみならず心理学にとって重要な発達の側面が強調されている。その他にもいくつかの側面が着目される。たとえば発達には量的変化と質的変化がある。量的変化は年齢とともに身長や体重が増加し，心身機能が向上するといったような連続的な変化である。質的変化は心身の全体的未分化な状態からしだいに分化－分節しつつ，階層的統合の状態へと進む構造的な変化を表す概念である。ここで重要なことは，発達は一つの変化の過程であり，その変化は漸進的かつ連鎖的であると同時に，その方向は分化

とその階層的統合の段階へと進むということである。

　c　同　化

　人には遺伝子によって決まる生物学的基礎あるいは形質の原型というものがあるが，他方において環境からの取り入れや教育的刺激からの学習に依存するところもある。この場合，社会からの圧力を個体が積極的に自分の内部に取り込み（同化という），その内部で自らの力で再創造していく能動的側面を強調したのはピアジェであった。たしかに発達には個人の自己運動として自ら能動的に働きかけ，自ら獲得するという意味も含まれる。人の心理的構造は外界の情報を自己の内部に取り入れながら，外界の刺激に応じて自らを変容して成長していくものである。

　d　社会化

　発達を社会化の過程としてみることは，人間の場合はとくに重要である。それぞれの社会において，そのメンバーはその社会でとるべき態度や行動の仕方などを学習しながら発達する。社会化の過程こそ発達といっても過言ではない。さらに児童期からの延長上に青年期における自我の確立を個人の発達現象としてとらえるならば，自我の形成や主体的な価値観の構築，ひいてはそこに存在する個人の一貫性や人格の統合という自己実現の発達も含まれる。

2．発達の規則性

　生物にはたくさんの種の違いがあるが，発達はすべてに共通の事実であり，正常な発達には共通の傾向をみることができる。それは発達の法則といってもよく，それを追求するのが発達理論でもある。

(1)　発達には一定の順序性がある。発達の変化が起こる順序は決まっている。乳児ははじめにハイハイをし，やがて立ち，立ってから歩く。乳児の最初の言葉は喃語であり，その後，一語文となる。

(2)　発達には一定の方向性がある。身体は頭部から尾部へ，中心部から周辺部へと発達する。乳幼児期は概して頭部が大きいが，年齢とともに下肢が発達し，統一のとれた成熟した体型となる。

(3) 発達には連続性がある。昆虫の変態のような現象は不連続というべきであろうが，一般には形質の発達は連続的である。
(4) 発達には一定の平均速度がある。発達はときには速く，ときには遅いこともあるが，平均すれば一定の成長曲線をとる。これをホメオレーシス homeorhesis（一定の流れ）という。たとえば病気で一時的に成長が遅れても，治ればすぐに取り返す。
(5) 発達には個体差がある。発達成長率には性差を含めた個体差があり，発達期間にも長短がある。少年期における女子の発達が男子より速いこと，および女性の長寿傾向は事実である。
(6) 発達は非可逆的である。発達は後戻りしない。退行といって，幼い段階に戻ってしまうことがあるが，それは正常ではない。
(7) 発達には補償性がある。心身の一部に多少の発達不全があっても，他の部分がこれを補い，全体としては十分の機能を果たす。
(8) 発達は個体と環境の相互作用によって決定される。個体の環境に対する働きかけと，環境から個体への働きかけの中で個体は発達する。この関係を個体と環境の輻輳ということがある。
(9) 発達には心と体の相関関係がある。心の身体的基礎は神経系であるという前提からすれば，心の発達には神経系の発達がなければならない。このことは中枢神経系の疾病の影響を考えれば明らかである。
(10) 発達は分化と統合の形態をとる。発達は未分化な状態が分化し，それが階層的に統合される過程であるとよくいわれる。赤ん坊が物をつかむとき，はじめは手腕全体の衝動的な運動であるが，やがて各部分の独立な調節と，「物をつかむ」という目的への統合が実現される。
(11) 発達には臨界期がある。発達には何らかの意味で重要な時期があり，これを臨界期という。この時期をはずすと発達不全をきたす。たとえば子どもの言語獲得には臨界期があり，この時期に言語に接することのなかった野生児には，後から言葉を教えても効果がない。

a　刻印づけと臨界期

ローレンツ（Lorenz, K.）が言ったインプリンティング（刻印づけまたは刷

り込み）は臨界期のよい例である。ローレンツは，ガンやカモなどの大型の離巣性鳥類のヒナが母鳥の後を追尾する習性があるのは，出生直後のある時期に何でも動くものを見ると，その後を追うという本能に母親が刷り込まれた（刻印づけられた）結果であるといった（自然生態では最初に見る動くものは母親であるが，実験的に母親以外のものを刻印づけることができる）。刻印づけには臨界期があることが，その後，明らかにされ，それは一生を通じて支配的な意味をもつ。ローレンツによれば，これは条件づけ学習とはまったく別のタイプの学習で，つぎのような三つの特色がある。
(1) 短時間または一回，動く対象を見ただけで学習し，反復を必要としない。
(2) その結果は非可逆的で，その後の経験によって修正しえない。
(3) 孵化後の限られた特定期間（臨界期）内にのみ成立する。

b 初期学習

その後の多くの研究で，刻印づけと類似の事実が示されたが，対象の反復提示が必要であったり，そんなに短時間では成立しないなどの研究の結果，ローレンツは刻印づけを条件づけの一種であることを認め，現在ではこれを「初期学習」といっている。そのことで話題になることの一つとして鳥の囀りがある。ある種の鳥は幼鳥のある時期に成鳥の鳴き声を聞いておかないと，思春期に入ったときにちゃんと囀ることができない（Deacon, 1997）。

2節　発達の規定因

前節にも述べたように，人の発達を規定する要因として遺伝と環境があることは疑うべくもないが，さてそのどちらが強いのか，またどういう関係にあるのかは昔からの宿命的議論であった。「血は水よりも濃い」といわれる一方，「氏より育ち」といったように，昔からこの種の諺は少なくない。いうまでもなく前者は遺伝で，後者は環境である。

そこで意見は遺伝説と環境説の二つに分かれて，発達に関していえば前者は自然の成熟を重視する成熟優位説あるいは宿命的発達観となり，後者は学習による変化を優先する学習優位説あるいは環境操作的発達観となった。

1. 遺伝説

遺伝説は形態的機能的な性質が遺伝子信号に組み込まれて親から子孫に受け継がれて発達を規定する事実を決定的と考えるもので、生物学的概念が強い。別に素質説ともいわれるが、これは個人がもっている能力や特性が、それが発現する以前に潜在的素質として存在するということで、個人の素質は生まれたときにすでに決まっているという意味では生得説である。前成説もこの立場であるが、これは種の完成されたときの形態が、発生のはじめから胚や卵あるいは精子の中にすでにミニチュアとしてでき上がっているという古典的な考えで、発生の素朴な自然哲学的認識論として科学的には論外である。

a 家系研究

心理学において遺伝説をとる根拠としていくつかの所見がある。代表的な例としてあげられるものに古典的ではあるが家系研究がある。たとえばイギリスのダーウィンの家系は進化論者のC. ダーウィンや博物学者で詩人のE. ダーウィンなどの天才を輩出し、ドイツのバッハの家系は音楽家の家系として優れていた。このことは親の優秀な遺伝的素質が子孫に受け継がれたということである（図2-1）。

b 双生児研究

遺伝説にとっては遺伝子がほとんど同じと見られる双生児も重要な研究対象である。人間の寿命や疾病に遺伝因子があることは確かだが、双生児統計によると双生児の寿命の差、つまり一方が死んでから他方が死ぬまでの間隔は、二卵性双生児18組の平均78カ月に対して一卵性双生児18組の平均は37カ月であった。また二卵性双生児の両方がそろって結核に罹患するケースが25％、クル病は22％であるのに対し、一卵性双生児では結核が65％、クル病は88％とはるかに多かった。

ある一卵性双生児の少女は農村と都会に長い間互いに別れて暮らしていたが、一方が農村で結核に罹るとほぼ同じ時期に他方も都会で発病した。一卵性双生児はそろって同じ病気になり、しかも時期まで合っている。二卵性双生児では

2章　子どもの発達　37

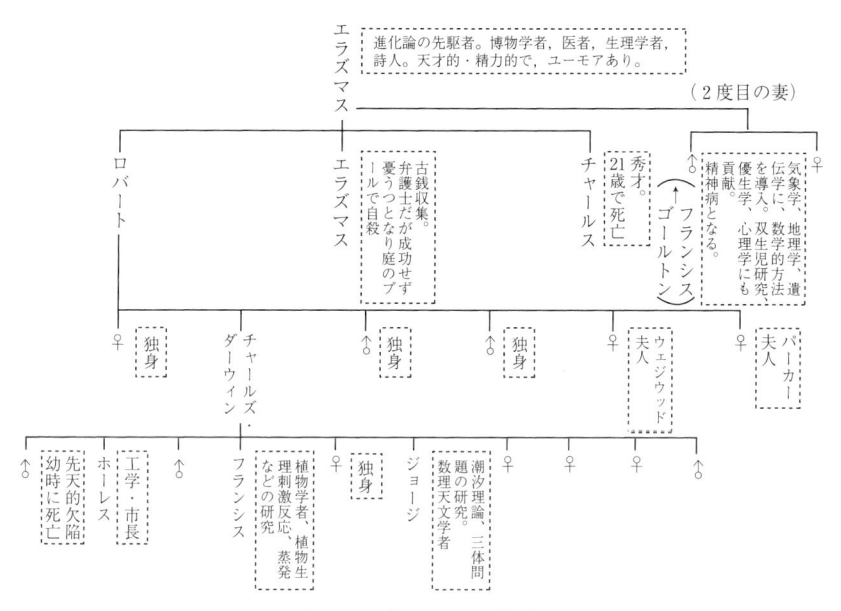

```
                          エラズマス
                          ┌──────────────────────┐
                          │進化論の先駆者。博物学者，医者，生理学者，│
                          │詩人。天才的・精力的で，ユーモアあり。│
                          └──────────────────────┘
                                                （2度目の妻）

   ロバート      エラズマス      チャールズ   フランシス   　　　　  パーカー
                                            21歳で死亡  　　　　  夫人
              ┌────┐                      ┌ゴールトン┐ ┌──────┐
              │古銭収集。│                │秀才。　　│ │精神病と │ │気象学，│
              │弁護士だ │                │　　　　　│ │なる。優│ │地理学，│
              │が成功せ │                │　　　　　│ │生学を導│ │伝遺を│
              │ずうつと │                │　　　　　│ │入。数学│ │学に　│
              │なり庭のブ│                │　　　　　│ │的方法、│ │貢献。│
              │ールで自 │                │　　　　　│ │双生児研│ │心理学│
              │殺　　　　│                │　　　　　│ │究　　　│ │にも　│
              └────┘                      └─────┘  └──────┘

    ♀ 独身   チャールズ  ♂ 独身  ♀ 独身  ♀ ウェッジウッド ♀ バーカー
         　　ダーウィン                        夫人       夫人

  幼時に  先天的  ホーレス 工学・  フランシス  ♀ 独身  ジョージ  ♀  ♀  ♀
  死亡    欠陥              市長                                            
                          植物学者、  　　　   数理天文学者。     
                          理刺激反応、          潮汐理論，三体問
                          などの研究、           題の研究。
                          蒸発
```

図2-1　ダーウィンの家系

それほどの一致はみられない。癌の発生についても同じで，腫瘍が発生したかどうかだけならば，二卵性の一致率は44%，一卵性のそれは61%であるが，腫瘍の場所まで問題にするならば二卵性の一致率は24%であるのに対し，一卵性は58%であった。麻疹のような伝染性の高い病気の場合，一卵性は95%が一致し，二卵性は87%が一致して罹病する。いずれも一卵性における強い遺伝子効果を物語る。

　詫摩武俊（1970）が引用したある老人の双子は，母親が出産後すぐ死亡したので生後18日目に別々に里子に出され，その後80年の生涯をほとんど離れて過ごし，会ったのは前後9回だけ，同じ屋根の下に生活したのは20歳台に1年足らず，しかも一方は海外生活が長かったという意味ではその生活環境は相当に異なっていた。しかし詫摩によるとその性格は気質面でかなり類似性が高い。彼らは共にてんかん気質で動作が重々しく，無口でしゃべり方も流暢ではない。短気で爆発的に怒ることもあるが，物事には几帳面な努力家で，二人とも学歴は低かったが，かなりの地位にまで出世した。手を組み，部屋を行ったり来たりする，ため息をつく，肘をつく，鼻をならすといった，くせも似ていた（表

表2-1　ある異環境双生児の一致点と不一致点（詫摩，1970）

行動変数	一致点	不一致点
性格	緩慢，無口，訥弁，短気，強情，爆発的，涙もろい，努力家，几帳面，非妥協的，厳格，清潔，責任感が強い，世話好き，孤独，独立心が強い，負けず嫌い，おだてられやすい，同情的	兄：一層爆発的 弟：しつこい 弟：やや疑い深い
趣味嗜好	設計，読書を好む，芝居，映画を好まない，迷信を信じない，収集癖がある，間食をしない，中年より禁酒禁煙	兄：不器用 弟：趣味が広い 　　碁・義太夫・琵琶など 兄は動物を好むが弟は好まない
癖	手を組み，部屋を行ったりきたりする，ため息をつく，肘をつく，鼻をならす	

事例3　人の行動は遺伝か環境か

「ある異環境双生児」の例をもとに遺伝と環境の意味を考察しよう。

(問1)　表2-1を見てどのような性格，趣味，くせが遺伝するのかを考察しよう。

(問2)　つぎにあげる人間の行動特徴についてあなたは遺伝か環境かどちらが大きな影響を与えていると思いますか。○印をつけてください。評定方法は，①ほとんど遺伝できまる。②はどちらかといえば遺伝で決まる。③はどちらともいえない。④どちらかといえば環境で決まる。⑤はほとんど環境で決まる。

　　　　　　　　　　　　①　　②　　③　　④　　⑤
1. 学業成績
2. 天才的才能
3. 他者へのおもいやり
4. 身長
5. 芸術的才能
6. 癌にかかる
7. 衝動的性格
8. 子を虐待する親
9. 野球選手
10. 人間の幸福

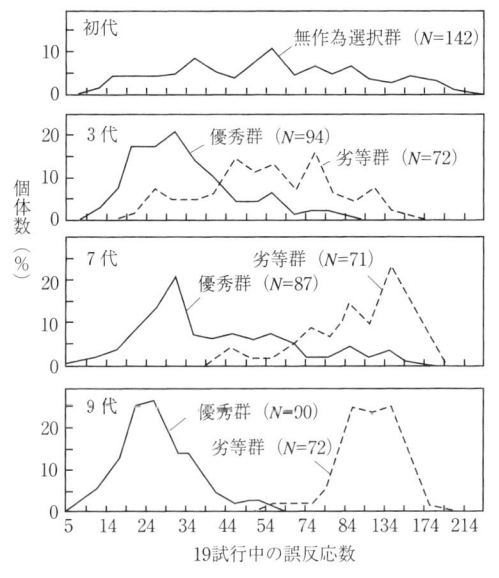

図2-2 迷路学習に現れたネズミの知能の世代別比較（Tryon, 1940）

2-1)。ともに52、3歳頃から手の指が震えるようになり、70歳を過ぎてともにヘルニヤの手術を受けている。

C　動物研究

話は一気に動物になるが、動物ならば実験研究ができる。知能の遺伝についてトリオン（Tryon R. C., 1940）は、迷路学習に現れたネズミの知能の世代別比較をおこなった。無作為に選ばれた1群の雌雄のネズミに迷路学習をさせ、成績優秀群と劣等群に分け、優秀な雌雄の間に生まれた子に迷路学習を繰り返して優秀なネズミどうしの交配を18世代にわたっておこなった。同様に劣等群どうしの交配を18世代にわたっておこなった。結果は図2-2のとおりであった。初代は等質のネズミであったものが、3代、7代、9代と順次重ねるしたがって優秀群と劣等群が明らかに分かれ、優秀な血統のネズミと劣等な血統のネズミの成績曲線はほとんど交差することなく、優秀なネズミの子孫は優秀に、劣等なネズミの子孫は劣等になった。もちろん飼育環境条件は同じであったから、これは遺伝的な要因が伝承された結果である。

2. 環境説

　一方，環境説は人の発達にとっては環境要因のほうが重要だという立場である。身体的形質はともかく，人の能力，特性，適性，才能などは教育と学習を含めた環境要因で後天的に決まると考えるもので，心理学者はどちらかといえばこれをとりたがる。学習説あるいは経験説ともいう。前成説に対するのが後成説であり，これは潜在的なものからの生成を主張する学説になるが，無からの新たな創造や創発（emergence）を主張するにいたっては科学的にはやはり論外である。

a　野生児

　環境説のほうにもまたいくつか著名な所見が根拠となっている。不思議な話だが野生児がその例である。野生児には二つの種類があって，第一は，産後まもなく子を失った牝の獣がどういう事情によるか（棄てられたか，さらったか）して，人間の赤ん坊を養い育てたという例である。それには「狼に育てられた子」カマラとアマラの話が有名である。第二は，いくらか大きくなった子どもが原野や森で迷子になったり，親から棄てられたりして一人で生き延びた例である。その代表的なものは「アヴェロンの野生児」である。

　前者の「狼に育てられた子」のカマラ（推定年齢8歳）とアマラ（推定年齢1歳1カ月）姉妹はインドの密林で発見された。野生児は移動するのに両手と両足または両手と両膝を使った四足移動をした。しかもそれは驚くほどすばやいものであった。つまり人間の直立姿勢は後天的な教育の結果である。カマラは鋭い聴覚をもっており，動物のような声を発した。人間社会では約9年間過ごしたが，最終的には覚えた単語は50語どまりであった。「スルタンプールの狼少年」の場合はもう少し覚えたが，要するに野生児は「人間は人間だから言葉を話し，二本足で歩くのではない」ことを証明している。人間の能力や可能性も環境的な刺激によって開花するものであり，それも初期経験がきわめて重要である。

　「アヴェロンの野生児」はフランスのアヴェロンの森で発見された11〜12歳の少年（ヴィクトールと命名）である。彼は聴覚が大変鋭敏であるが，人の働

事例4　幼児虐待の事例研究（次良丸, 1988）

児童虐待とは親または親に代わる保護者により非偶発的に児童に加えられた行為（身体的暴行，保護の怠慢ないし拒否，性的暴行，心理的虐待）をいう。
下記に示す幼児虐待の一事例を分析し次の問いに答えよ。
(問1)　被虐待児の身体的発達と行動特徴をあげて考察してみよう。
(問2)　被虐待児について環境論的立場で考察してみよう。

事例（患児）：A子　3歳7カ月（女），現病歴：在胎32週　出生時体重1560ｇ
家族：父〔30歳〕・母〔30歳〕　同胞：長女7歳，長男6歳，患児，二男2歳
通園施設入園後の患児の心身発達年齢：生活年齢3歳9カ月，行動発達年齢10カ月，移動運動発達年齢10カ月，対人関係1歳4カ月，発語1歳3カ月，言語理解1歳2カ月

被虐待児（A子）の発語年齢と言語発達内容

(生活年齢)	(言語発達年齢)	(言語発達内容)	(発達の遅れ)
4歳2カ月	1歳3カ月	・一語文：〈バー（バナナ）〉	2年8カ月
4歳3カ月	1歳5カ月	・終助詞〈ね〉の使用	2年7カ月
4歳10カ月	1歳6カ月	・助動詞〈だ〉の使用	3年4カ月
5歳3カ月	1歳10カ月	・複数：〈子どもたち〉，二語文	3年5カ月
5歳7カ月	1歳10カ月	・色彩名表現：〈みどり〉	3年5カ月
6歳0カ月	2歳3カ月	・副詞，助動詞，指示名詞，人称代名詞：〈私〉	3年9カ月

表　被虐待児の身長・体重およびその発達年齢と平均値，発達の遅れ

検査年月	生活年齢	身長					体重				
		患児身長(1)	全国平均身長(2)	(1)−(2)=(3)	身長発達年齢	発達の遅れ	患児体重(1)	全国平均体重(2)	(1)−(2)=(3)	体重発達年齢	発達の遅れ
昭和	歳:月	cm	cm	cm	歳:月	歳:月	kg	kg	kg	歳:月	歳:月
58.11.	3:8	70.5	96.4	−25.9	0:10	2:10	6.3	14.3	−8.0	0:3	3:5
59.3.	4:0	70.7	99.8	−29.1	0:10	3:2	5.5	15.2	−9.7	0:3	3:9
60.4.	5:1	77.5	106.2	−28.7	1:4	3:9	9.4	17.0	−7.6	1:0	4:1
60.9.	5:6	78.5	109.1	−30.6	1:5	4:1	9.1	18.0	−8.9	1:0	4:6
61.3.	6:0	83.4	114.4	−31.0	1:11	4:1	10.2	20.1	−9.9	1:7	4:5

きかけに対して返事をせず，身振りで応じることもなかった。人の音声，歌や音楽，あるいは直接に少年に話しかけても，注意せず無関心であった。彼の食事は嗅覚に合ったものしか口にせず，爪を使ってジャガイモや根茎を土の中から掘り出すのが上手であった。精神科医イタール（Itard, J. M. G.）はヴィクトールを5年間献身的に教育したが，ついに満足に言葉を覚えず，「人間が人間らしくあるのにはじつに人の社会にいるほかない」とイタールをしていわしめた。

近年，幼少期に劣悪な環境で生育するとその影響が永続的に及ぶことが論じられている。その典型的な事例が幼児虐待である（事例4）。

b 行動主義

心理学的環境説の代表的な旗手はアメリカの行動主義創設者ワトソン（Watson, J. B.）であった。事例5にあげるワトソンの豪語は彼の人間に対する環境操作的立場を端的に表したものである。行動主義は，すべての行動は外的刺激に対する条件づけの法則によって形成される。個体の間で行動発達が異なったとすれば，それは個体の行動要素の量的な違い，つまり個体が獲得した刺激－反応連合の数の違いである。連合の数が増えれば一層高次の行動が形成

事例5　私があなたのお子さんを立派にしてみせます

ワトソンの下記の言葉を読んで，発達と教育のあり方について考察しよう。

（問1）　子どもの能力・人格・性向・行動の発達を促進するものは何か。
（問2）　勉強嫌いの子どもを勉強好きにさせるにはどうすればいいか。

「私に健康な幼児を何人かまかせてくれて，私が考えたとおりの環境でその子たちを育てることをお許しねがえれば，その中のだれであろうと，その子を訓練して，どんな専門家にでも育て上げてみせましょう。医者であろうが法律家であろうが，芸術家，貿易商，その他，お望みならこじきにでも泥棒にでもしてみせます。その子の適性，性向，傾向，能力，祖先の職業や民族など，一切かまいません。」

(Watson, *Psychology from the standpoint of a behaviorism*. Lippincott, 1919.)

3. 遺伝−環境折衷説

a 輻輳説

　以上のような遺伝−環境論争は，それぞれ理由があるにしてもドグマチックで観念的すぎるとだれしも思うだろう。当然その折衷論として，たとえばシュテルン（Stern, W.）の輻輳説があった。輻輳とは車輪のスポークが中心に集まる様子をいう。遺伝−環境の相互作用説といってもよい。すなわちこれは人間形成の要因について，遺伝と環境の「あれかこれか」ではなく，両者を総合した考え方である。たしかにモーツァルトは天才的な音楽的素質に恵まれたと同時に，華やかな宮廷という音楽的環境が幸いした。逆にどんなに環境条件がよくても，モーツァルトの天才的素質がなければ，その環境は活かせなかった。

b 相互作用説

　シュテルンの輻輳説は折衷説のいわば古典で，「遺伝＋環境」という加算的かつ平面的であるのに対して，今日の相互作用説は「遺伝×環境」の相乗的あるいは相互浸透的な関係が強調される。具体的には，一つの学習が成立すると個人内で何らかの変化が生じ，その変化のもとにその後経験した事柄は個人にとって以前になされたものとは異なる影響を与えるということである。経験の影響は個人の成熟の度合いによって変わり，成熟もまた経験によって規定される。成熟と学習の関係は複雑で，個人にとって同一の経験であっても，経験の時期に応じて，その効果は異なる。成熟に応じた適切な経験がないと，発達の遅延を招くことにもなる。

　相互作用説はつぎの3点に要約される。①発達の質的変化の要因として成熟と学習の両方がかかわっている。②発達を決定する要因は成熟と学習の相互作用の生じる時期が重要である。③このような相互作用の生じる時期は，同一の種に属する個体間においても同じであるとは考えられず，特定の行動型の出現において個体間で多少の遅速があると考えられる。

　相互作用的発想には，個体が刺激に対して能動的に働きかけることが強調されている。つまり人は環境からの働きかけを受動的に受けるだけではなく，自

ら自己の世界を構築していく能動的な存在である。これはピアジェの発達理論の中心的概念である均衡化にも示されている。要するに遺伝，環境，成熟，経験，学習といった発達のもろもろの要因が，相互に密接にかかわり合っているということである。

今日，遺伝子型が発達の途上で環境的要因の影響を受けるかのようにいわれているが，話がそこまでいけば相互作用説も決定的になるだろう。

3節　子どもの各発達段階の行動特徴

1. 新生児期

a　原始行動

新生児は生得的にいろいろな行動特性をもって生まれてくる（表2-2）。これらは原始行動といわれて，自動運動（特徴的な規則正しいリズムをもった運動）と原始反射（一定の外的刺激によって一定の反応が出現する反射）に分けられる。新生児は原始行動によって外界に適応しているが，これらは3～4カ月頃から消失し始め，6カ月にはほとんどみられなくなる。たとえば蹠面に触れると趾を開くという蹠面反射（バビンスキー反射）あるいは手掌に触れるとぎゅっと握るという把握反射（ダーウィン反射）など，よく知られている。把握反射は人類祖先の樹上生活の名残と思われる。

新生児はユニークな生得的能力を示す。たとえば新生児は出生後1時間ほどの間，静かにじっとしているが，これは実は一種のアラートな状態で，やがて対象物を見たり，話しかけられた言葉に反応して顔をその方向に向けるなどの行動がその時間内にでき上がるという。また母親の声に対してリズムに合わせて運動したり，180度以上の範囲で視覚的に母親を追視することも短時間でできるようになる。

b　原初感覚

母乳栄養の新生児は生後5日目までに自分の母親の乳当たりと他の母親のものとを識別できるといわれる。乳児の乳首なめも重要な効果があり，乳首を子

表2-2 新生児の原始行動（三宅・黒丸, 1971）

状態	1. 規則的睡眠	2. 不規則的睡眠	3. 静かな覚醒	4. 活動的覚醒	5. 泣き叫び
自動運動（内的刺激による）	抱きつく運動	吸飲運動	表情運動	（反射的眼球運動）	四肢・全身運動	泣き・全身運動
	ときどき，リズミカルに体をぴくつかせる。バンザイから合掌する形をとる。	吸乳するように口をリズミカルに動かす。	微笑（生理的微笑），しかめ面などがリズミカルに出現する。	（外界に注意を向けている。パターンを示すと追視反射が起こる。）	四肢の急速な屈曲，体をねじるなど。	全身運動をともなって，単調なリズムで泣く。

	名称	説明	反射を基礎に成立する行動
原始反射（外的刺激による）	口唇探索反射	唇や周辺に物が触れるとそちらを向く。	⎫…食べる行動
	吸飲反射	口の中に物が入ると吸う。	⎭
	逃避反射	足のウラをピンでつくと，膝と足を曲げる。	⎫…危険なものから身を守る行動
	瞬目反射	まぶしい光などあてると，まぶたを閉じる。	⎭
	追視反射	静かな覚醒のときパターンを示すと目で追う。	知的に物を認知する行動
	モロー反射	急な落下，大音に「抱きつく」行動を示す。	母親に抱かれる行動
	把握反射	指や手のひらを刺激するとひとりでに握る。	物をつかむ行動
	自動歩行	支えて立たせると足を交互に動かす。	歩く・走る行動

どもがなめることにより母親のプロラクチンおよびオキシトシンの放出が促進され，それによって子宮が収縮して分娩後の出血が抑えられる。またオキシトシンには母親を沈静させ，子どもとの愛着を強化させる働きがある。

　新生児の感覚器官は，それぞれ限られた仕方ではあるがほとんど機能する。とくに視覚は顕著な感覚であるが，生後数週間で急速に成熟し，受光量の調節もできるようになる。眼瞼反射は生後2カ月頃から現れる。眼球運動は一見「でたらめ」のように見えるが，規則正しく周期性をもっており，その知覚にも選択性がみられる。動く物体の追視も可能で，4カ月目には焦点調節も成人の基準に達する。

　ファンツ（Fantz, R. L., 1961）によると，何ら薬物投与を受けていない母親から生まれた新生児であれば，約20～30cmの距離（これは乳児が物を見るとき最も焦点を合わせやすい距離）で手を動かすと容易に追視できるという。

　ファンツは新生児の視覚実験で知られる（図2-3，図2-4）。視覚パターンに対する凝視時間によって新生児の視覚的好みを調べたものであるが，それによ

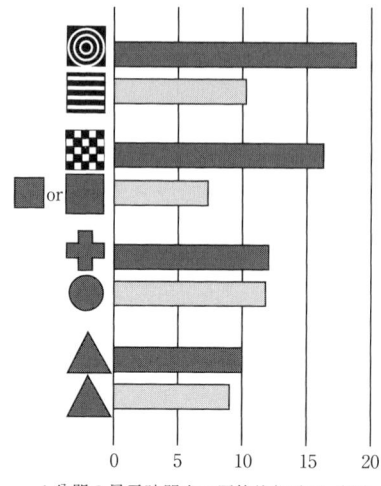

図2-3 図形をペアにして呈示したときに乳児の示す「視覚的好み」（22人の乳児についての1週間おきのテストを10回，1～15週までの結果による）（Fantz, 1961）

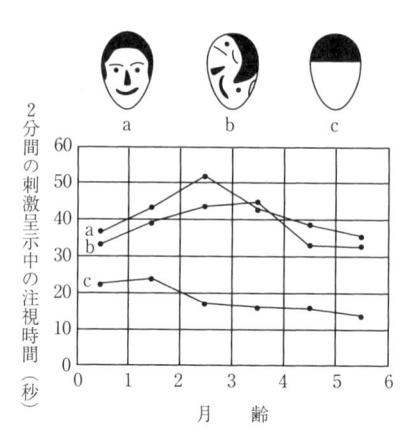

図2-4 各月齢において乳児が顔模様図形に示す「視覚的好み」（a, b, c三つの図形を二つずつペアにして呈示した結果による）（Fantz, 1961）

ると単純な図形よりも模様のある図形が好まれ，これは生得的なものとされた（Fantz, 1961）。その後多くの研究者によって検証されたが，乳児はなんでも複雑な刺激を好むのではなく，適切な刺激量の図形を好む。

　聴覚に関しても新生児は意外に早くから音声を識別するらしい。たとえば，新生児は生後3日以内でも語りかける人を区別でき，母親の声に対してとくに選択的に反応するという（父親の声にはたいした反応を示さない）。またブラゼルトン（Brazelton, T. B., 1969）によれば，新生児は周波数の高い話し声に引かれるというが，換言すれば男性の声よりも調子の高い女性の声のほうに反応し注目する傾向があるということである。

2．乳児期

　乳児期は新生児期につぐ生後1年から1年半ぐらいまでの時期を指す。語源的に乳児（インファント）には「話さないヒト」という意味がある。というこ

とは乳児の心は（言葉でなく）その様子を観察して理解するほかないということである。たとえばいま乳児の機嫌はどうか。乳児の機嫌に関心をもつことによって乳児の心的世界（彼らの理解の仕方，反応の仕方，対人関係）を理解することができる。

a　乳児の心
泣き声分析
　乳児の機嫌の悪い原因は，身体的原因（空腹であったり，寒かったり，痛かったり）はもちろんであるが，心理的な怖さや不快感などのほか，母親の関心を得るために意図的に泣く場合がある。乳児の泣き声を録音して泣きの種類を調べた研究例によると，初声，痛みの泣き声，空腹時の泣き声を識別できる。いろいろな泣き声の周波数分析により音質の特徴から神経系の異常を診断することも可能である。たとえば出産時に脳損傷を受けた子どもは泣き方はふつうと変わらないが，周波数分析は明白にその違いを示した。この分析法は誕生時に被る神経系の損傷の程度を見分けるのに有効な手段といわれている。

愛　着
　乳児は養育者（多くは母親）に対して泣き，しがみつき，ほほえみ，見つめる。母親がそれにあたたかく対応し，子どもの意思を汲み取り，それを返すことによって愛着を獲得し，相互の信頼関係が成立する。愛着は子どもを産めば無条件に獲得されるものではなく，乳児と親の相互交渉の中で母親が乳児の要求を感じ取り，その欲求に答え，反応することによって形成される。
　子どもに対する母親の愛着は一人の対象に限られるが，これは単向性といって，愛着の基本原則の一つとされている。未熟児室の看護婦がよく経験することとして，看護婦一人ひとりにお気に入りの子が一人おり，一人以上ということはけっしてない。そのお気に入りの子の退院は看護婦にとって無性に悲しい。悲しみは2～5日間続く。愛着の単向性とみられる現象が双生児の臨床観察にもある。双生児が誕生すると発育のいい子は先に退院し，発育の遅い子は残されることがある。このとき残された子に母性養育障害が発生することが多い。クラウスとケネル（Klaus, M. H. & Kennell, J. H.）（1984）がそういう3組の双生児について観察したことであるが，3カ月後，その3組のうちの2組の，

後から退院したほうの子がそろって病院に舞い戻ってきた。一人の子は虐待されており、もう一人には発達障害がみられた。後者の母親は先の子は自分の子だが、後の子はそうではないと申し立てた。ここには明らかに愛着の単向性の原則があり、妊娠中の母親はせいぜい一人の子のイメージしか抱かず、生まれてからも一人の子にしか愛着をもてなかったのである。

b　3カ月微笑

　新生児期の乳児は、一瞬ほほえんでいるかのようにみえる表情をする。これは大人の働きかけへの応答ではないので自発的微笑といわれている。生後2カ月頃になると大人があやすとそれに反応し、ほほえみが現れ、アイ・コンタクトが取れるようになる。しかしこの微笑も本格的な笑みではない。社会的微笑と呼ばれるのは3カ月すぎる頃からで、あやすと喜色満面の笑みをたたえるようになる。児童分析学者スピッツ（Spitz, R. A.）はこれを「3カ月微笑」と呼んだ。この頃ようやく人の顔が特別の意味をもち、顔に対してほほえむという特有の反応を示す。ただしそれも不特定にどんな人に対してもほほえむので、無差別微笑反応である。高橋道子（1973）が乳児の微笑について調べたところでは、やはり生後3カ月の乳児がよく微笑反応を示した。それは相手の目によって、しかも顔の正常の位置にある目によって触発されること、なかでも瞳が重要な信号刺激であることがわかった。やがて8カ月になると乳児は親しい人とそうでない人とを識別するようになり、見知らぬ人に対して不安を示すようになって、いわゆる「人見知り」をするようになる。これは乳児の心的世界に母親（親しい人）との関係ができたことである。

　人はだれにでも愛情や依存の対象があり、スピッツはその対象との関係が生後1年間に成立すると考え、つぎの三つの段階を提示した。①対象のない段階：精神と肉体が未分化な状態、知覚が外界に向けられていない段階、②対象の前段階：生後3カ月頃現れ、対象関係が始まるが、まだ対象に無差別に微笑反応（3カ月微笑）を示す段階、③真の対象関係が成立する段階：8カ月不安の出現によって対象関係が成立したことがわかる段階、見知らぬ人に対して恐れや不安の情緒的反応（人見知り）を示す。

C　8カ月不安

人見知り

　人見知りには異なる解釈がある。見知らぬ人との了解不能なコミュニケーションに対する不安と当惑だともいえるし，母親との間に形成された反応パターンと見知らぬ人が与える刺激の不一致が乳児にショックだったともいえる。いずれにしてもそれは乳児に母親と他者を識別する能力が発達し，母親を慕う愛着関係ができたためである。そこでボウルビィ（Bowlby, J.）も，人見知りは愛情の一つの指標であり，母親との安定した愛着関係が成立していれば見知らぬ人に対する不安も安らぐといっている。エインズワース（Ainsworth, M. D. S.）は愛着の特色として，①愛情を暗に含んでいる，②特異的，弁別的である，③外的行動として示されるので観察可能である，④主体的能動的な過程である，⑤相手の感動を喚起する2方向的な過程である，をあげた。

「見知らぬ場面」実験

　人見知りは一般に生後6カ月から11カ月をピークとし，その後徐々に減少する。人見知りの測定方法として，つぎに述べるエインズワースが開発した「見知らぬ場面」の実験室的研究がある（Ainsworth *et al.,* 1978）。実験室は約 2.74m×2.74m の正方形の広さで，被験児の移動を記録する目印として床面が16の正方形に仕切られている。母親と見知らぬ人が座る場所が決められており，母親と見知らぬ人を結ぶ線上の中心にオモチャのほうを向いた状態に被験児がおかれる（図2-5）。実験手続きは8段階に分けられ（表2-3），分析項目は探索行動，視覚的定位，泣き，笑い，発声，接近を求める行動，接触の維持，抵抗，拒否，母親を捜す行動，距離を保った相互交渉，で得点化される。分析の結果は次のA・B・Cの3群に類型化された。

　A群：回避群あるいはデタッチメント・グループ
　　母親との分離に悲しみを示さず，再会時にも歓迎の意思を示さない。母親への接近，接触，相互交渉を求めようとせず，むしろそれを回避しようとする傾向がある。

　B群：正常群あるいは正常なアタッチメント・グループ
　　母親との再会時に母との相互作用や接触や接近が強く見受けられ，母親に対する拒否や抵抗はまったくない。

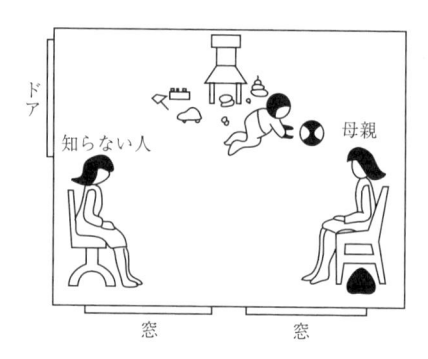

図2-5 見知らぬ場面の実験設定
(Ainsworth *et al.,* 1978；繁田, 1986による)

表2-3 見知らぬ場面における各エピソード
(Ainsworth *et al.,* 1978；繁田, 1986による)

エピソード番号	存在する人物	時間	場面の簡単な説明
1	母親, 子ども, 観察者	30秒	観察者が母と子を実験室に導き入れ, 母と子の所定の位置を教え, 観察者は部屋を出る。
2	母親 子ども	3分	子どもが探索行動をしているかぎり, 母親はそれに参加しない。2分たっても子どもが遊ばないとき, 母が遊びに誘導
3	母親 子ども 見知らぬ人	3分	見知らぬ人入室, 最初の1分間は無言, 2分目に見知らぬ人は母親に話しかける。3分目は見知らぬ人が子どもに働きかける。3分がたったら母親が部屋を去る。
4	子ども 見知らぬ人	3分	最初の母子分離場面。見知らぬ人の行動は子どもの行動と連動したものとなる。
5	母親 子ども	3分	最初の再会場面, 母親は子どもに話しかけ, なぐさめる。それから子どもを遊びに誘導する。母親が部屋を出るとき「バイバイ」という。
6	子ども	3分	第二の分離場面
7	子ども 見知らぬ人	3分	第二の母子分離が継続した状態。見知らぬ人が入室し, 子どもの行動と連動して行動する。
8	母親 子ども	3分	第二の再会場面。母親が入室して子どもに話しかけ, それから抱き上げる。見知らぬ人は目立たないように部屋を出る。

C群：アンビヴァレント・グループ

アンビヴァレント（両方向的）な行動を示し，母親との接触や接近を強く求める一方で，母親を押しやったり，叩いたり，蹴ったりする。

アタッチメント

ボウルビィのアタッチメント理論については前章にも述べた。乳児にとってはじめての人間関係をもつ養育者（母親）との関係の中で健全な愛情が育つか否かは，その子の人間関係の発達にとって大事なことである。愛着行動は年齢や状況によって変わり，生後6カ月頃から出現し始め，1～2歳にかけてとくに強い。その時期，乳児は養育者を安全な懐として探索行動（知的活動）に没頭する。

アタッチメントは行動的には幼児期後半から徐々に減少し始め，児童期にはさらに減少し，青年期にはみられない。しかし一度形成されたアタッチメントはその後も消えず，病気・疲労・不安などの一種の危機状態のときには退行現象として行動的な復活がみられることがある。

事例6　「人見知りと保育カウンセリング」の役割演技

人見知りの強い子どもはどのように指導をすればよいのだろうか。いままではだれにでも抱っこされていた子どもが，ある日を境に見知らぬ人に会うと母親にしがみつき激しく泣くようになった。母親はあまりその泣き方が激しいので，この子は将来，引っ込み思案になるのではないかと，はじめての子どものためもあって余計な心配をしている。保育者やカウンセラーは母親との面接の中で保育カウンセリングをおこない，母親の過度な不安を取り除くために「人見知り」についての正しい知識を伝え，母と子のスキンシップの中であたたかい相互関係を増やすことをすすめる。そして焦らないで子どもに対応するように指導する。わが子を無理に他者に慣れさせるのではなく，お母さんが抱っこして少しずついろいろな場面に慣れさせるようにし，徐々に他者に慣れさせるようにする。あまり急がずに子どもの心や不安状況を理解しながら配慮して対応する中で，泣きや動揺が軽減するようになる。

上記の状況を設定して，人見知りの激しい乳児の役をする人，母親の役をする人，お隣のお姉さん，見知らぬ人，などの場面を設定して乳児の不安を体験し，これを軽減する方法を学習してみよう。

3. 幼児期

a　外界の認知

幼児も3,4歳になればいよいよ「知恵がついて」きて,その心も内容あるものとなり,その様子は言葉を通して他者にもわかるようになる。そのようにしてわかる幼児の心が世界をどのようにみているかについては,そこに幼児独特の心性がみられる。いわく自己中心性,いわく人工論,実念論,相貌性等々。この問題について卓見を示したのはやはりピアジェで,これらの用語もピアジェの造語が多い。

自己中心性知覚

自己中心性（エゴセントリズム）は「自分本位」あるいは「全部が自分」ということで,言い換えれば自己と他者の区別がないこと,さらにいえば「主観と客観とが未分化だ」ということである。人工論とは,自然界のものは人間がつくったものであり,それには心があると考える。たとえば太陽や星はすべて人間がつくって空にあげたものであり,海は大きな器に水を注いでできたものだと思う。実念論とは「念じたことが実現する」と信じることで,要するに「主観と客観の区別がない」ということである。

人工論も実念論ももとは自己中心性で,いずれもピアジェの用語であり,同じくピアジェのいう前論理的思考の段階でもある。

相貌的知覚

人は他者の顔貌からその人の心を読み取る。そういう意味での相貌である。そこで相貌的知覚とは,万物に相貌を見ることで,したがって万物に（生物にしろ,無生物にしろ）心があることになる。幼児がニコニコ笑った顔のお日様を描くとき,そこに相貌性知覚がある。万物に心があるという心性をアニミズムという。

b　反抗期現象

「幼児心理といえば反抗期」といってもよいほど,幼児の反抗期はポピュラーである。2〜3歳の幼児は親のいうことを聞かず,自己主張が強く,盛んに「イヤ」を連発する。いままで親に従順で依存的であった子が,ある日を境

にわかに反抗的な，手に負えない子になる。大人に対するこのような拒否，攻撃，自己主張は子どもに自我が発達したからであるが，まだ未熟な自我であるから単純に反抗の形をとるしかない。

　自我の発達はよいことであるが，親にしてみればいままで素直だった子が急に変貌する姿に戸惑い，「いままでの育児は何であったのか」と自信を失ってしまうことになる。そこに母と子に精神的な亀裂が生じる危険性もあるので，幼児虐待が始まる時期がこの時期と対応するのではないかといわれることもある。

　反抗期を経過することによって，母と子は互いに立場を認め合い，新しい愛情関係を結ぶことができる。親から離れて他児との交友関係が広がる契機でもある。そういうわけで反抗期は子の精神発達にともなう事件ではあるが，反抗期のない子がいるということも事実で，反抗期がないから自立できないともいいきれない。反抗期は発達の必要条件ではないといえるかもしれない。

　反抗期といえば第二反抗期といって，12，3歳から15歳頃の青年期前期にあることもよく知られている。このときこそがほんとうの自我の覚醒や自己意識の成長の契機なのであろう。それに対して幼児期の反抗期を第一反抗期という。

C　幼児の知的発達

　幼児教育にとって知育，徳育，体育，あるいは知情意の総合的成長は建前としてはみな大事であるが，当面，どうしても関心は知育ないしは知的成長に向いてしまわざるをえないいろいろな状況がある。それを承知の上で，幼児の知的発達について考察しよう。

知能検査

　幼児の知的能力は表面的ながらいわゆる知能検査で測定できる。それはその知能検査が測定する知能の一定の側面に限られ，たとえば「幼児用田中B式知能検査」は下位検査として数の弁別（数の比較判断），大小弁別（形の大きさの識別力），立方体分析（空間認知能力と構成力），欠所発見（観察力または注意力），類似判断（概念の類似性を発見する抽象能力）の各課題からなる。「言語知能」と「運動知能」という用語もあるように，知能はもっと多面的多因子的であるが，少なくともこの検査は知能としてもっぱらこのような認知能力を

考えていることがわかる。それが一般的知能観でもある。

ところで筆者が某幼稚園の6歳児20名（男児10名・女児10名）にこの検査をおこなったところ，各下位検査と総合点との相関係数は，数の弁別0.48，大小弁別0.74，立方体分析0.56，欠所発見0.24，類似判断0.77であった。これらの下位検査は言語，数と順序，図形の認知能力を含み，知能の重要な要素として，それぞれ知能指数に寄与している。欠所発見はやや別の認知能力と思われ，知能指数とあまり相関はない。

幼児の数唱行動と数の表象

「読み書き算盤」といって知的教育が言語と計数にあることは昔からのことであるが，言語はともかく，算数教育に対する関心は近年一層高いように思われる。以下，この問題について少々述べる。

幼児が「数を覚える」ということは幼児の精神発達の基本的問題の一つである。その中で最初の数行動は数唱で，わが子がいくつまで数えるかは，つねに親の関心の的である。近年は子どものこの種の数行動にも発達加速現象がみられている。2歳頃でも「ひとつ，ふたつ，みっつ」といい，幼稚園年長組なら100や1000までの数を唱えることができる。武久美希（1999）も5歳児の急激な発達を指摘した。逆唱もできる。しかしこれは数唱ではあっても，その本質は歌唱と異ならない。やがてそれが指差しなどをともなった計数行動となり，自然数を身につける。

数唱と対応させて事物を数えるとき，その最後の数が全体の個数になる。武久はこれを基数性の認識といった。3〜5歳児の基数性の認識は5以下にとどまったが，ともかくこのことは幼児が1から5までの数を数的表象（数を具体的にイメージの中でカウントし，物の数を把握すること）の中で認識していることである。6歳になると基数性の認識は5以上の数に急激に汎化した。それはこの年齢における数の本質的理解あるいは論理的把握を推測させるものである。

しかし幼児の計数行動は，対象の配置の形，集合密度，速さや時間などの各種属性に影響されて間違うことがある。これを筆者は計数の文脈依存性という。物が塊っていたり，束になっていたり，重なっていたりすると，難しい。同じものを二度数えたりもする。またメトロノームの音のような聴覚的計数は，メ

トロノームのバーの往復運動との視覚的身体的運動をともなう。

「数唱能力イコール計数能力，強いては数の概念把握ならず」ということはかけ算の九九がよい例である。子どもにとって九九の暗唱はそんなに難しいものではないが，かけ算のほんとうの意味がわかるにはもう少し時間がかかる。

自然数にゼロはないが，ゼロの理解は数の抽象性の一つのポイントである。これについては4歳以下ではまったく意味をなさないが，5歳児は62％が，5歳半を過ぎると100％がゼロを知っている。さらにゼロが1の前にある数として心的な数直線上での位置づけができるという抽象思考は，5歳半で58％，6歳頃では85％が理解した。幼児は体系的な教育を受ける以前にすでにかなりの数知識を有するといわれる所以である。

数の多－少－等の判断

数と量の「多い・少ない・等しい」の判断は「幼児用田中B式知能検査」の最初の項目でもあった。これは幼児が生活の中で自然に学習することであるが，ワイナー（Weiner, S. L., 1974）によれば，"more"，ついで"less"の言葉使用は2歳台からみられ，3歳台では"more"と"less"の量的関係がわかる。"equal"の理解はもっと遅れる。

藤井あずみ（1999）は3，4歳児の数の多－少－等の判断を調べたが，3歳児ははじめに「多い・少ない」と「同じ」という比較用語の理解の確認が必要であった。3歳児は「等しい」や「同じ」という用語が難しく，「これと仲良しさんはどれでしょう？」というような言い方をもって代えたという。4歳児はもはやその必要はなかった。藤井によると，ワイナーと同じく，はじめに「多い・少ない」の概念があり，遅れて「等しい」の概念がわかる。また課題は小さい数からしだいに大きい数に進み，4歳児はその過程で計数行動を獲得し，より確実な多－少－等判断ができるようになる。3歳児は判断の基準として視知覚的なもの，とくに「長さ」の文脈に依存してしまう。幼児は「数が多いか少ないか」よりも，「形が大きいか小さいか」のほうがわかりやすい。3，4歳児は数を心的イメージの中で操作することができないが，5歳になるとそれが急に発達する。数の概念は3，4歳児の「感覚的表象段階」から5歳児の「表象的確認段階」へ発達するということができる。

幼児に関して述べた以上の事柄は，そのまま精神遅滞児にもあてはまる。精

神遅滞児に「数の多い少ない」の概念ができていないのは幼児と同じである。数の多少の比較や，引き続く数の加減操作がわからなければ，数の本質的構成要素がわかったとはいえない。彼らも九九の暗唱はするが，その構造的意味の理解からは遠い。

量の「保存」の概念の獲得

発達心理学でいう「保存」とはピアジェがいった数学的発達概念で，物の数，量，長さ，面積などは，その物が変形したり，分割されたりしても変わらないことを意味する。つまり事物の見た目の様子だけではないものがある。保存の獲得は論理的心性の発達の指標であり，数の理解にとっても必要なことである。

量の保存を発達的に調べたものにヴィン゠バング（Vinh-Bang, 1959）がある。それによると量の保存の理解は，3～5歳では0％，6歳で50％，8歳で100％であった。つまり5歳以前に保存の概念はなく，6歳でようやく半数が量を論理的に認識した。筆者も3歳児から6歳児を相手に，ドットとマッチ棒を使って数量の保存実験をおこなったことがある（次良丸, 1992）。その結果，幼児の保存獲得率は3歳児で0％，4歳児で9.5％，5歳児で28.5％，6歳児で65％であった。各年齢段階の発達増加は3～4歳にかけて10ポイント，4～5歳には18ポイント，5～6歳では36ポイントである。6歳児における過半数の保存獲得率はヴィン゠バングの結果と同じであった。論理的思考は就学前児の年齢段階でようやくでき上がる。それに対して数唱計数行動は，すでに4歳で34％，5歳で65％に達する。計数行動が真の意味での数の理解ではないにしても，このことは無視できない。少なくとも計数行動は論理的な数の概念にいたるに必要な前段階とみなくてはならない。

4．児童期

認知とは文字どおり「知る」ことであり，外界の事象を知覚し，言葉を覚え，知識を記憶し，概念を形成し，思考し，判断するという知的行為を総称したものである。ピアジェは，認知発達をシェマの変化の過程としている。シェマとは認知構造のことであり，年齢とともに質的に変化するが，学齢期に入った児童における変化はとくに著しい。

a　小学校低学年期

小学校低学年の児童は，幼児期の自己中心的人格から徐々に抜け出して自律性を獲得していく。小学校入学とともに児童の生活空間は友人関係を軸として広がり，かつ分化する。低学年はまだ十分に自信をもって対応できないので周囲の大人に依存することが多いが，学校教育の場では集団の一員として考え，行動せねばならず，否応なく自律性の獲得を迫られる。

小学校1年時は学校でも比較的子どもの生活に即した教科内容が選ばれ，子どもたちの身のまわりのものを中心に学習が展開される。学習の速度もまだゆっくりとしている。2年生になると教科が系統的になり，多少とも知的努力の必要な課題が多くなる。しかし彼らは論理的思考よりも，まだ直観的思考が強い。この時期には直観力を大いに膨らませ，自由な創造的な考えを伸ばしてやることが，将来の知的発達の萌芽を育てることになるだろう。

b　小学校中学年期

「みかんとりんごは同じところは何ですか」ときくと，幼児は「まるい」などと知覚的属性をいうが，やがて「食べるもの」という前概念的段階を経て，「果物」という概念抽象にいたる。この転換点が小学3，4年の中学年の時期で，抽象的思考の始まりである。

それまでは直観的な自己中心的な思考であったが，この時期からさまざまな現実的情報から論理的な枠組みを自ら構築し，秩序立てて客観的に考えるようになる。これは子どもの精神活動に内的思考が参加し始めたことによる。

この時期は友達を大切にする時期でもある。社会的基準として親よりもむしろ友達のほうが大切になり，社会的意味や集団の一員としての振る舞い方がわかり，友人関係を通して社会的態度を学習していく。集団規範，他者の立場の理解，集団への献身あるいは自己犠牲といったことを学び，発達させる。したがってこの時期の子どもは集団で決めた約束や規則はよく守り，忠実に実行する。彼らは自分たちで物事を決定したり実行したりすることを強く望むようになる。

いわゆる愛他心あるいは愛他行動はこの時期に現れる。他人の苦悩に同情を寄せるようになる。クラスメートがいじめられたり，排斥されたり，社会的に

みじめな状況におかれると心から同情し，援助の手を差し伸べる。愛他心とは私を無にして他人を愛する心であり，他人への積極的で清廉な関心，共感，純粋な愛情である（高野・多田, 1986）。

またこの時期の子どもの集団は同性集団であり，男女とも集団としては異性に関心を示さず，むしろ対立や抗争，拮抗する。これを性的対抗現象という。子どもたちが社会的に期待される男らしさ，女らしさという性役割を学習するのは，この時期の同性集団を通してである。

C 小学校高学年期
脱自己中心化

小学校中学年から高学年にかけて，児童の認知は感覚から解放され，保存も確立し，脱自己中心化が起こる。自分の視点（自己中心性）からだけでなく，他者の視点からみられるようになる。つまり主観的な認識とともに客観的視点への移行である。思考は論理的に安定し，上位概念と下位概念による対象の体系づけがなされる。たとえば生物と無生物とを分け，さらにそれを飛ぶものと飛ばないものに下位分類するといったような，階層構造化である。「無」の理解もこの時期で，数字のゼロや空集合などの真の意味がわかるようになる。前章に述べたピアジェの認知発達理論のモデルによれば，具体的操作段階（7，8歳～11，12歳）を経て形式的操作段階（11，12歳～）へ，すなわち児童期の最後の段階にいたったところで，具体的内容から離れた形式論理の思考が可能になる。

脱自己中心化して他人の視点をとることができれば，役割取得の能力も発達する。第三者の観点で自他の相互交渉をとらえ，自分や相手の観点と，集団の平均的な観点との違いを意識する。幼児期では自他の思考と感情が混同しているが，児童期になると自己を他者の立場において考えることができる。中学年までの子どもはただ「良い子」であろうとするだけだが，高学年になると社会的な意味から権威と規則に従うことが善とみなされる。そのことによって社会的秩序が維持されると考える。義務を果たし，権威を尊重する行動に価値を見いだす。このような役割取得能力の発達とともに，集団意識が発達する。集団との同一化とはこのことで，集団の規則をまもり，熱心に集団活動に参加する。

ここにギャング集団が自然発生する。

ギャング・エイジ

　児童期中期から後期の年齢はギャング・エイジといわれる。この時期，子どもたちは大人の目や干渉を逃れて秘密の場所で活動する。ギャング集団は4，5人から8人程度の同性集団で，役割分担やリーダーとフォロアーが明確である。メンバーだけに通用する約束やルールがあり，他の集団に対して強い閉鎖性，排他性，攻撃性を示す。それはリーダーの意思が支配する独裁的集団であるが，その中で自己を発展させていく。

4節　これからの幼児教育のあり方

1．人生の発達課題

　発達課題とは人が社会的に健全に幸福に成長するために，乳幼児期から老年期までのそれぞれの発達段階で習得しておかなければならない課題をいう。これは教育社会学者ハヴィガースト（Havighurst, R. J.）が中心になって提唱した。発達課題は身体的成熟，社会の文化的圧力，個人的価値や動機とこれらの相互作用などからなる。

　まず乳幼児期に学習せねばならないこととして，歩行，固形食の摂取，言葉，排泄，性差と性的つつしみ，生理的安定の達成，社会的－物理的現実についての単純な概念の形成，両親・同胞との人間関係，善悪の区別，良心があげられる。

　児童期では，日常の遊びに必要な身体的技能，生活体としての自己に対する健康な態度の形成，遊び仲間とうまくつきあうこと，男子あるいは女子としての適切な社会的役割の認識，読み書き計算の基礎的能力，日常生活に必要な概念，良心と道徳性と価値観の発達，個人的独立の達成，社会集団や制度に対する態度などの学習や発達である。

　これら発達課題は社会の要請とともに，また時代の変化とともに，子どもの発達的行動を参考に見直す必要がある。とくに近頃の子どもは幼少期の認知発達の速さには目をみはるものがある（発達加速現象）。その他，いじめ，学級

崩壊,虐待など,多くの今日的問題もあり,そこでこのような社会の変化にともなって子どものあるべき姿を見つめ,現在の子どもにとって何が発達課題であるかを再検討しなければならない。しかしハヴィガーストの唱えた発達課題が子どもを育てる場合の一つの指標として,また教育目標として,一般的に有効であることは変わりない。

発達課題は乳幼児期と児童期に限らない。子どもをもった父親と母親における子育てのための発達課題もある。子どもの発達の背景には,親の側に親としての生き方や心のあり方が問われている。子どもを育てる立場の両親にとっての課題は何か。今後の検討課題である。

2. これからの幼児教育

乳幼児教育の重要性は近代教育ではあたりまえのことになっているが,その問題意識は時代によって変わってくる。わが国の伝統的な幼児教育はややもすると子どもの情緒的安定や社会的適応の教育,つまり徳育が主であったと思われ,したがってその指導法にあまり心理学的技法を求めることもなかった。たとえば情操教育といっても,その根拠は必ずしも明らかではない。アセスメントも難しい。その点では体育は目的と手段が最も明確であるが,そのつぎは知育であろう。以下は言語と計数のような,心理学的理論を比較的適用しやすい知的能力の開発から始めて,理想的には感情・意志・感覚・運動・動機づけの形成などを含む行動の全体的教育を視野に入れた幼児教育プログラムの試案である。知育の偏重はもちろん好ましくないにしても,知的能力の開発が基礎的能力として体育・徳育に汎化するということもありえなくはないし,そういう知育でありたい。

(1) 言語能力系学習

知的活動に必要な基礎的な言語知識や概念などを記銘し,貯蔵し,再生するという連合学習能力の育成を目的とする。語の意味の正しい把握,物語の論理性の育成,語彙の獲得,語発想の流暢さの能力,想像的イメージの開発および生活事象の理解と表現などをめざす。

(2) 数的能力系学習

教科の入力情報を頭の中で変換し,操作し,練り上げる能力を育成する。

主に関係推理，物質量，分析，洞察などによる思考訓練や数概念，計数の把握と獲得および幾何，構成体および空間知覚による形態概念の学習などをめざす内容。

(3) 理科的能力系学習

身辺の科学的事象（生活事象，動植物，気象，宇宙など）に目を向けさせ，自然科学への関心を抱かせる。科学知識や科学的思考能力を養う。

(4) 感覚知覚系学習

感覚運動系の総合能力および認知能力（思考，推理，記憶など）を高め，学習能力を促進する。感覚知覚教育を通して個人の感覚系を刺激し，学習内容をインプットしやすくする生物学的発想にもとづく感覚統合訓練である。

(5) 社会系教科学習

ソーシャル・スキル（初歩的スキル，高度スキル，感情スキル，攻撃に代わるスキル，ストレスを処理するスキル）を養う。愛他心の育成をはかり，誘惑への抵抗等を身につける学習。

(6) 芸術系学習

造形活動においては描写力，構成力，表現力，創造性を育成し，音楽性教育においては，幼児期に必要なリズム感と音感の獲得，深い美的情操と豊かな感性を養い，総合的に子どもらしい円満な人格の発達を図る。

(7) 道徳的行動系学習

社会的人間関係における礼節や精神的高貴さの育成をめざす。対人関係場面における自信，ものおじしない態度，他者に対する親切心，思いやりをその基礎とする。とくに男子には礼節を，女子にはみやび（優美・上品）を体得させる。

(8) 遊戯系学習

子どもの観念的流暢性，自発的柔軟性，独創性，想像力，ユーモア感，身体的魅力を遊びを通して開発し育成する。とくにグループ遊びにおいていろいろな役割を演じ，人間的な素養を身につけさせる。

(9) 体育実技系学習

身体的運動能力と技能，精神の統一と集中力，精神的な耐性，自制心を育

表2-4　各学習系教科内容一覧表

(1) 言語能力系教科内容
言語理解：言葉の知識・理解，文の記憶，単語命名，事物の用途，物の選択，関係類推，事物の類似，単語の意味，常識問題，言葉の類推
話の順序化：絵画配列，絵画完成，順序の記憶，曜日の理解と周期
言語表現：言葉の表出と表現，文の構成，言葉の流暢性，絵の不合理発見，言葉の記憶，言葉の共通性，語発想の流暢性
お話づくり：絵を媒介として想像的イメージの開発，連想
言葉づくり：命名，同頭語，同尾語，同音類似，しりとり，話しことば
絵による言語訓練：叙述，理解，順序，記憶，不合理発見，絵の記憶，絵の類推，絵探し
視聴覚による言語訓練：スライド，紙芝居，楽器，レコード
(2) 数的能力系教科内容
思考訓練：推理，分析，洞察，物質量，液量の学習，パズル解き
数概念：実数の把握，数の対応，弁別，順序系列，数唱，順唱，逆唱，大小，数の弁別，異同弁別，打数のカウント，数の成り立ち，数の抽象，算数応用問題
計　数：加減算，数の分割，比較
形態概念：幾何立方体の把握，構成体による理解と弁別，図形模写，紐通し，符合置換，位相弁別，物の構成，形態認識，形の記憶
空間関係知覚：位置関係，置換，図形認知，空間認知，欠所発見，空間的洞察，左右の方向，動作模倣
(3) 理科的能力系教科内容
植　物：木，花，果実，種などの観察
動　物：軟体動物，節足動物，魚，鳥などの観察
社会事象：地図の理解，社会の出来事に関する事柄などの体験
地球科学事象：空気，気象，雲，宇宙，天体，地球，山川，水，陸と海
カテゴリー群化：概念のグルーピング，同類，同図形発見，関係把握，類似
(4) 感覚知覚系教科内容
視知覚発達促進学習：目と手の協応，空間における位置，図形と素地，形の恒常性，空間関係
詩の同時唱和，暗誦，朗読，芸術性の高い児童文学の鑑賞
(5) 社会系教科内容
ソーシャル・スキル訓練（初歩的スキル，高度のスキル，感情処理のスキル，攻撃に代わるスキル，ストレスを処理するスキル，計画のスキル），愛他心の育成，誘惑への抵抗，欲求不満の耐性
(6) 芸術系教科内容
造形活動：絵画，制作，粘土
音　楽：音楽を組み立てている音についての感受性，音楽を心の中で組み立てる，音楽を表現する能力の体得，名曲鑑賞
リズム：リトミック，音の記憶，音の強弱，リズム，音の高低，長短感，音色，和音の理解，絶対音感の獲得などの体得
(7) 道徳的行動系教科内容
礼　節：徳目教育，善悪の判断，言葉づかい，振る舞いの指導，生活事象の中での隣人愛，人間愛
(8) 遊戯系教科内容
グループ遊び：ごっこ遊び
(9) 体育実技系教科内容
体育実技：幼児期に必要な運動技能〈でんぐりがえし，ケンケン，ブランコ，自転車，なわとび，相撲，鉄棒，ボール遊び，まりつき〉を体得する。
舞踊：ダンス

成する。

　表2-4は各学習系の教科内容を具体的に記述したものである。従来の幼児教育は人間形成の知的教育的側面を敬遠してきた。しかし子どもの精神発達は大人が想像する以上に急激かつドラマチックである。もっと子どもの発達特性を見つめ，活かし，組み込んだ教育が必要である。子どもの発達の可能性についての発達科学の進歩を借りた洞察的体系的な幼児の教育論が望まれる。そのためには幼児に適した知的教育内容の分析から入り，時宜にかなった幼児教育を確立しなければならない。

引用・参考文献

Ainsworth, M. D. S., Blehar, M. C., Waters, E., & Wall, S. 1978 *Patterns of ATTACHMENT: A psychological study of the strange situation.* Lawrence Erlbaum Associates, Publishers.
東洋・繁田進・田島信元（編集企画）　1992　発達心理学ハンドブック　福村出版
ボウルビィ, J.　作田勉（訳）　1981　ボウルビィ母子関係入門　星和書店
Brazelton, T. B.　1969　*Infants and mothers : Difference in development.* Dell Publishing, Co.
ダン, J.　古澤頼雄（訳）　1979　乳児ときげん　サイエンス社
Deacon, T. W.　1997　*The symbolic species: The co-evolution of language and the brain.* W. W. Norton.［金子隆芳（訳）　1999　ヒトはいかにして人となったか——言語と脳の共進化　新曜社］
Fantz, R. L.　1961　The origin of form perception. *Scientific American,* 204, 66-72.
藤井あずみ　1999　3・4歳児の数の多少等判断　聖徳大学卒業論文
藤永保ほか（編）　1979　児童心理学　有斐閣
繁田進　1986　アタッチメントと家族関係　詫摩武俊・飯島婦佐子（編）　発達心理学の展開　新曜社　Pp.223-242.
Havighurst, R. J.　1953　*Human development and education.* Logmans-Green.［荘司雅子（訳）　1967　人間の発達課題と教育　牧書房］
Hess, E. H.　1973　*Imprinting.* Van Norstrand Reinhold.
石井美穗　1999　親の養育態度に関する研究　聖徳大学卒業論文
次良丸睦子　1988　被虐待児症候群の一事例研究　筑波大学医療技術短期大学部研究報告, 9, 1-12.
次良丸睦子　1992　就学前児が物を数える行為における文脈依存性　筑波大学医療技術短期大学部研究報告, 13, 31-38.
川上清文・内藤俊史・藤谷智子　1998　図説乳幼児発達心理学　同文書院
クラウス, M. H.・ケネル, J. H.　竹内徹ほか（訳）　1984　親と子のきずな　医学書院
ローレンツ, K.　日高敏隆（訳）　ソロモンの指輪——動物行動学入門　早川書房

三宅廉・黒丸正四郎　1971　新生児　日本放送協会
岡本夏木・清水御代明・村井潤一（監修）　1997　発達心理学辞典　ミネルヴァ書房
沢田慶輔・滝沢武久（編）　1980　児童心理学　サイエンス社
高橋道子　1973　顔模型に対する乳児の微笑反応，注視反応，身体的接近反応，泣きについての横断的研究　心理学研究, 44, 124-134.
高野清純（監修）　1994　事例発達臨床心理学事典　福村出版
高野清純・多田俊文（編）　1986　児童心理学を学ぶ　有斐閣
高野清純・横島章・新井邦二郎・高橋道子　1984　図説発達心理学　福村出版
武久美希　1999　数唱・基礎性分析による幼児の数表象　聖徳大学卒業論文
詫摩武俊　1970　性格はいかにつくられるか　岩波新書
詫摩武俊・飯島婦佐子（編）　1986　発達心理学の展開　新曜社
Tryon, R. C.　1940　Genetic differences in maze learning ability in rats. *The 39th Yearbook, National Society of Studies in Education.* Public School Publishing Co.
Vinh-Bang　1959　Evolution des conduites et apprentissage. *L'apprentissagie des structures logique : Etude d'espistemologie genetique.* IX, 3-13.
Watson, J. B.　1919　*Psychology from the standpoint of a behaviorism.* Lippincott.
Weiner, S. L.　1974　On the development of more and less. *Journal of Experimental Child Psychology,* 17, 271-287.
Zingg, R. M.　1942　*Feral man and cases of extreme isolation of individuals.* ［中野善達・福田廣（訳）　野生児の世界——35例の検討（野生児の記録5）　福村出版］

3章 子どもの発達を診断する

1節 発達診断検査の種類

　子どもに発達の遅れがみられるといっても，全般的に発達が遅れているのか，主に言葉に遅れがあるのか，行動，動作に遅れがみられるのか，情緒的な問題があるのか，人とのかかわりや社会性に問題があるのかなどさまざまである。親はさまざまな問題を抱えて，病院や児童相談所などを訪ねる。相談機関では図3-1のようにインテーク面接で医学的問題なのか，心理学的問題なのかによって，それぞれの検査をする。この章では主に心理学的診断でよく使用される諸検査（表3-1）について簡単に説明することにする。ここでおこなわれる検査は熟練した心理検査の専門家が実施し，その貴重な結果が親や保育者に知らされることが通常である。しかし親や保育者はこれらの結果についての理解は十分にするものの，その結果だけに振り回されてしまうことが多い。そういうことのないように子どもとの日々のかかわりに活かしていける力量を備えていってほしいと思う。

1. 乳幼児発達検査

　全般的に遅れがみられるという場合，まず発達検査が実施される。ここでは最もよく使用される「津守・稲毛式乳幼児精神発達質問紙」から説明していきたい。

a 津守・稲毛式乳幼児精神発達質問紙
　この検査の対象児は0歳児から7歳児までの正常な子どもであるが，障害のある者については使用適用範囲はさらに広がる。

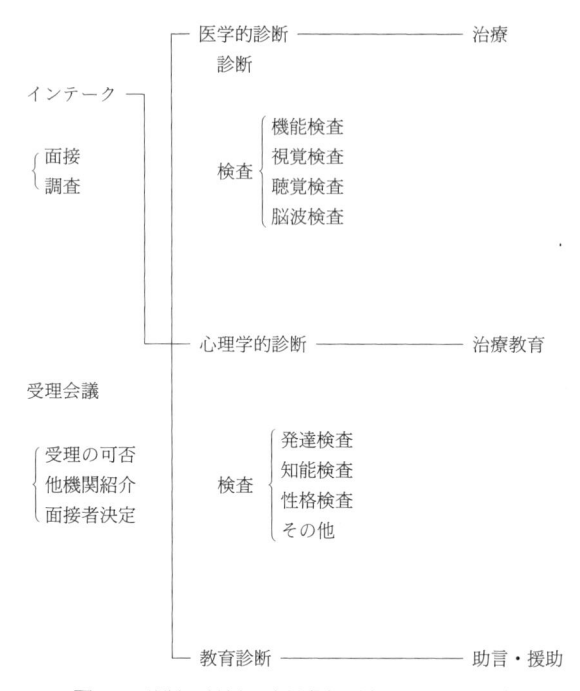

```
            ┌─ 医学的診断 ──────── 治療
            │   診断
            │        ┌ 機能検査
  インテーク ─┤        │ 視覚検査
            │   検査 ┤ 聴覚検査
   ┌ 面接    │        └ 脳波検査
   ┤ 調査    │
            │
            ├─ 心理学的診断 ────── 治療教育
受理会議      │
            │        ┌ 発達検査
   ┌ 受理の可否│   検査 ┤ 知能検査
   ┤ 他機関紹介│        │ 性格検査
   └ 面接者決定│        └ その他
            │
            └─ 教育診断 ────────── 助言・援助
```

図3-1　診断の種類と診断過程（大坪, 1979を改変）

　この発達検査の特徴は知能検査などと違って，子どもに直接実施するのではなく，日常場面の子どもを最もよく知っている母親もしくは養育者に，個別に面接することにより診断するものである。子どもに直接回答を求めるものではないので，言葉の問題があっても正確な情報が得られることになる。

　この質問紙は五つの下位領域に分かれていて，領域ごとに項目が配列されている。項目のはじめに月齢，領域の通し番号が付されている。質問項目に対して完全にできているものには1点（○），この頃やっとできた項目には0.5点（△），できない項目には0点（×）と点数化し，領域ごとに得点を出し，さらに5領域の総合計点を算出し，発達月齢表から発達月齢を調べ，下記の計算式で発達指数（Developmental Quotient 以下DQと略す）を算出することができる。これにより全体的な発達のレベルがわかる。さらに発達輪郭表（**4章**，図4-2,3参照）を描くことによって，どの領域の発達が遅れているのかがわかり，治療・教育・援助の方針が立てられる。

$$\text{発達指数 (DQ)} = \frac{\text{発達年齢}}{\text{生活年齢}} \times 100$$

b MCC（Mother-Child-Counseling）ベビーテスト

　この検査はキャッテル（Cattell, P.）が作成した検査の日本版であり，2カ月から30カ月までの乳幼児を対象に，2カ月から28カ月までは各月齢に対して5問と代替問題が，30カ月は4問が用意されているテストである。各問題は70％の者が合格できるものである。月齢段階に相当する問題数によって精神発達が算出できる。このテストの特徴は動作・運動・言語能力などの課題を直接に子どもに与え，その反応から発達の様子を調べようとするものである。したがって親の同席はさしつかえないが，1歳半までは親の膝にのせて検査をし，それ以降の子どもに対しては，親の存在が検査に影響しないように，親は子どもから顔が見えない位置にいることが望まれる。発達指数（DQ）の出し方は乳幼児発達質問紙と同様である。

c 遠城寺式乳幼児分析的発達検査

　この検査は，移動運動，手の運動，基本的習慣，対人関係，発語，言語理解の六つの領域を測定するものであり，発達プロフィールを描くことによってどの領域の発達が遅れているかがわかるものであり，大まかな治療教育プログラムが立てられるところに利点がある。

d 発達診断チェックリスト

　いままで述べた発達検査は，全体の発達のレベル，領域ごとの発達レベルを知るためには大変優れたものである。そのために，病院，相談所で最も多く使用されている。これらの検査では，子どもの日常での行動の具体的チェックはしにくい面がある。保育の現場や治療場面では表3-2のような「発達診断チェックリスト」が開発されていて，治療目標が立てやすいものがある。このチェックリストは，自己概念，社会性，認知，言語，運動，生活習慣の6領域に分かれ，さらに23の下位項目，さらに具体的項目100項目があげられていて，各項目ごとに，よくできる（2点），ほぼできるが不確か（1点），できない

表3-1 心理相談内容と適用される検査（伊東, 1996に加筆）

相談内容	検査名	適用年齢	評価内容	備考
・発達全般の遅れ（言葉の遅れを含む）	津守式乳幼児精神発達質問紙	0カ月～7歳	運動，探索，社会，生活習慣，言語の5領域の発達度を評価。	養育者が発達質問項目にチェックする。
	遠城寺式乳幼児分析的発達検査	0カ月～4歳11月	移動運動，手の運動，基本的習慣，対人関係，発語，言語理解の6領域の発達度を評価。	短時間で評価できる。
・小学校の就学相談 ・問題行動	新版K式発達検査	0カ月～14歳	姿勢・運動，認知・適応，言語・社会の3領域の発達度を評価できる。	0カ月児から実施できる臨床検査。
・その他	グッドイナフ人物画テスト（DAM）	3歳～10歳	人物画を描かせて発達度を評価できる。	人物画が描けること。
・言葉の遅れ ・言語障害（構音障害,吃音など）	言語障害児の選別検査（ことばのテストえほん）	幼児～小学低学年	テスト絵本を見せて数分間話させることで，言語障害の程度を評価できる。	種々な言語障害の様相を評価できる。
	絵画語い発達検査	3歳～10歳	基本的な語いの理解力の発達度を短時間に評価できる。	検査者の『××はどれ』の質問に子どもは反応できること。
	TK式言語発達診断検査	幼児～小学低学年	語い検査，発音検査，音韻分解検査，読字検査の4検査から言語発達度を評価できる。	種々な言語能力面を評価できる。
・社会性の遅れ	社会成熟度診断検査	3歳～6歳	社会生活能力，基本習慣を9つの分野から評価する。	子どもの身辺自立の発達度を評価できる。
・集団適応の遅れ	S-M社会生活能力	0歳～中学生	社会的生活についての能力を6領域に分けて評価する。	対人関係面の発達様相を評価できる。
・学業不振 ・学習障害 ・就学前後の適応問題 ・問題行動	ウェックスラー式知能検査	3歳～成人	WPPSI（幼児用），WISC-Ⅲ（幼児・児童用），WAIS（成人用）がある。	個別知能検査で，言語性IQと動作性IQが算出される。
	ビネー式知能検査	幼児～成人	田中ビネー式知能検査と鈴木ビネー式知能検査がある。	個別知能検査と集団知能検査がある。
・学習障害 ・注意集中障害	ITPA言語学習能力診断検査	MA3歳～MA8歳11カ月	言語能力の聴覚－音声反応回路と視覚－運動反応回路を評価する。	学習障害の診断とその指導面で有益な検査である。
・視知覚の遅れ	フロスティッグ視知覚発達検査	4歳～8歳	視知覚能力を評価する。	幼児期での視知覚の遅れを発見できる。

3章 子どもの発達を診断する　69

	日本版K-ABC	2歳〜12歳半	認知処理能力と習得度について調べられ，他の検査(WISC-III)などと組み合わせることによってLD児などを多角的に評価できる。	学習障害の診断評価に有益な尺度である。
	ベンダーゲシュタルトテスト（BGT）	5歳〜成人	種々の図形の模写をさせる。	視知覚−運動障害を発見できる。
・情緒的問題 （登園・登校拒否，神経症，習癖，反社会的行動，非社会的行動，恐怖症，その他情緒的問題）	バウムテスト	小学生〜成人	『実のなる木』の教示から絵を描かせて，それを分析して性格把握する投影法テスト。	教示を理解して絵を創造的に描ける能力が必要である。
	ロールシャッハテスト	小学生〜成人	左右がほぼ対象の不規則なインクのしみを見て，何に見えるかを尋ねる。その反応から性格を把握する投影法テスト。	投影法の代表的な性格検査で広く利用されているが，実施と解釈に熟練を要す。
	文章完成法テスト（SCT）	小学生 中学生用 高校〜成人	短い刺激文に応じて，続きを短文で書かせる。その内容から性格把握する投影法テスト。	書かれた文章内容から情緒的問題の手がかりが得られる。
	主題統覚テスト児童用CAT	幼児・児童	絵を見せて，思い浮かぶ物語を作らせ，その内容を分析して性格把握する投影法テスト。	実施と解釈に熟練を要す。
	P-Fスタディ	4歳〜14歳 15歳〜成人	日常誰でも出くわすような欲求不満場面の絵が24あり，主観的な反応をさせ，その反応語を語義的に解釈する。	自我，イド，超自我の状態が判定できるが，採点が複雑で困難である。
	矢田部・ギルフォード（Y-G）性格検査	小学2〜6年用 中学・高校 大学一般用	情緒安定度，社会適応度，活動性，衝動性，向性指導性などを判定する質問紙検査。	投影法と異なり，客観的評価ができるが，虚偽が混入し易い。
・親の養育態度のあり方の問題	田研式親子関係診断テスト	親用（幼児〜高3年） 子用（小4〜高3年）	親の養育態度を拒否型，支配型，保護型，服従型，矛盾型，不一致型などで親の側（子の側）から評価できる。	親の子どもに対する養育態度の程度を親や子どもの側からそれぞれ理解できる。

表3-2 発達診断チェックリスト（柚木・白崎, 1985）

よくできる——◎2点　ほぼできるが不確か——○1点　できない——×0点

領域	項目		臨床観察項目	チェック 前 後	得点 前 後
(1) 自己概念	①自己と他者の区別	1 2 3	1.名前を呼ばれたらふりむく 2.人の声に注意をはらう 3.人のやっていることに関心を示す		
	②ボディーイメージ	4 5 6	4.自分の身体を理解する 5.人見知り 6.鏡を見て自分であることを理解する		
(2) 社会性	③やりとり	7 8 9 10 11 12 13 14	1.ほおずり・だっこ 2.高い高い 3.グルグルまわし 4.くすぐりっこ 5.走りっこ 6.おすもう 7.ボール遊び 8.やきいもゴロゴロ		
	④役割規則	15 16 17 18 19 20 21	1.福笑い 2.サーキット・トレーニング 3.かるた・絵カードとり 4.ままごと 5.買物ごっこ 6.買物 7.お手つだい		
	⑤仲間関係	22 23 24	1.大人との遊び 2.年下の子どもとの遊び 3.同年齢の子どもとの遊び		
(3) 認知	⑥注目集中	25 26 27 28	1.人を見る 2.物を見る 3.目で人や物を追う 4.人・物を区別する		
	⑦予測行動	29 30 31	1.ハンドバックを持つと出かけようとする 2.買物かごを持つと玄関で待つ 3.車のキーを持つとクツをはいて待っている		
	⑧対応関係	32 33 34	1.「ブーブーどこ？」「ママは？」などと聞くとさがす 2.茶碗を見ると食事であることを理解する 3.ブザーが鳴ると玄関に行く		

3章　子どもの発達を診断する

領域	項目		臨床観察項目	チェック 前 後	得点 前 後
(3) 認知	⑨模倣	35	1.頭をさげる		
		36	2.手をあげる		
		37	3.テレビ（ゴルフ・野球・リズム体操・子ども番組）の模倣		
		38	4.握手		
		39	5.拍手		
		40	6.つみ木でタワーをまねて作る		
		41	7.親や先生のすることをまねる		
		42	8.絵（線・形・顔）をまねて描く		
	⑩表現的活動	43	1.つみ木や汽車でトンネルを作る		
		44	2.ピクチャパズル		
		45	3.粘土をまるめたり，伸ばしたり		
		46	4.粘土で意味のあるものを作る		
		47	5.顔の絵を描く		
		48	6.顔以外のいろいろな絵を描く		
		49	7.ハサミを使う		
		50	8.折り紙で遊ぶ		
		51	9.文字が書ける		
(4) 言語	⑪ことばの理解	52	1.身体名称		
		53	2.食物		
		54	3.動物		
		55	4.乗り物		
		56	5.動詞（座る・立つ・跳ぶ）		
		57	6.前置詞（前後・左右・上中下）		
	⑫音声模倣	58	1.母音（ア・イ・ウ・エ・オ）		
		59	2.通鼻音（マ・ミ・ム・メ・モ）		
		60	3.口唇音（パパ・ピピ・ププ・ペペ・ポポ）		
		61	4.その他の音声の模倣		
		62	5.パパ		
		63	6.ママ		
		64	7.ワンワン		
		65	8.バイバイ		
	⑬指さし	66	1.要求		
		67	2.興味のあるもの		
		68	3.身体名称		
		69	4.色		
		70	5.本の中の絵		
		71	6.絵カード		

領域	項目		臨床観察項目	チェック 前 後	得点 前 後
(4) 言語	⑭動作表現	72 73 74 75 76 77 78 79	1.バイバイ 2.チョーダイ 3.バンザイ 4.こんにちは 5.ドアをトントン叩く 6.ドアの方に行きなさい 7.となりのへやからボールを持ってきて 8.新聞を持ってきて		
	⑮話のすじの理解	80 81 82	1.かんたんな話を聞きたがる 2.本の中の絵をたずねる 3.くり返しの多い物語・話を好む		
(5) 運動	⑯粗大運動	83 84	1.散歩 2.スベリ台・トランポリン		
	⑰協調運動	85 86	3.ブランコ・シーソー 4.平均台・クルクルトンネル		
	⑱巧緻運動	87 88	5.三輪車 6.ハサミ・玉おとし		
	⑲発語器官機能	89 90 91	1.吹く・吸う・嚙む・飲む 2.舌の運動 3.口唇の運動		
(6) 生活習慣	⑳食事	92 93	1.食物以外は口に入れなくなる 2.ひとりで食べる		
	㉑衣服	94 95	3.ひとりで脱ぐことができる 4.ひとりで着ることができる		
	㉒排尿便	96 97	5.おしっこがひとりでできる 6.うんちがひとりでできる		
	㉓生活	98 99 100	7.お店へひとりで行ける 8.お金を持たせる 9.となりの家に物を持っていける		
(得点項目の%は通過率)			通過率45%		

（0点）のいずれかで評価し，それをもとに，具体的治療方針を立てるものである。これは臨床経験をもとに作成されたものであるので，個々の状態に合わせてスモールステップを設けることが可能であり，治療教育効果があがり，実際的なものである。

これらの発達検査は，年齢が低いからこそなのかもしれないが，発達の遅れが漠然としている場合に最初に使用されることが多い。これらの結果を診断の参考にしていくわけであるが，乳幼児期は心身とも未分化な状態であり，一つの行動にもさまざまな側面が密接に絡み合っていることがあるので，子どもの発達を固定的部分的にとらえないほうがよいと思われる。

2．知能検査と言語発達検査

知能検査とは個人の知的能力を客観的に測定し，その結果を数量的に把握するために考案されたものである。知能検査は実施のされ方によって集団式知能検査と個別式知能検査に分かれる。集団式知能検査は多くの小・中学校でおこなわれ，個人の知的発達レベル，集団内の知的発達の位置などを知り教育効果を高めるためにおこなわれる。個別式知能検査は主に言葉の遅れを含む発達に遅れがある場合に実施される。したがって保育現場などではほとんどおこなわれない。しかし知的障害児者施設などで専門家がいる場合には実施することもある。それぞれの病院や施設では，発達診断をするために知能検査を最初からする場合は比較的少なく，いくつかの検査をした後実施することが多い。

個別式知能検査の代表的なものには，フランスのビネー（Binet, A.）とシモン（Simon, T.）が精神遅滞児を判別するために開発したビネー式知能検査と，アメリカの精神病院で臨床診断のために開発されたウェクスラー（Wechsler, D.）法とがある。知能検査の説明をする前に，知能検査により算出されるいわゆる IQ と知能偏差値について明確にする必要がある。

それぞれの知能検査を実施することにより，まず精神年齢（Mental Age）を調べ，生活年齢（Chronological Age）との比率から知能指数（Intelligence Quotient 以後 IQ と略す）を求める。

$$知能指数（IQ）＝\frac{精神年齢}{生活年齢}×100$$

IQは上記の計算式で算出され，IQ100が平均で，IQ90～110までは年齢相応の知的発達を示していると解釈され，一般に正常範囲にあると評価される。それ以上であればあるほど優秀であり，逆にIQ80～90を境界域級とし，IQ70～75以下は知的障害と判断される。知的障害を，さらに軽度・中度・重度・最重度の4段階に分けている（詳細は **5章**，表5-1参照）。

IQが，ある人の知能を測定するのに妥当かどうかの問題がある。それはIQは知能が年齢とともに直進する範囲以内に限られるためである。15歳ぐらいからその後の進み方は鈍り，20歳台からは下降する。そこでIQに相当するものを合理的に表現したものが知能偏差値である。知能偏差値の算出方式を以下に示したが，知能偏差値は50が平均であることに注意しなければならない。

$$知能偏差値 = \frac{\{(個人の得点)-(集団の平均点)\} \times 10}{集団の得点の標準偏差} + 50$$

知能偏差値はその年齢の集団内での相対的位置であるので，たとえ50歳であっても知能程度が合理的に判断できる。また知能偏差値から逆にIQに直すこともできる。

知能検査の実施にあたっては，教示の仕方によって結果に差が生じることもあるので，手引書を精読し，慎重に客観的態度でおこなう必要がある。

a 田研・田中ビネー式知能検査

種々の知能検査が表3-1に示されているが，まずここでは日本でよく使用されている田研・田中ビネー式知能検査について簡単に説明する。

この検査は1歳児から優秀成人を対象とするものであり，各年齢級の問題数は，1～3歳までは12問題で，1問題正解に対して1カ月知能年齢相当と判断し，4歳～優秀成人までは6問題からなっているので，1問題2カ月相当とみなし，精神年齢（MA）を算出する。問題の配列は易しい問題から難しい問題へと配列されている。実施にあたっては，生活年齢に該当する問題から始め，その年齢の問題ができなければ，より低い年齢の問題へ戻っていき，誤りの一つもない年齢級までの問題を解かせて，完全にできたら中止する。上限の決定については，正解が一つもない年齢級までの問題をおこない終了となる。

ビネー式の特徴は，知能を常識的に物事を理解し判断する機能としての一般

知能としてとらえており，年齢によって課題が異なるが，知識，類推，記憶，不合理，絵や文の完成，算術問題などから構成されている。しかし，この検査から知能構造を分析することは難しい。IQ は学校教育的診断判別のためには便利であり，また子どもの臨床的診断には他の検査などと組み合わせて実施すると利用価値が高くなる。ただし全体的に言語性課題が多いので，言語表出にハンディのある子どもや自閉症児には不利であることが指摘されている。

b　WPPSI 知能検査

ビネー式の知能検査に対するウェクスラー法の検査として，年少児用のWPPSI 知能検査（3 歳10 カ月～7 歳11 カ月）と年長児用の WISC 知能検査（8 歳～15 歳11 カ月）がある。WISC 知能検査はその後改定され，WISC-R, さらに WISC-Ⅲとなっている。ウェクスラー法の特徴の一つは知能の測定と同時に，11 個の下位テストの得点から適応障害も診断できるということである。テスト結果が「言語性 IQ」と「動作性 IQ」および「全検査 IQ」で示されるため知能の発達状況が構造的に診断できる，というのもその特徴である。さらに言語面にハンディをもつ子どもでも，動作性検査だけからだいたいの知能を推定・判断することも可能である。難点としては問題数が多いので，集中力の乏しい子どもには不向きである。

c　WISC-Ⅲ知能検査

この検査は WISC-R（**4 章**参照）の改定版である。このテストは，やはり言語性 IQ，動作性 IQ，全検査 IQ が算出される。言語性の問題には，知識，類似，算数，単語，理解，数唱などの下位検査が，動作性を測定する問題には，絵画完成，絵画配列，積木模様，組合せ，符号，記号探し，迷路などの下位検査が含まれている。この下位検査のうち，記号探しは WISC-R にはなかった。適応範囲は 5 歳 0 カ月から 16 歳 11 カ月である。

下位検査の実施順序は心理的抵抗感がない絵画完成の問題から始めることになっている。他の知能検査と同様であるが，問題が終了したところで，標準化サンプルから算出された下位検査評価点から言語性 IQ，動作性 IQ，全検査 IQ が算出される。知能の分析的解釈を助けるために，因子分析の結果から新

たに4種類の群指数という概念が導入された。すなわち迷路を除いた下位検査項目から，言語理解（知識，類似，単語，理解），知覚統合（絵画完成，絵画配列，積木模様，組合せ），注意記憶（算数，数唱），処理速度（符号，記号探し）得点が算出される。WISC-IIIは田中ビネー式知能検査よりIQが5〜10低く出ることが知られている。

d 言語発達診断検査（TK式）

この検査は，幼児・児童の言語発達の状態を一定の側面から診断し，文字学習の指導と，それに関連した言語指導に役立てることを目的として開発されたものである。書き言葉は話し言葉の基礎の上に成り立っているので，話し言葉がある程度発達していないと，文字の習得は難しい。

この検査は，語彙，発音，音韻分解，読字の四つの下位検査から成り立っている。下位検査は80枚の絵カードで構成されていて，子どもに絵カードを1枚ずつ順に提示し，「これは何ですか」と問いかけ，答えの正否を記録していくものである（表3-3）。語彙検査からは，粗点，段階（3段階），語彙年齢，語彙指数が，その他の3下位検査からは，粗点，段階が算出される。

3．認知や学習に関する検査

a 日本版K-ABC（Kaufman Assessment Battery for Children）

このテストは，認知機能に障害をもつ幼児や児童の知的機能水準と知的機能の特徴を明らかにするために用いられるとともに，学習障害児の診断や評価が可能なものであり，従来の知能検査と多くの点で異なる知能検査である。たとえばWISC-R（改定版としてのWISC-III）は，学習障害児の総合的認知機能の指標としてはきわめて有用な検査であるが，彼らの情報処理過程の様式を必ずしも反映しないともいわれてきた。K-ABCは神経心理学と認知心理学の研究の成果にもとづいて開発された検査であり，問題を解決し，情報を処理する認知処理能力と，すでに習得した知識や技能を表す習得度（学力）を別々に測るための尺度からなっている。さらに，認知処理能力尺度は継次処理，同時処理という認知処理様式にもとづいた下位検査から構成されている。継次処理尺度には，手の動作，数唱，語の配列の三つの下位尺度があり，同時処理尺度に

3章 子どもの発達を診断する

表3-3 言語発達診断検査記録用紙（田研出版）

No............　　男・女

検査年月日　年　月　日
生年月日　　年　月　日
満年齢　　　年　か月

氏名

結果の表示
- 語い発達段階
- 語い年齢
- 語い指数
- 発音発達段階
- 音韻分解発達段階
- 読字学力発達段階
- 文字学習レディネスパターン

I 語い検査

1	はさみ	21	なす	41	大根	61	竹の子
2	時計	22	たんぽぽ	42	牛	62	つぼみ
3	テレビ	23	タモ	43	からす	63	桜
4	キリン	24	耳	44	ピアノ	64	だぬき
5	冷蔵庫	25	ろうそく	45	かき	65	せん抜き
6	雨	26	犬	46	豆	66	さい
7	象	27	わに	47	もも	67	ごこ
8	か	28	せみ	48	あひる	68	羊
9	すぶね	29	のこぎり	49	えび	69	つる
10	自転車	30	カブトムシ	50	しか	70	かに
11	車	31	ヘリコプター	51	らくだ	71	いのしし
12	うめ	32	ひまご	52	ヨット	72	もり取り
13	かめ	33	山	53	朝顔	73	だちょう
14	さる	34	ペンかん	54	やぎ	74	号
15	トンボ	35	ペンギン	55	アイロン	75	シーソー
16	まくら	36	くるり	56	竹	76	ふく
17	金魚	37	しま馬	57	うちわ	77	ゆく
18	カタツムリ	38	まど	58	さか	78	松
19	ラーメン	39	カンガルー	59	さめ	79	おの
20	鶏	40	座ぶとん	60	はと	80	むかで

II 発音検査

1	うさぎ
2	せみ
3	はさみ
4	くし
5	つくえ
6	ろうそく
7	からだ
8	れいぞうこ
9	れいぞうこ
10	ざぶとん

III 音韻分解検査

1	め・が・ね
2	い・す
3	に・わ・と・り
4	か・ぶ・と・む・し
5	て
6	き・っ・て
7	ぞ・う
8	せ・ん・ぷ・う・き
9	き・ん・ぎ・よ
10	ぎ・ゅ・う・り

音韻分解検査 判定基準
音節(1点)　モーラ(2点)　拗音(3点)

1	めがね
2	いす
3	にわとり
4	かぶとむし
5	て
6	きって
7	ぞう
8	せんぷうき
9	きんぎょ
10	ぎゅうり

IV 読字検査

1	か	8	く
2	み	9	ぽ
3	こ	10	さ
4	め	11	ぽ
5	あ	12	しゃ
6	え	13	しょう
7	れ	14	びゃく

検査 I　II　III　IV
粗点

は，魔法の窓，顔捜し，絵の統合，模様の構成，視覚類推，位置さがし，時間系列の七つの下位検査が含まれている。習得度尺度には，表出語彙，算数，なぞなぞ，言葉の読み，文の理解の五つの下位尺度が含まれている。それぞれの項目ごとに粗点を算出し，その後，下位検査ごとに得点合計を算出するものである。

b　ITPA言語発達学習能力診断検査（Illinois Test for Psycholinguistic Abilities）

いままで述べてきた知能検査は知的障害を判別したり，知的発達の程度を類型化するためには有用であったが，知的発達遅滞が認められた子どもにどのような治療・教育的診断をおこなうかの適切な指針とはいえない。そのため教育や治療計画に具体的な示唆を与えるような検査としてITPAが開発された。このところ治療現場ではよく使用されている検査である。

この検査の理論的背景は，人が自分の考えを他人に伝えたり，他の人の考えを理解したりするさまざまな機能の関係，つまりコミュニケーション過程に必要な機能を調べるためのものであ。情報の入出力回路にはいくつかあるが，この検査では聴覚－音声回路，視覚－運動回路の二つの回路を採用している。それぞれの障害の典型例のプロフィールを図3-2に示した。また下位検査は，言葉の理解，絵の理解，形の記憶，数の記憶，言葉の類推，絵の類推，絵さがし，言葉の表現，動作の表現，文の構成の10項目からなっている。

c　フロスティッグ視知覚発達検査

このテストは子どもの知覚能力の困難な領域を正しくとらえ，困難な程度を正確に測定することができ，その後の訓練計画も立てられるようになっている。視知覚障害のある子どもに対して早期に治療することは，後の学習障害，学業不振，社会的・情緒適応障害の緩和や予防につながる。この検査は個別的にも集団的にも実施できる。

この検査は，視覚と運動の協応，図形と素地，形の恒常性，空間における位置，空間関係などから知覚年齢（Perception Age：PAと略す）を算出し，それと生活年齢との十分率をもって評価点（Scale Score：SS）とする。

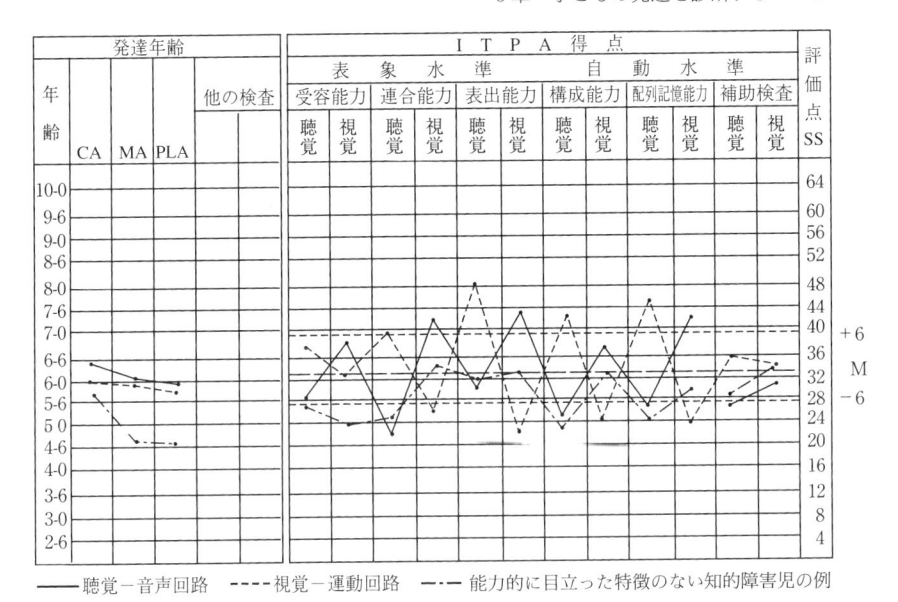

図3-2 ITPA検査における各障害の比較

——聴覚－音声回路　----視覚－運動回路　—・—能力的に目立った特徴のない知的障害児の例

$$評価点（SS）＝\frac{知覚年齢（PA）}{生活年齢（CA）}×10$$

さらに，知覚指数を算出するわけであるが，各下位検査における粗点の平均の変化（発達曲線のデータ）に修正を加えて得られた五つの評価点の合計を2倍したものが知覚指数相当値である。

この検査で，視知覚のどの領域に遅れがあるかの診断がついたならば，その遅れの部分についての視知覚の訓練をするために『フロスティッグ視知覚学習ブック初級・中級・上級用』『フロスティッグ視知覚能力促進法』などが用意されているのでそれを使用してもよいし，治療者が独自の練習課題を作成することもある。

4．パーソナリティ検査

ある程度の言語能力が出てきた子どものうちで，落ち着きがない，人と情緒的かかわりがもてないとか神経症的症状（**4章**参照）など種々の問題行動を起こしていてその原因がわかりにくい場合に，子どもの情緒的，人格的な発達

を知る意味で，知能検査などと合わせてパーソナリティ検査を実施することがある。この検査には投影法テストと非投影法テスト（質問紙法）とがあり，臨床場面では前者がよく利用され有効とされている。

　投影法テストとは，比較的曖昧で，文化的様式に影響されない刺激や素材を与え，できるだけ自由な反応を促しその反応からパーソナリティ特性やパーソナリティ構造を見いだそうというものである。素材に対する反応が，いわばその人の心の内の反映であるとみなされるということから命名されたテストである。投影法テストとして最もよく知られているものにロールシャッハ・テストがあり，他に TAT（CAT），P‐Fスタディ，SCT，人物画テスト，バウムテストなどがあげられる。さらに投影法を広義に解釈すれば，子どもの場合，遊び，絵画，サンドプレイなども含むことができる。実際には遊びやサンドプレイなどの場面で子どもの情緒的発達特性などがみられることが多く，同時にそれが治療に結びついていく。

a　ロールシャッハ・テスト

　ロールシャッハ・テストは精神科医ロールシャッハ（Rorschach, H.）によって考案されたテストである。白い用紙にインクをたらし，二つ折りにして偶然できた左右対称の刺激図版10枚からなっている。そのうち5枚は黒色，2枚は黒と赤の2色，残りの3枚は多色刷りになっている。

　テストは各図版ごとに図形が何に見えるかを問う。この段階では被検査者の言語的反応，検査時の動作，表情などを正確に記録する。次の質問段階では，反応が図版のどの領域（反応領域）に対してなされたのか，いかに決定されたのか（反応決定因），何に見えたのか（反応内容）について質問して確認する。最後に反応が不十分で検査者に疑問が生じた場合に，被検査者に対して疑問点を直接きくことによって，確かな情報を得ることができる。診断にあたっては，反応総数，反応拒否数，初発反応時間，反応終了時間を，つぎに反応領域，何に反応したかの反応決定要因，最後に反応内容について分類することになっている。

　このテストでは被検査者の反応をどう解釈するかがテストの有効性を決める鍵となるので，このテストを用いて診断しようとする際には多くの経験と高度

な洞察力が必要になり，かなり専門的な教育や訓練が必要である。

　このテストは人格が発達するにしたがって，未分化で漠然としていた反応が減少したり，共感性や内面化の能力を示す運動反応が出現したり，反応の構成度が高まるという傾向がみられるので，幼児から成人までを対象とすることができるものである。

b　TAT（Thematic Apperception Test），CAT（Child Apperception Test）（主題構成検査）

　このテストはマレー（Muray, H. A.）とモーガン（Morgan, C. D.）によって考案されたものである。

　TATは，一人または複数の人物や曖昧な情景が描かれている図版が何枚かあり，図版を1枚ずつ提示して，図版ごとに，その絵の情景以前はどんなことがあったと思うか（過去），いま何がおこなわれているか（現在），この絵の結末はどのようになると思うか（未来）など，登場人物（CATの場合は動物）のものの考え方や感情を盛り込んで空想物語をつくることを求めるものである。その内容を分析してパーソナリティ特性を知ろうとする。

　分析にあたっては，主人公の設定，主人公の欲求と行動，圧力，問題解決の様式を行動の結末などから分析していく。一般に物語の主人公は自らの同一視の対象である。そこで主人公の欲求はどのようなものであるか，欲求は現実レベルでかなえられたのか，空想レベルにとどまっているのかが問題となる。そこには，マレーの欲求－圧力の理論がある。ロールシャッハ・テストがパーソナリティの深層構造を明らかにするのに対して，TATはパーソナリティの表層的なダイナミックスを明らかにするといわれる。このテストは5歳から成人まで適用されるが，対象の子どもに表現能力の限界があり，子どもにはあまり用いられない。

　幼児・児童用としてはCATがある。主人公はリスのチロちゃんであり，このチロちゃんは子どもと同様に保育園か幼稚園や学校に通っているという設定である。16場面が設定されており，それぞれの場面ごとに，チロはどこに行っているのか，何をしているのか，登場している動物がいま何をしているのかをきく。その反応から子どもの欲求状態や行動，問題解決様式などを理解する。

c　P-Fスタディ（Picture-Frustration Study）（絵画欲求不満検査）

　このテストはローゼンツワイク（Rosenzweig, S.）によって開発された。いわゆる欲求不満－攻撃仮説が理論的根拠になっている。テスト自体は子どもが日常的に経験する葛藤場面がマンガ風に描かれているために，テストを受けるときの抵抗感が比較的少なく，実施しやすいものである。大人の絵には言葉がすでに書いてあるために，SCT（文章完成法テスト）と同様にまったくの投影法とはいえないものである。言語表現が苦手な子ども，緘黙がちな子どもや軽い自閉症の子に実施すると，社会性の発達の程度や攻撃性の向け方，出し方などがわかり，子どもを理解する上で参考になる。

d　Y-G検査

　性格テストのうち非投影法のテストとして質問紙によるテストがある。代表的なテストとして，矢田部・ギルフォード（Y-G）性格検査が最もよく知られている。これはギルフォード（Guilford, J. P.）らが作成した尺度を日本人に合うように項目を選択して作成され，12の下位尺度から構成されていて，性格を構造的に把握でき，性格の各側面の情報が得られる。しかしこのテストの弱点は虚偽尺度がないため，自分をよく見せようとする態度がテスト結果に働く可能性があり，信頼性においては問題が多少ある。

　このテストは個人の情緒の安定性，社会的適応性，活動性，向性傾向などがわかり，採点法も簡便であるため最もよく使われるが，質問項目の理解が問題となるため子どもには向かない。

　そのほかMMPI，TPI，EPPSなどさらに精度の高い検査があるが，子どもを対象にしていないため説明を省略する。

5．行動に関する検査

a　乳幼児期異常行動歴

　親をはじめとして，人にまったく関心を示さない，こちらのいっていることが理解できない，言葉がいったんは出たが，その後出なくなったといった子どもがいる。乳児のときにはよく眠り，あまり泣きもせず，親にとっては手のかからないという子どもであった。1歳当時は言葉も少し出ていたし，歩行もで

表 3-4　自閉症における「乳幼児期異常行動歴」(有馬, 1990)

項　目	あった	なかった	不明
1. あやしても顔をみたり笑ったりしない			
2. 小さな音にも過敏である			
3. 大きな音に驚かない			
4. 喃語が少ない			
5. 人見知りしない			
6. 家族（主に母親）がいなくても平気で一人でいる			
7. 親のあと追いをしない			
8. 名前を呼んでも声をかけても振り向かない			
9. 表情の動きが少ない			
10. イナイイナイバーをしても喜んだり笑ったりしない			
11. 抱こうとしても抱かれる姿勢をとらない			
12. 視線が合わない			
13. 指さしをしない			
14. 2歳を過ぎても言葉がほとんど出ないか、2〜3語出た後、会話に発展しない			
15. 1〜2歳ごろまで出現していた有意味語が消失する			
16. 人やテレビの動作のまねをしない			
17. 手をヒラヒラさせたり、指を動かしてそれをじっとながめる			
18. 周囲にほとんど関心を示さないで、独り遊びにふけっている			
19. 遊びに介入されることをいやがる			
20. ごっこ遊びをしない			
21. ある動作、順序、遊びなどを繰り返したり、著しく執着したりする			
22. 落ち着きなく手を放すとどこに行くかわからない			
23. わけもなく突然笑い出したり、泣きさけんだりする			
24. 夜寝る時間、覚醒時間が不規則である			

きたので安心していた。しかし年齢が上がるにしたがってなんとなく変だと気づきだす。このような症状をもっている場合は自閉症の疑いがもたれる。その診断のためのチェック基準としてDSM-III-Rの「自閉性障害」の基準にもとづいて小児行動評価研究会が開発した「乳幼児期異常行動歴」という初期徴候チェックリスト（表3-4）がある。これによって子どもの行動を評価し、その後の経過年数による変化を考慮すると、自閉症の臨床的特徴がほぼ把握できる。

「かかわり」に障害がある子どもには、言葉かけをともなう一対一の「かか

わり遊び」などの指導訓練によってかなり改善していく。かかわり遊びとは、一般に赤ちゃんに母親がかかわるような一対一のふれあい遊びであり、たとえば、いないいないばあ、ゆさぶり遊び、まねっこ遊び、お滑りスー、竹馬ごっこ、お化けごっこ、追いかけっこなどである。

b 人物画テスト

子どもは食物・住居・社会的援助・安全を両親から受けている。したがって第三者からみてどんなに親としてふさわしくなくても、子どもは親を必要とするし、親の現状を受け入れる。虐待されている子どもでも、親を非難したり咎めたりはしないものである。たとえ子どもが親に敵意をもっていたとしても、それを言葉に置き換える気持ちもないし、できない。しかし描画の上ではじつに容易に表現できるという。描画では子どもは無意識的に親やきょうだいをぼかして描いてみたり、あるいは子ども自身も気づかぬ記号や表現を用いることによって、家族に対する消極的な態度を示すことができる。描画はしばしば他の心理学的技法や方法で解明できない子どもの人間関係を明らかにすることができるという（古賀, 1971）。

このテストでは「あなたの家族の絵を描いてください。あなたが好きなように描いていいのです」と教示を与え、子どもが何を選択して描こうが、その絵が完成するまでは質問も評論もしない。描くことへの戸惑い、描き損じ、絵の変更（家族以外の絵）、人物の大小、家族の構成員の一部の変装、家族を物にたとえたり、家族の省略などがみられると、それは子どもの家族構成員に対する敵意であったり、不満であったりすることが臨床的に知られている。子どもの問題行動の原因を探る上にも治療にも役立つものである。

c 田研式親子関係診断テスト

子どもに問題があると親がいうとき、じつは親のほうが問題であったり、原因であったりすることが多い。親の信念にも似た養育態度が子どもの行動の歪みや神経症状（チック、吃音、脱毛症、自傷、吐き気、遺糞、夜驚、爪かみなど）をもたらすことが多い（**4章**参照）。そのために親がどのような養育態度をとってきたのか、また親の価値観などを知るための検査として田研式親子関

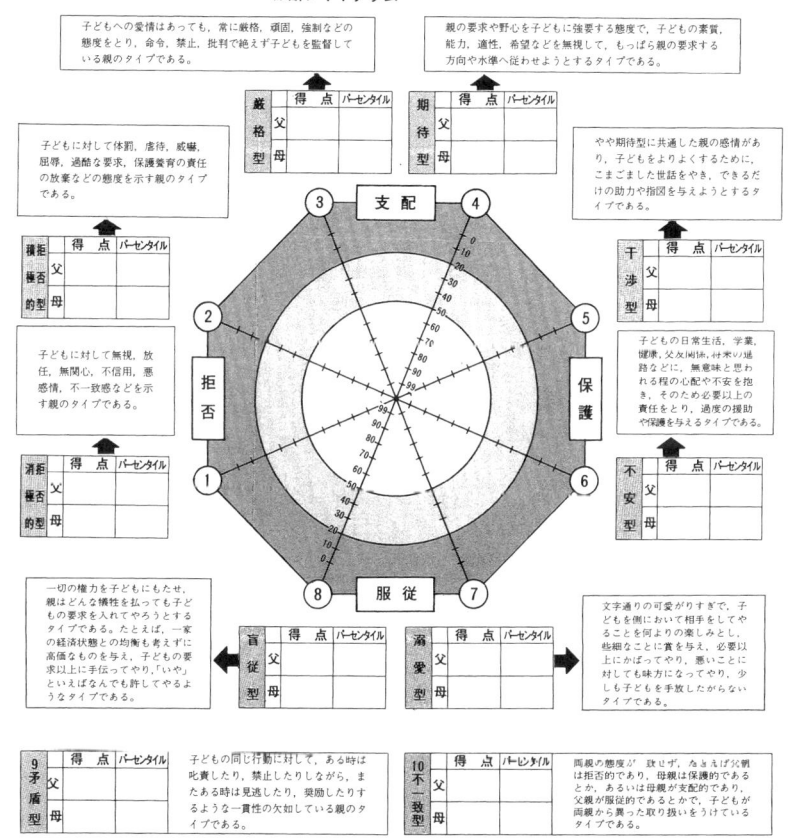

図3-3 田研式親子関係診断検査診断表（親用）

係診断テストがある。これには親用と子用の2種類があり、子どもをどのように育てたか（親用、図3-3）、親からどのように育てられたか（子用）を回答することになっている。親からみた自分の養育態度、子どもからみた親の養育態度を知ろうとするものである。テストの第一部では10項目の養育態度タイプ得点とパーセンタイルが示され、タイプ得点が低いほど悪い傾向にある。さらに第二部は自己評価をさせ、反社会性、非社会性、興味・意思、自己評価、退行、神経質、生活習慣、学習能力の程度がわかるものである。

これまでに述べてきたテストは，実際に使用される頻度の高い検査である。子どもに発達の遅れや問題行動があって，その原因を調べたり，治療・教育方針を立てたりする際には役立つものである。しかしこれらの検査は，発達途上にある子どものその時点での状況であることを十分に知った上で用いることが望ましいといえよう。

2節　発達診断の必要性

　子どもの保育・教育に携わる者にとって最も大切なことは，子どもは発達する存在であるということである。たとえ障害をもっていようとも子どもは発達するという視点に立つということである。とくに子どもの発達診断結果は，その時点での発達レベルであり，その後の発達可能性を含んでいるという認識をもつことが望まれる。

　親や周囲の者が，どうもこの子は他の子どもとちょっと違う，どうも発達が遅れているようだということで相談施設を訪れる。それでは親は具体的にどのようなことで相談に来るのだろうか。病院や公的な相談機関，保育園の先生への相談，電話での相談で多少相談内容が異なることがあるし，最初は保育園の先生に，その後，病院，専門の機関へと相談内容によって相談場所を変えていかねばならない場合もある。

　保育園などへの親の相談内容は基本的生活習慣，発育・発達，生活環境，育児方法，医学的問題に分けられる（*6章*，表6-2参照）。生活習慣や育児方法などの相談については，親の過度の不安や心配からきているものもある。しかしこの中でもいくつかの項目については，専門的な機関への相談や治療を要するものもある。子どもの発達は教科書どおりとはいかないものであることを十分認識した上で，しかし，発達に問題があると思われる場合に専門家に診断をしてもらい，援助をしていくことが発達を促す。早い時期の治療教育は効を奏することが多いのである。その場合，子どもの発達を阻害している原因，あるいは病気の分類をすることと同時に，家庭や保育の現場で，あるいは治療的現場では，子どもはいまどのようなことができて，どのようなことができないのか，どのような援助をすればより発達するのかが求められる。したがって，発

達のレベルや状態を知る必要がある。発達診断の必要性はここからきている。発達診断の実際は，**4章**，**5章**の事例を参照していただく。治療方針の立て方，治療過程や発達経過は紙面の都合により別の機会に譲りたい。

引用・参考文献

有馬正高（編）　1990　発達障害医学の進歩2　診断と治療社
林潔・瀧本孝雄・鈴木乙史　1989　カウンセリングと心理テスト　ブレーン出版
飯鉢和子・鈴木陽子・茂木茂八　1979　日本版フロスティッグ視知覚発達検査——実施要領と採点法手引　日本文化科学社
石井哲夫（編）　1994　保育所における育児相談　全国社会福祉協議会
伊東眞里　1996　心身症と教育臨床　高木俊一郎（編著）　教育臨床序説——総合人間学的アプローチへの挑戦　金子書房　Pp.79-122.
河合洋　1989　子どもの心と教育相談——乳幼児期から青年期まで　日本放送出版協会
河井芳文　1979　文字とことばの指導のための言語発達診断検査　田研出版
カーク, S. A. ほか　上野一彦・越智啓子・服部美子（訳）　1993　言語学習能力診断検査手引1993年版　日本文化科学社
児玉省・品川不二郎・茂木茂八　1989　日本版 WISC-R 知能検査1989年尺度修正版　日本文化科学社
古賀行義（監修）　1971　子どもの人物画——その心理学的評価　建帛社
前川久男　1992　学習障害児と神経心理的検査—— K-ABC の神経心理的検査としての利用可能性について　小児の精神と神経, 32, 225-232.
松原達哉・藤田和弘・前川久男・石隈利紀（編訳著）　1993　K-ABC の心理・教育アセスメントバッテリー解釈マニュアル　丸善メイツ
大坪明徳　1979　重度・重複障害児の指導技術　岩崎学術出版社
巽葉子　1997　日本版 K-ABC による学習障害児の認知特性　LD（学習障害）-研究と実践, 6(1), 45-52.
吉田洋子・岩堂美智子　1985　乳児の発達と保育環境(2)—— 0歳後半の保育課題について　日本小児保健学会第32回大会講演集
柚木馥・林邦雄（編著）　1985　障害幼児の保育セミナー5　ケース・スタディ　コレール社
柚木馥・白崎研司（編著）　1985　障害幼児の保育セミナー2　発達診断とステップ　コレール社

4章 子どもの心と体のつながり

1節 心と体の問題——精神身体的障害

　人の心は体と深く結びついている。心が疲れると体も不調になり，体が健康でないと心も元気がでないことは，だれもが経験することである。心身医学の領域では，心理的，環境的要因が強く関与した結果生じている身体症状や精神症状を，心身症，神経症と呼んでいる。近年，小児心身症，小児神経症，心因反応などと診断される子どもが増え，医療以外の領域でも理解と対応が迫られている。本章では，乳幼児期の心と体のつながりについて，発達臨床心理学的な視点から症例を中心に考察し，実際に役立つ知識の獲得をめざしたい。

　乳幼児は心も体も未熟で未分化な状態にあり，心と体は全体的に機能し反応する。心理的環境的要因（以下，まとめて心因と表現する）によって生じる反応は，大人と比べて，また年長児に比べて年少児のほうが全身的で極端な反応を生じやすい。その反応は，ありとあらゆる身体的不調と行動の異常として現れる。過去20年間で小児科心理部門において認められた心因による反応は，表のごとく多岐にわたっている（表4-1）。心因による反応が主として身体的不調となって現れるのが精神身体的障害であり，いろいろな行動異常を示すのが神経症的行動障害である。子どもの場合は，発達段階により身体症状の現れる器官や現れ方に特徴がある（表4-2）。ごく幼い時期には，症状が現れる心理的メカニズムは比較的単純であることが多く，年齢が進むとともに症状は多様で心理的メカニズムも複雑になり対応も難しくなる。以下では，とくに乳幼児期に多く認められるような精神身体的障害について述べる。

表4-1 心因による障害

精神身体的障害	中枢神経系	:	頭痛,偏頭痛,めまい,発熱,欠伸発作
	循環器系	:	心悸亢進,頻脈,不整脈,心臓痛
	呼吸器系	:	呼吸困難,気管支喘息,過呼吸
	消化器系	:	唾液分泌異常,吐き気,嘔吐,腹痛,下痢,便秘,遺糞,空気嚥下,反芻
	筋肉系	:	ヒステリー性運動麻痺,手足のしびれ,失立失歩,チック
	泌尿器系	:	頻尿,遺尿
	内分泌系	:	発育障害
	皮膚系	:	アトピー性皮膚炎,脱毛
	感覚器系	:	幻視,復視,視覚異常,幻聴,聴覚異常,味覚異常
神経症的行動障害	食行動に関する障害	:	食欲不振,拒食,過食,異食
	睡眠に関する障害	:	不眠,夢中遊行,夜驚,悪夢,寝言
	言語に関する障害	:	吃音,緘黙,失声
	社会行動に関する障害	:	登校拒否,交友困難,学業不振,集団不適応,多動,行動緩慢,非行
	身体玩弄癖のもの	:	指しゃぶり,オナニー,抜毛癖,自傷行為
	神経質傾向のもの	:	不安強迫症状,過敏,分離不安

表4-2 年齢別にみた子どもの精神身体的障害

乳児期〜幼児期前期	ミルク嫌い,嘔吐,下痢 憤怒痙攣,発熱,発育障害,円形脱毛症
幼児期後期	反復性腹痛,周期性嘔吐症,遺糞 頻尿,夜尿,気管支喘息
児童期	頭痛,めまい 起立性調節障害 気管支喘息,過呼吸症候群 消化性潰瘍,神経性食欲不振症

1. 呼吸器系の障害

　憤怒痙攣(泣き寝入り発作)が乳幼児にみられる。思いどおりにならなくて,激しく泣いて泣きやまず,ついにはひきつけてしまう状態をいう。このような発作を起こしやすい乳幼児は,もともと神経質で過敏な子どもが多い。些細なことで泣き出し痙攣にまでいたるため,親や保育者は泣かれることに対するお

事例7　心身症

　昨今の経済不況下で，部下につぎつぎとリストラを告げざるをえなくなった経営者や管理職の中に，胃潰瘍や気管支喘息や円形脱毛などの身体症状を出している人が多いと聞く。このように，身体的異変の発生や経過に心因の関与がはっきりしているような病気は心身症と呼ばれている。すなわち，身体に病変が現れるのが心身症であり，「胃が痛い」「頭が痛い」など身体的な訴えにとどまっていて生理的異常や病変が認められないのは心気症である。従来，子どもでは大人のようにある器官に限って現れるような心身症は少ないとみなされてきた。しかし最近では，低年齢の子どもにおいても心理的要因の関与を無視できないような身体の反応がみられるようになっている。

　2歳女児の事例では，父親が経営するスーパーが経営不振に陥り，そのため両親の口論の絶えない毎日が続いた頃から児の髪の毛が少しずつ抜け始め，1カ月ほどの間に全脱毛となってしまった。また，2歳の頃から幼児英才教室に通っている5歳の男児は，有名小学校受験の準備体制に入った4月から，家を出る前の嘔吐と教室での腹痛が出現して入退院を繰り返した。

　心因反応の現れ方は年齢により異なるが，心と体の機能が分化していない低年齢ほど，私たちが予想もしない強い反応を引き起こすことがある。かつては幼児にまれであるとみなされていた胃潰瘍，十二指腸潰瘍，高血圧などの疾患が，幼児期後半から児童期にかけて認められるようになってきている。

びえが強くなり，腫物にさわるような扱いになりがちである。このような育児態度はさらに子どもを神経質にするとともに，泣くことで思いどおりになるという新たな学習をさせてしまう。怒りの原因がはっきりしていれば解決してやるほうがよい。しかしいったん泣き始めたら仕方がないので，周りは騒ぎたてずにやり過ごすことが大切である，公衆の面前で大泣きをされることは，親にとって辛いことではあるが，怖がらずに家庭の外に連れ出して，人とのいろいろなかかわりに慣らしていくことも必要である。また，自分の欲求を我慢することを徐々にしつけていかなければならない。

　　症例A　　憤怒痙攣　　1歳9カ月　　男児
　ふだんから嫌なことをされるとひどく泣く子だった。2カ月前に弟が生

まれ，授乳のため母親と赤ちゃんが同室に寝て，Aは父親と一緒に別室で寝るようになった。この頃から，手足をばたばたしてぐずるようになり，とくに母親が弟に母乳を与えると「ナイナイ」と邪魔をし，叱られると激しく泣いた。牛乳を与えて泣き止ませていたが，やがて牛乳が離せなくなり，与えないと両親にあたり散らした。ある朝，起きるなり牛乳を要求して泣き騒ぎ，母親が「どうして我慢できないの！」ときつい口調でたしなめたとたん，怒りに満ちた表情でさらに激しく泣こうとして大きく息を吸ったままひきつけてしまった。このような発作がときどき起こるようになり，母親は，Aが泣き始めると心臓がドキドキして落ち着かず，途方にくれて心理室を訪れた。

　Aが欲しがっているのは，牛乳ではなくて母親の関心である。弟が母乳を飲んでいる傍らで牛乳のカップを与えられても，愛情欲求不満は解消しない。おなかいっぱい飲んでもさらに求めるであろう。ほんとうに欲しいものが得られないのだから。Aも母親のもとで寝かせること，当分の間牛乳を無理に取り上げず哺乳びんで他の飲み物も与えてみること，泣くことを叱らないで泣かないでいられたら褒めて喜んでやることが大切である，と母親に伝えた。

　気管支喘息は2歳頃から出現し，児童期に最も多くなる。喘息の主たる原因は体質であり，喘息発作はアレルギー反応によって起こるが，発作の誘因または増悪因子として憤怒痙攣と同様の心理的メカニズムが作用している。喘息の発作はとても苦しい呼吸困難をもたらすので，本人も周囲も発作に対する不安がつのり，「いつ起こるか」「また起こるか」とはらはらし，実際は関係のない事柄が発作の原因のように思えてくる。その結果，親は必要以上に子どもを保護したり，干渉したり，制限したりするようになる。また子どものほうは，日常生活が慎重すぎて臆病で依存的であったり，自分にとって不利な事態に陥ったときに，無意識に発作を逃避の手段としたりするようになる。喘息発作に対しては，適切な医療を受け，医者にいわれた注意をまもり，騒がずに子どもが心の安定が得られるような環境を整えてやることが肝要である。

2. 消化器系の障害

　食欲不振，嘔吐，下痢，腹痛といった消化器系の症状は乳幼児に日常よくみられる。感染症や感冒などの身体的原因によって生じることもあるし，これといった身体的原因が無いのに，あるいは身体的原因が取り除かれた後も症状が続く場合がある。後者の場合は心理的要因が背景に潜んでいることが多い。

　ミルク嫌いや嘔吐などの症状は，育児不安の強い母親に育てられた子どもにときどき認められる。ミルクや食事の量に神経質で，少し飲む量が少なかったり食べてくれなかったりするとひどく心配して，無理やり一定量を口に運ぼうとする。強制的に与えようとするため子どもはさらに口を閉ざし横を向いてしまう状態に陥り，母親は「飲まない」「食べない」と落ち込んでしまう。欲しい量だけ与えることからやり直さなければならない。

　　症例B　　　反復性腹痛　　　3歳10カ月　　　女児
　午前2時から5時頃にかけて，15～20分間の激しい腹痛をほぼ毎日繰り返したため来院した。明け方，「お腹が痛い！」と泣き喚き，呼ばれた母親がお腹をさすったり，おさえたりしてやるとやがて眠ってしまう。昼間は痛みを訴えないが，「～してくれないとお腹が痛くなっちゃう」という言い方をするようになった。医学検査で異常は認められなかった。

　Bの家族は両親と6歳の兄の4人だが，両親ははやくに別居しており，父親は月に2～3回家を訪れていた。母親はBが生後1カ月から飲食店の経営を始め，夕方から翌日昼までの仕事についていた。Bは近くの父方祖父母の家で寝泊まりをしており，兄は母親のところに泊まっていた。「ママの家には泊まらせてくれない。ママが怒るから」とBは述べている。祖父母と父親は，父親似のBを溺愛しており，そのため母親は兄をかばって極端にかわいがった。Bは周囲が驚くくらい利発でしっかりした手のかからない子どもであった。兄は男の子にしてはやさしく，よく泣き，ひがみっぽいが，かえって哀れな感じがして母親は兄に手をかけ，Bに対しては「自分でやりなさい」とつっぱねた。

表4-3 心理的問題を生じさせる誘因

乳児期	：	母親の精神的不安定,神経質で几帳面すぎる育児 父親の非協力的態度,愛情の欠如,放任
幼児期	：	弟妹の出生,拒否的感情的育児態度 両親の不一致,不仲,不在,祖父母の溺愛

　この症例は，Bの母親への愛情欲求不満と注意ひき行動（attention seeking behavior）が明らかである。また一方で，兄も父親不在のため男の子にとって必要なモデルがなく，また妹いじめもあり問題を呈している。母親が，兄に一方的に傾いていた気持ちをBにも振り向けるようにしたら，Bは「ママ，嫌い」といわなくなり，明け方の腹痛騒ぎはおさまった。乳幼児期の子どもにとって，母親の愛情はかけがえのないものである。それは，残念なことに，父親や祖父母の溺愛によってとって代わられるものではない。父親や祖父母の役割はまた別にある。母親が子どもたちに平等に十分な愛情を注ぐためには，母親の心の安定，とくに夫や周囲の人々との安定した人間関係に支えられた育児が必要である。心理的問題を生じさせやすい家族内の要因を表4-3に示す。

　Bのような繰り返す腹痛は，家庭や幼稚園などでストレスが強いときに起こりがちである。両親の不仲や別居，あるいは幼稚園や保育園などで給食をきちんと食べることを強制されたりしたときにも起こることがある。原因をみつけ，環境を調整してやる必要がある。

　症例C　　遺糞　　4歳2カ月　　男児
　いったん排泄が自立しておもらしをしなくなったのに，あるときから昼間にパンツの中に大便を少量もらすようになるのが遺糞である。遺糞の症例では，親子関係のこじれが強く関与している場合が多い。Cは，もらした便を居間のソファの背もたれの後ろや飾り棚の裏側などにそっと指でなすり付けておき，発見されて大騒ぎとなった。Cには母親がいるが，父方祖母に養育されている。父親は多忙で毎日深夜に帰宅する。Cの母親は年若い十代のときにCを産んだ。母親自身がまだ遊び足りずに，乳児のCをバギーに乗せて盛り場に連れていき，別室に預けて仲間と遊んだとのこと

である。ろくに食事もつくらず，不規則な時間にインスタント食品を与えており，同じ敷地に住む祖母が，見かねて引き取った。

便をもらし，しかも他の場所にこっそりなすり付けておく行為は，周囲の人々を驚かせ，とくに母親の怒りをかい，Cは強く叱られ続けた。母親の叱責や体罰にもかかわらず，さらにこの行為は巧妙になった。便をもらすことは，母親の関心をひく手段であった。その行為を叱られ叩かれることによって，さらに母子関係はこじれて，便を塗り付けるという強行策に転じていったものと思われる。振り向いてくれない母親に対する怒りすら感じられる症例である。

遺糞はまた，あまりに厳しい育児態度に対する子どもの恐怖の現れとして生じることもある。細かいことで頭ごなしに叱られたり，体罰を加え続けられた子どもにときどき認められる。

3．内分泌系の障害

乳幼児が適切な愛情と養護が与えられず心身の虐待状態が続くと，十分な食事と栄養が与えられているにもかかわらず成長が抑制されることがある。このような状態は，脳下垂体からの成長ホルモンの分泌が抑制されることによって生じる。

症例D　　発育障害（低身長）　　2歳5カ月　　男児
　Dは1歳頃から9カ月間，父親の失踪と母親の第二子出産のため乳児院に預けられ，その間発熱を繰り返した。母親のもとに戻ってからは，警戒心が強く，母親になつかず反抗し，妹をいじめた。Dの扱いにくさは母親を苛立たせることが多く，母親はときどきかっとしてDに暴力を振るった。母親の子どもに対する態度をみる親子関係検査では，Dに対して拒否的，支配的で，さらにときによって子どもへの態度が矛盾する傾向が認められた（図4-1）。Dは年齢に比べて身長が低く，手足が細く痩せていた。また運動能力，生活習慣，興味関心，言語能力の全般にわたって発達が遅く，精神遅滞が疑われた。当時の津守・稲毛式乳幼児精神発達質問紙（**3章1節**参照）を図4-2に示す。Dに対しては遊戯療法（**1章3節**参照）を，

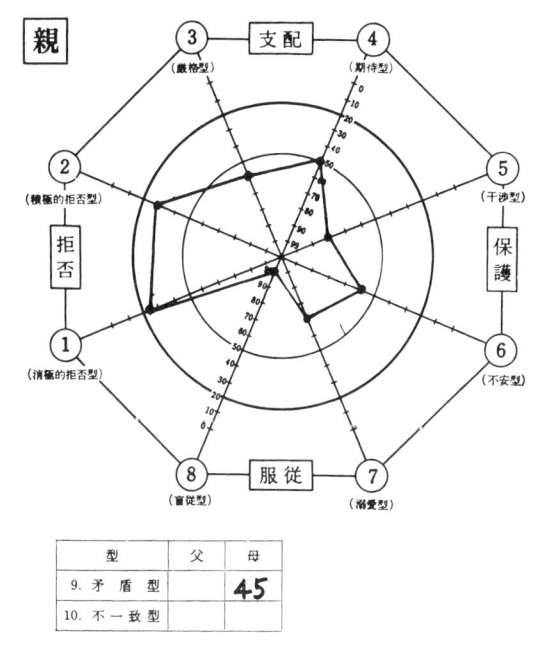

図4-1　症例Ｄの親子関係検査

母親には支持的カウンセリング（**1章2節**参照）をおこなった。その結果，Ｄは母親に愛着を示し始め，子どもらしい明るさと素直さが認められるようになり，妹いじめも減った。また母親は，はじめの頃に比べると我慢強くＤを受け入れるようになり，Ｄの変化をかわいいと思うにいたった。心理治療を開始して11カ月後（3歳4カ月）の発達検査は，図4-3のように，ほとんどの領域で暦年齢相当か暦年齢以上の発達を示した。

本症例は幼児虐待に陥る危険性をはらんでいた。母親による虐待は，両親の深刻な不仲による離婚や別居や失踪例にときどき認められる。最初のうち母親は虐待を隠そうとするので，特別の理由なく発育が不良の子どもの場合には，保育担当者は子どもの身体の状態や表情を注意深く観察する必要がある。

4．泌尿器系の障害

泌尿器に関する症状には，尿をもらす遺尿や，頻回に尿意をもよおしトイレ

発達輪郭表(1〜3才)

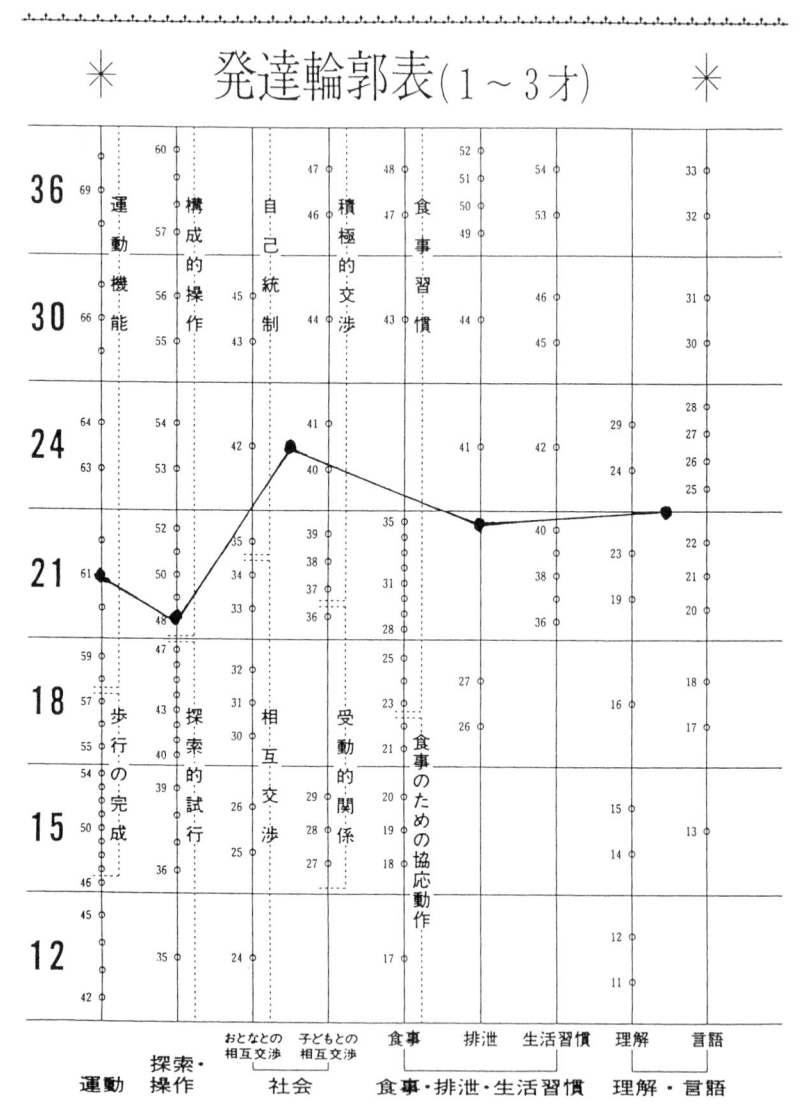

図4-2　症例Dの津守・稲毛式乳幼児精神発達質問紙（2歳5カ月時）
　　　発達年齢：1歳10カ月
　　　発達指数：76

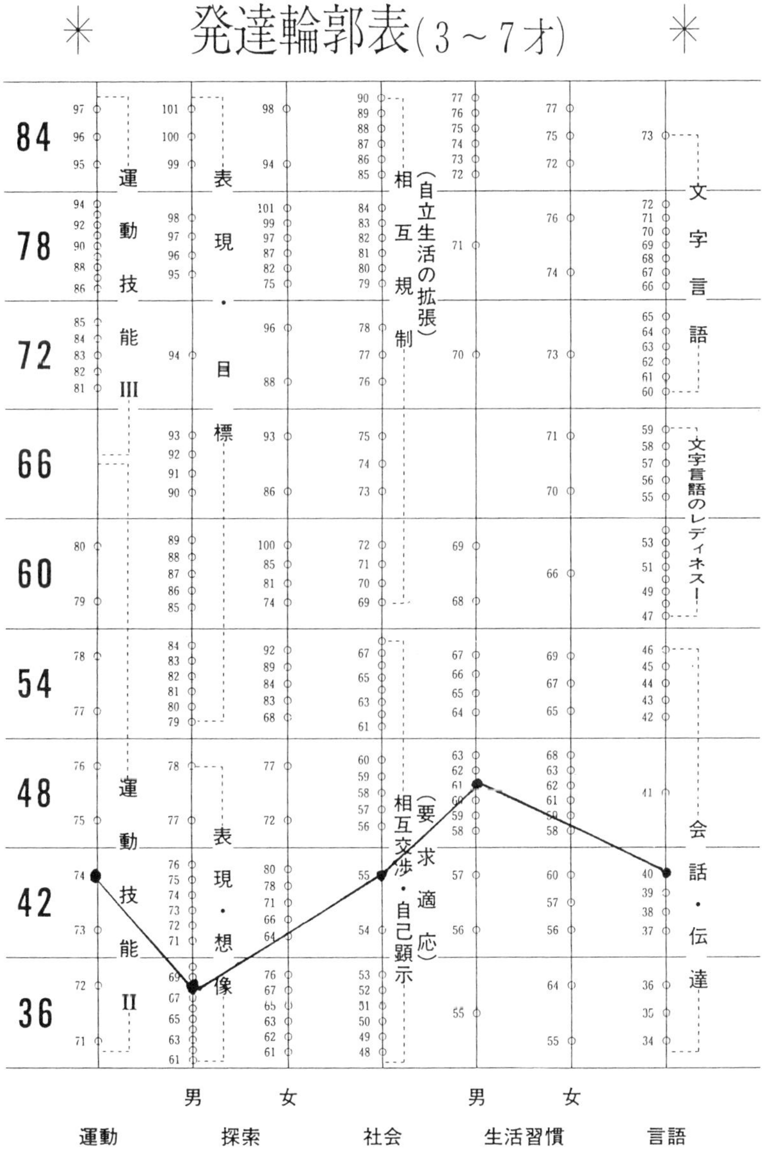

図4-3 症例Dの津守・稲毛式乳幼児精神発達質問紙（3歳4カ月時）
　　発達年齢：3歳6カ月
　　発達指数：105

に行きたくなる頻尿がある。ただ排泄行動の自立の時期には個人差があり、2歳ぐらいになっておむつがはずせない子どももいるので、泌尿器系の症状が問題視されるようになるのは3歳前後であることが多い。遺尿には、昼間もらす昼間遺尿と、夜間にもらす夜尿がある。これといった身体的原因がなく、いったん排尿が自立した後に遺尿が始まった場合は、心因性の可能性が考えられる。頻尿の場合も同様である。家庭や集団生活場面での不安や緊張が原因となっていることがあるので、遺尿や頻尿が生じた時点の前後で環境変化がなかったかどうかを調べ、環境調整をおこなうことで改善する場合も多い。それでも頑固に症状が続くときには、条件づけなどの行動療法(**1章3節**参照)も有効である。

5. 中枢神経系の障害

中枢神経系の障害は乳幼児では比較的少ない。発熱、痙攣、傾眠、頭痛などがあるが頭痛は幼児期早期まではまれである。幼児の心因性の頭痛は、内心に秘めた不満や怒りや敵意が発散されないときに生じやすく、また、保育園、幼稚園嫌いの子どもには登園前の朝の発熱や頭痛がしばしばみられる。

2節 情緒と行動の問題――神経症的行動障害

心因による反応がいろいろな不適応行動となって現れるのが、神経症的行動障害である。表4-1に示したようにいろいろなものがあるが、ここでは乳幼児期における主要なものをあげてみる。

1. 食事行動の障害

子どもにとって(大人にとっても)、食べることは日常の楽しみの一つである。乳児は乳を吸っているとき、生理的反応以上のうっとりした表情を示すし、好物の盛られた皿を前にした幼児は至福の笑顔をみせる。ところが、食べることに関心がなかったり、食べ物を拒否したりする子どもがいる。心因性の食欲不振は身体的原因による食欲不振と異なり、食べなくなる過程がゆっくりで、食べない割には元気であり、状況によっては食べられたりするむらがあること、

などが特徴である。母親や家族や保育者が食事に神経質で，食事の量や栄養価や偏食について育児書どおりに信じ込み，子どもの個人差を無視して食べさせようとすることで生じる。また，母親自身が完全癖が強く，子どもの食事態度のいちいちに干渉や矯正をすると，子どもは食べることを拒否してしまう。このような母親は，食事のみならず，日常生活のすべてにわたって同様であることが予想される。

　一方食べすぎは，持続的な軽いストレスの解消，あるいは暇つぶしの方法として生じやすいといわれる。幼児の入園や入学のための教室通いや，幼少期から引き続く英才教育などが原因になっていることがある。また，両親の帰宅が遅いため，友達がみなそれぞれの家に帰ってしまった後で一人テレビの前に座っている子どもが，お菓子の袋をいつも抱えているかもしれない。

　食べ物以外を食べることを異食という。たとえば，紙類，布，土，砂，石，壁，草花，毛髪，鉛筆，クレヨン，消しゴムなどがあり，尿を飲んだり，便を食べる子どももいる。筆者の経験では，少数例であるが，愛情剥奪や虐待などの非常に強いストレス下におかれた子どもに異食を認めた。

　いずれにしても，食事に関する問題は，母親や保育者の食事に対する姿勢や育児態度が原因になることが多い。乳児の場合は，神経質で几帳面すぎる育児態度が起因していることが多い。もう少し年齢が進むと，母子相互の関係や，幼稚園や保育園などの集団での適応に絡んで，食欲不振や過食などの症状が現れてくる。その心理的背景は，思春期に生じる重症な摂食障害とは異なる。

　以上のことからわかるように，対策としては，母親のカウンセリングが重要である。ご飯が嫌いな子どもにはパンでも麺類でもＯＫ，きょう少ししか食べられなかった子どもはあしたたくさん食べられればいい，野菜や果物がどうしても苦手な子どもや小魚が喉につかえる子どもにはビタミンＣやカルシウムの錠剤だってある，といった考え方ができることが大切である。筆者は食べられなくなった子どもの相談にくる母親に，よくつぎのように伝える。「お母さんが食べさせたいものではなく，本人が食べたいものを，食べたい量を与えてください。そして，期待したほど食べてくれなくてもがっかりした顔をしないでください」。

2. 睡眠の障害

　乳幼児期の睡眠障害の主なものには夜泣きと夜驚があげられる。寝かしつけようとするとぐずりだして，添い寝をしても泣きやまない。起き上がって抱いてあやしているうちにうとうとし始めるので，布団に横たえようとすると途端に火がついたように泣き出す。これが毎晩続くのが夜泣きである。夜驚は，寝ついて1～2時間後に突然起き出して，泣いたり「こわい，こわい！」と騒いだりする恐怖発作である。夜泣きは乳幼児期に，夜驚は幼児期以降に認められることが多い。過敏で神経質な子どもに出現しやすいが，母親への愛情欲求や分離不安が原因である場合もある。

　　症例E　　夜泣き　　2歳7カ月　　女児
　　Eの夜泣きは生後1歳半過ぎから始まった。寝つきが悪くなり，母親が起きて抱いてあやすと，母親の首に両腕をまわしてしがみついた姿勢で数時間も泣き続けた。泣き疲れて眠るのは明け方近くて，その間母親はベッドの上で横たわることができず，Eを抱いて布団にもたれたままで眠った。多忙で朝も早い父親は，毎晩続く夜泣きに耐えられず，実家に避難してしまった。
　　Eの母親は高学歴の職業婦人で高齢出産であったが，ぎりぎりまで仕事を続けた。とくに仕事を競い合っている男性社員から，妊娠，出産のために仕事が滞るといわれたくなかったからである。出産後1年間は，仕事から離れておいていかれそうな不安にかられて，パソコンを使って家で仕事をするようにした。仕事から外での打ち合わせが頻回にあり，そのようなときはEを人に預けて外出した。Eが1歳6カ月になったとき，母親はEを保育園に入れることを決めた。夜泣きはこの頃から始まっている。

　現在の日本で，職業をもつ母親はたくさんいる。その子どもたちのすべてが欲求不満でストレスが多いかのように思われがちであるが，けっしてそうではない。0歳から保育園に預けられた子どもでも，その多くは何事もなく順調に発達している。問題は母親がおかれた状況と子どもとの関係にある。母親の心

理的孤立や不安や焦りが，意識できないところで子どもへの拒否となっている可能性がある。子どもの問題は，往々にして母親に帰せられることが多い。しかし実際には，父親はもちろんのこと家庭や職場や社会の問題のしわ寄せであることも多い。本症例の場合，母親の心境に対する父親の共感と理解，および職場の同僚の理解と援助が，Eと母親の関係を改善させた。

3．くせ（習癖）

　発達の過程においてどの子どもにも認められる行動としてではなく，心理的要因によって生じている指しゃぶり，爪かみ，爪むしり，性器いじり，チックなどがある。チックは精神身体的障害の筋肉系の中にもあげられているが，一種のくせでもあるのでこの項に入れた。

　3歳を過ぎても指しゃぶりが止まなくて歯科医から注意を受けたり，爪を嚙んだりむしったりするので母親が爪切りを使う必要がなかったりする。また，幼児がパンツに手を入れて性器をいじっているのを見て母親が真っ赤になって怒る場面もある。さらに，体の一部が本人の意思と関係なく動いてしまうチックといわれるくせもある。チックには，目のパチパチ，咳払い，口をゆがめる，鼻をならす，首振り，肩を揺するといったものから，歩いていて突然飛び上がったり，奇声を発したりするものまでいろいろである。これらの行動は，徐々にたまった情緒的緊張や不安や怒りなどが，体にはけ口を求めた結果生じたものである。くせを出している子どもの周囲には，口やかましく過干渉な人がいることが多い。また，両親の不仲や嫁姑の対立などによる精神的緊張や，同胞間の葛藤，集団適応上のストレスなども原因となる。

　このようなくせは幼児期以降にみられる。はじめのうち子どもは意識しないでやっているが，親や保育者や周りの人々が症状を気にして頻繁に注意をすることによって自覚するようになる。症状そのものを指摘しないでおき，あまりみかねるようなら，さりげなく他のこと（たとえば，手伝いや散歩や買い物など）に誘えばよい。一方では，情緒不安や緊張を生じさせている原因を明らかにして取り除いていく必要がある。

4．社会行動の障害

　人間は相互にかかわり合って社会の中で生きて成長していく。幼児にとって，幼稚園や保育園は小さな社会である。ここで，子どもたちは親元を離れて他の子どもたちや保育者と一緒に長時間を過ごすことになる。園での生活を通して，集団のルールに従うとともに，そこでの自己主張や妥協の仕方を学ぶ。仲間や保育者との対人関係の中で社会性が育っていく。はじめて経験する子どもにとっては少しきびしくて，しかし家庭とは異なる魅力に富んでいる環境が幼稚園や保育園である。

　この数年，登校を拒否する児童生徒の数が上昇し続けている。同様の現象が幼児にもみられるようになった。入園当初，「園に行きたくない」と泣く子は珍しくない。いずれ園での生活に慣れれば，むしろ休むことを嫌がるくらいに仲間との交流を楽しむようになる。それがわかっているので，母親は辛抱強く子どもを促して園へ連れて行くのである。しかしなかには，いつまでたっても園に行くことを嫌がる子や，はじめのうちスムーズに通っていたがだんだん行くことを渋り始める子がいる。後者の場合は，「行きたくない」と訴えることもあるが，むしろ登園前の身体的不調やぐずりとなって現れることのほうが多い。朝起きると腹痛や頭痛を訴えたり，着替えをしないでぼう然と座っていたり，身支度がのろくなり遅刻しそうになったり，そのためぐずぐず泣いたりする。これが登園拒否状態である。このような幼児の登園拒否は，子ども自身の精神的未熟さもあるが，さらに母親自身が未熟であることが多い。子どもが新たな一歩を踏み出すときの不安を受け止め，しかし毅然として送り出してやる親の役割が果たせないのである。子どもが泣くと母親はおろおろして，結局休みの電話を園に入れてしまうことになる。幼児の登園拒否の多くは，児童生徒の登校拒否と異なって心理的メカニズムはさほど複雑ではない。親としての常識的対応が肝要であるが，この対応がとれない親が多い。園に来たがらない子どもには，保育者はあまり心理的な深読みをすることなく，むしろ母親の不安と依存を受け止め具体的な対応を指導するほうがよいと思われる。

事例8　母親の望ましくない態度

　最近半年間に，子どもの問題を訴えて来室した母親たちに，子どもに対する態度に関する簡単なテストを試みた。協力が得られたのは，30～40代の母親19名で，いずれも，いじめや登校拒否など集団不適応を生じた子どもの母親である。表のように，親の望ましくない五つの特徴的態度をそれぞれ二つの型に分け，合計10の型について評価する。各型ごとに，望ましくない程度によって，危険，準危険，問題なしの3段階に採点する。なお，この表では問題なしの段階は省略してある。

　結果は，積極的拒否，消極的拒否，矛盾，不一致の4型で，50％前後の母親が危険段階に入っている。準危険に入る母親も含めると，この4型はそれぞれ70～80％にも達する。積極的拒否とは，体罰，威嚇，保護養育責任の放棄といった親の態度を意味し，消極的拒否は，子どもに対する無関心，放任，不信用などを含む。矛盾とは，母親が時と場合によりしつけや態度に矛盾をきたすことを示す。不一致とは，両親の態度が一致しないこと。つまり，命令系統が二つあり，子どもが両親から異なった取り扱いを受けていることを示す。

　このテストから子どもを拒否し，子どもに対する態度に一貫性がなく，さらに子育てについて夫と意見の一致が得られない母親の多いことがわかった。

表　子どもに対する母親の態度

段階＼項目	拒否		支配		保護		服従		矛盾・不一致	
	積極的拒否型	消極的拒否型	厳格型	期待型	干渉型	不安型	溺愛型	盲従型	矛盾型	不一致型
危険	11/19名 58％	9/19 47	4/19 21	3/19 16	4/19 21	2/19 11	5/19 26	0/19 0	9/19 47	10/18 56 ※
準危険	4/19名 21％	4/19 21	4/19 21	1/19 5	2/19 11	6/19 32	5/19 26	7/19 37	6/19 32	5/18 28
計	15/19名 79％	13/19 68	8/19 42	4/19 21	6/19 32	8/19 42	10/19 53	7/19 37	15/19 79	15/18 83

※寡婦のため未記入の1名を除く

5. 言語の障害

　言語に関する問題の中では，吃音（吃り）の訴えがしばしば認められる。何らかの病的異常がなく吃りが生じている場合には，原因は，表現したい内容と表現能力のアンバランスにあることが多い。ある4歳の男児の場合は，ふだん落ち着いてゆっくり話すときにはほとんど吃ることはない。しかし，他のどの親よりもいつも遅く保育園に迎えに来る母親に，家路の道すがら，その日一日の出来事を一気にしゃべろうとして吃ってしまう。また，弟が生まれてから退行（赤ちゃん返り）が始まり，幼児語を話すようになっていた。母親は子どもに，もっと落ち着いてゆっくり話すよう指示したり，言い直しを要求したりして吃りをさらに悪化させてしまった。

　このほかにも，話す能力はもっているのに家庭以外の場面で話しができない場面緘黙といわれるものもある。いずれの場合も，子どもに言葉の異常を意識させるようなことは避けなければならない。子どもが話すときに緊張し，ブレーキがかかり，症状がひどくなるばかりである。親をはじめ周りの人は，子どもが話し終わるまでゆっくり聞いてやることが大切で，けっして訂正したり言い直しをさせたり，あるいは話すことを強要したりするべきでない。

参考文献

小林登ほか（編）　1985　新小児医学大系14B　小児精神医学II　中山書店
こども心身医療研究所（編）　1995　小児心身医学——臨床の実際　朝倉書店
岡堂哲雄（監修）　1985　小児ケアーのための発達臨床心理　へるす出版

5章 子どもの認知と行動の問題

1節 精神遅滞

1. 精神遅滞とは

　広く認められている精神遅滞の定義には，アメリカ精神遅滞学会（American Association on Mental Retardation : AAMR）によるものや，アメリカ精神医学会（The American Psychiatric Association）の診断統計マニュアル第4版（DSM-IV）によるもの，さらに世界保健機関（WHO）の国際疾病分類第10版（ICD-10）による定義がある。AAMRとDSM-IVの定義はほぼ同じであり，ここではこの二つの定義を合わせた内容で紹介する。

　精神遅滞（mental retardation）は，明らかに平均以下の知的機能であること，適応機能がその子どもの年齢に対して期待される水準より低いこと，および18歳未満の発症であることの三つの基準により診断される。「明らかに平均以下の知的機能」とは，個別施行による知能検査で，平均より2標準偏差以下，すなわちおよそ70またはそれ以下のIQを意味している。また，適応機能については，意志伝達，自己管理，家庭生活，社会的・対人的機能，地域社会資源の利用，自律性，発揮される学習能力，仕事，余暇，健康，安全などの領域において，個人的自立や社会的責任の基準を満たしている程度を指している。

　精神遅滞の重症度は表5-1のように区分される。この区分におけるIQ値は，知能検査の標準偏差にもとづいているが，検査上あるいは臨床上の要因を考慮して多少の幅を含んでいる。IQが70以上で，平均より1標準偏差以下（IQ85前後）の場合を境界線（borderline）としている（IQについての詳細は **3章 1節** を参照）。

表5-1 精神遅滞の区分 (DSM-IVより)

軽度精神遅滞	： IQレベル	50〜55からおよそ70
中等度精神遅滞	： IQレベル	35〜40からおよそ50〜55
重度精神遅滞	： IQレベル	20〜25からおよそ35〜40
最重度精神遅滞	： IQレベル	20〜25以下

精神遅滞，重症度は特定不能：精神遅滞が強く疑われるが，その人の知能が標準的検査では測定不能の場合（例：あまりにも障害がひどい，または非協力的，または幼児の場合）。

2．精神遅滞の原因

a 生理的原因

知能指数の正規分布の中で，平均知能から2標準偏差だけ低いほうへ偏ったIQ70以下に相当する人数は，統計理論上人口の2.27%である。ここに属する精神遅滞は軽度のものが多く，脳障害をともなわず，病的因子の関与もない。家族性に出現しやすい。

b 病理的原因

何らかの病的因子の影響によって，病的過程の中で脳の発達が障害されたものである。病理的原因として，遺伝因子と外的因子が考えられる。遺伝因子には病的遺伝子や染色体異常があり，外的因子としては，胎生期や出生後の感染，中毒，外傷などがあげられる。病理的原因によって生じる精神遅滞には重症例が多い。

c 心理・社会的要因

子どもが育つ環境条件が整わないために，あるいはまったく放置されたために，学習の機会が得られずそのために精神遅滞を生じることがある。このようにして生じた遅滞は，原因の早期発見と適切な治療教育によって，回復が可能である場合と回復困難な場合がある。その決定要因として，何歳で遅滞に対する治療的処置がとられたか，すなわち発達心理学における発達の臨界期の問題がかかわる。

3. 精神遅滞の現れ方

　知的機能の障害が重度の場合は発達の早期に障害が発見される。障害が境界線から軽度の場合には，幼児期から学齢に進むまで気づかれないこともある。最近では，どのような障害であれ，障害児への早期治療教育と家族への援助の必要性が強調されている。精神遅滞についても，早期からの発達促進のための療育が試みられている。このような点からも，障害の早期発見と障害の程度の把握は重要である。

　親や保育者はどのようにして子どもの知的遅れに気づくのだろうか。歩行もできず，言葉ももたない乳児において，知的遅れを発見することができるのだろうか。4章でも述べたように，子どもは低年齢であるほど未分化であり，精神も身体も全体として機能している。精神機能の重要な部分を占める知的機能も同様である。乳児期や幼児期早期では，自閉症などの特殊な発達障害を除いては，身体各部分の動きや全身運動，食事行動なども含む全機能の発達状態が知的発達の目安となる。各機能の発達のチェックポイントを表5-2に示す。幼児期の後期以降になると，運動・食事・排泄などの行動や生活習慣の獲得と，知的好奇心や大人や子どもとのかかわり，言語理解といった領域の発達がそれぞれ分化してくる。したがって，知的機能に関連の深い領域で発達の遅れが認められるようになってくる。発達検査を例にとると，探索・操作や，社会性，理解・言語の領域で遅れが顕著になる（図5-1）。

　家庭や保育園での子どもの様子を注意深く観察することで，軽微な遅れの徴

表5-2　早期の発達のチェックポイント

運　動	興味・操作 （物）	社会性 （人）	食　事	理解・言語
首がすわる	目で追う	じっと見る	哺乳ビン，食物への	喃語
寝返り	握る	あやすと笑う	反応，催促	赤ちゃん芸
一人で座る	手を出す	目で追う	スプーン・コップ・	簡単な言葉の理解
つかまり立ち	つかむ	かまわないとぐずる	皿などへの関心	始語
這う	いじる	人見知り		
伝え歩き	遊ぶ	愛着		
一人で歩く				

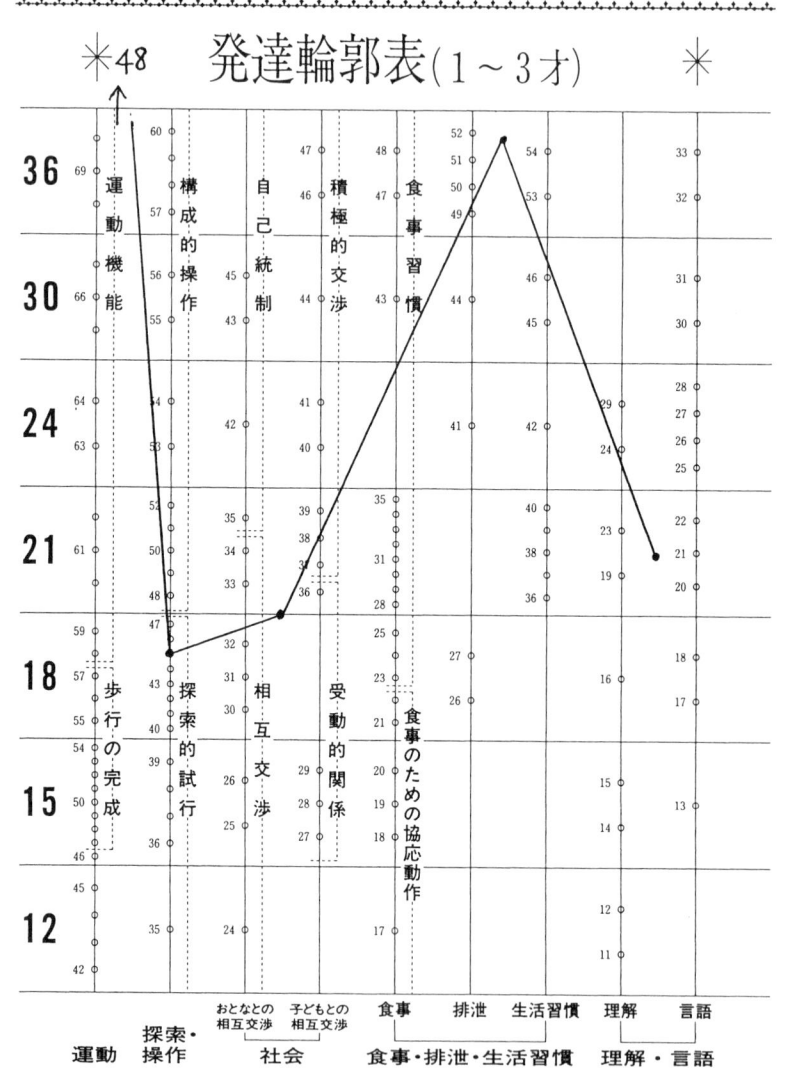

図5-1　精神遅滞児の津守・稲毛式乳幼児精神発達質問紙（男：4歳10カ月時）

候を発見することが可能である。母親や保育者でも比較的容易にできるような発達診断チェックのためのテスト（*3章*，表3-2参照）を利用するとよい。遅れに気づいたら，専門家による客観的発達診断をおこなって，発達を援助する具体的方法を決めていく必要がある。

2節　自閉症

1．自閉症とは

　心身の落ち込んだ状態を指して「自閉症になってしまった」ということがある。これは誤った表現である。はじめて報告されて以降かなり長い間，自閉症は誤った理解をされてきた。自閉症児に一度も接したことがない人にとって，書物を読んで自閉症をイメージすることは難しい。ここでは，まず症例を提示し，その後に，DSM-IV（表5-3）の診断基準に照らし合わせて考察する。

　　　症例F　　自閉症　　2歳5カ月　　男児
　乳児期：正常分娩，特別の既往症なし。ミルクをよく飲み，離乳も順調であった。人見知りせず，知らない人が家に来ても泣くことがなかった。4カ月健診でも，周りの子どものほとんどが泣いてもFは泣かないで母親を驚かせた。母親を追い求めることがなく，抱っこを要求することもなく，手のかからない赤ちゃんであった。「泣いて困らされた記憶がない」と母親は述べている。
　運　動：首のすわりほか運動発達は正常であった。2歳3カ月を過ぎた頃から多動傾向を認め，病院の待合室を走りまわり，部屋から出てどこかへ行ってしまい，遠方で保護されるといったことがたびたびあった。また，駅のホームの黄色い線に沿って全力疾走するような危険をかえりみない行動があり，手をつなごうとすると，しゃがみ，寝ころんで泣き叫んだ。
　興　味：水と回る物が大好き。たとえば，回る物は皿，そろばんの玉，理髪店の渦巻きの看板，自転車の後輪と興味を示し，横になって

じっと見たり，回したり，放っておくといつまでも同じ場所にいて，名前を呼んでも振り向かなかった。ついには自転車の前をどうしても通り過ぎることができなくなった。しかし，その後回る物にまったく興味を失い，つぎに壁に関心が移っていく。壁を手のひらでさわりながら，独特の右斜め上を見る上目使いで，壁の端から端へ歩いてまた戻ることを繰り返す。さわる建物も，そこへ行く道順も決まっており，変更できない。また，テレビのコマーシャルや，宣伝の看板など（とくに洗剤や薬品）に強く関心を示し記憶している。

遊　び：独り遊びを好み，電車やミニカーなどをきちっと一列に並べる。だれかに列を乱されるとキーキー怒って泣く。母親が毎日公園へ連れて行くが，ブランコやすべり台などには関心がなく，公園の外の壁やガードレールをさわりに行ってしまう。砂遊びも嫌いで，砂が少しでも手につくと必死になって払っている。周りにいる子どもたちにはまるで関心を示さず，手をとって中に誘導されると転げまわって泣きわめく。

集　団：水泳教室に入る。自由時間はあたりかまわず水に飛び込んでいるが，指導が始まるとプールに入らない。他の子どもたちがプールサイドに並んで練習している間，Fはプール脇の排水口の枠の上を往復し続ける。連れ戻されると泣きわめいて，また同じ場所へ戻ってとりつかれたように同じ行動を繰り返す。

言　語：朝起きるなり意味不明の独り言をいう。また，母親の口調そっくりのおうむ返しの言葉をいうことがある。しかし，対話は成立せず，簡単な言葉での指示に従わず，身振りでの応答もしない。一方でCDで聴く英語の歌は覚えて，部分的に一緒に歌っている。聞かれるといわないが，音楽と一緒であればすらすら出てくる。

食　事：ふりかけごはん，ハンバーグ，りんごジュース（白濁タイプのみ）が好物。そのほかを口にしたがらない。どんなに空腹であっても，喉がかわいても，好みの食物以外は拒否し続ける。

表5-3 自閉症の定義（DSM-IVより）

自閉性障害（Autistic Disorder）

A．(1), (2), (3)から合計六つ（またはそれ以上），うち少なくとも(1)から二つ，(2)と(3)から一つずつの項目を含む。

(1) 対人的相互反応における質的な障害で，以下の少なくとも二つによって明らかになる。
  (a) 目と目で見つめ合う，顔の表情，体の姿勢，身振りなど，対人的相互反応を調節する多彩な非言語性行動の使用の著明な障害。
  (b) 発達の水準に相応した仲間関係をつくることの失敗。
  (c) 楽しみ，興味，成し遂げたものを他人に共用すること（例：興味のあるものを見せる，もって来る，指差す）を自発的に求めることの欠如。
  (d) 対人的または情緒的相互性の欠如。
(2) 以下のうち少なくとも一つによって示される意志伝達の質的な障害
  (a) 話し言葉の発達の遅れまたは完全な欠如（身振りや物まねのような代わりの意志伝達の仕方により補おうという努力をともなわない）。
  (b) 十分会話のある者では，他人と会話を開始し継続する能力の著明な障害。
  (c) 常同的で反復的な言葉の使用または独特な言語。
  (d) 発達水準に相応した，変化に富んだ自発的ごっこ遊びや社会性をもった物まね遊びの欠如。
(3) 行動，興味および活動の限定され，反復的で常同的な様式で，以下の少なくとも一つによって明らかになる。
  (a) 強度または対象において異常なほど，常同的で限定された型の，一つまたはいくつかの興味だけに熱中すること。
  (b) 特定の，機能的でない習慣や儀式にかたくなにこだわるのが明らかである。
  (c) 常同的で反復的な衒奇的運動（たとえば，手や指をぱたぱたさせたりねじ曲げる。または複雑な全身の動き）。
  (d) 物体の一部に持続的に熱中する。

B．3歳以前に始まる，以下の領域の少なくとも一つにおける機能の遅れまたは異常：(1)対人的相互作用，(2)対人的意志伝達に用いられる言語，または(3)象徴的または想像的遊び。

以上のように自閉症児は，人とのかかわり方や，興味のあり方，話し言葉の発達などに特有の障害をもっている。発達検査（図5-2）においてもその特徴が認められ，社会性と言語に関する領域の発達がとくに停滞している。

2．自閉症の原因

自閉症（autism）とは，人との相互のかかわりの発達や，言語的および非言語的コミュニケーション能力や想像的遊びの発達に障害があり，さらに，興

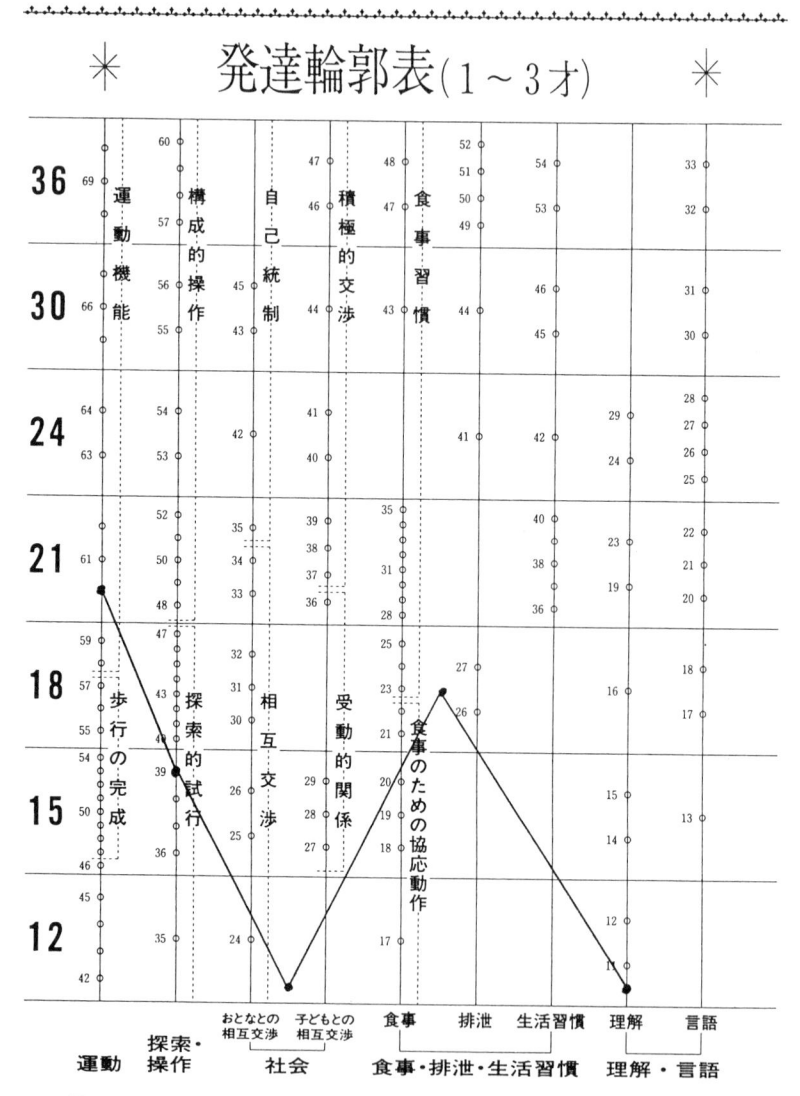

図5-2　自閉症児の津守・稲毛式乳幼児精神発達質問紙（男：1歳8カ月）

味や行動が限定され，常同的で反復的であるような状態を指し，このような症状は3歳以前に始まる。DSM-IVでは，広汎性発達障害の中に位置づけられる。

　自閉症は，アメリカの精神科医カナー（Kanner, L.）が最初に報告し（1943年），早期幼児自閉症と呼んだ。カナーは，自閉的孤立（人生の最初から周囲の人々や状況とかかわろうとせず，ひとりでいることが平気で安定しているようにみえる）と，同一性保持要求（症例Fに認められるような固執傾向，変更困難など）に注目した。このような行動は，周りの人の働きかけや刺激を拒否して，自分の世界に閉じ込もろうとしているようにみえる。そのため，精神分析学派の研究者によって，自閉症は両親の育児態度の誤りが原因であるとみなされたのである。すなわち，母親あるいは両親のあたたかさの欠如や，人格上の欠陥，家族関係の歪みなどが子どもに自閉的行動をとらせていると解釈された。このような心因論にもとづいて，約20年の間，非指示的で許容的な遊戯療法など（**1章3節**参照），狭義の心理療法がさかんにおこなわれていったのである。

　しかし，自閉症児の継時的研究の中で，経過中にてんかん発作を起こしたり，てんかん性の脳波異常を呈する症例が多く認められ，また，狭義の心理療法では期待した成果があがらなかったことから，自閉症の心因説は否定されるようになった。今日では，自閉症の一次的原因に母子関係や養育上の問題をあげることは誤りとされ，原因として何らかの脳機能障害が考えられている。

　1960年代中程以降は，自閉症の本質について，対人関係に起因する情緒面での強い自閉的引き込もりがあって，それを基礎に言語や行動上の障害が二次的に起こってくるという情緒障害を一次的障害とする考え方から，それ以前により本質的な脳の機能的ないし器質的障害があって，それにもとづいて言語・情緒・知能などの障害が引き起こされてくるのであり，呼びかけに反応がないとか，視線が合わないなどと表現される自閉徴候も，その他の多様な行動障害と並列に考えるべきであるという障害観の大きな変換がもたらされた。そして，自閉症児は，環境刺激を受容し，それを意味ある情報として処理するための脳の各種機能の統合化（脳のある機能系が他の各種機能と協応する）の発達が悪く，脳機能の各要素間で一種の機能的な切断状態を示す症状が顕著である，と

考えられるにいたっている（佐々木, 1986, 1993）。

3. 評価と指導法

　以上のような障害観の変換は，自閉症の評価法や治療法にも大きな変化をもたらしている。親の人格や，親子関係の解明に焦点をあてた理解の仕方に代わって，健常児や他の発達障害児と自閉症児の発達の相違を知るための発達検査や，自閉症の診断のためにつくられた特殊検査（小児自閉症評定尺度：CARS, 改訂版 PEP 教育診断検査：PEP, 精研式 CLAC-Ⅲ）による評価がおこなわれるようになった。これらの検査は，自閉症の障害内容の理解と，個別の療育の方針を立てるために必要である。また，脳波検査も定期的に進められるようになり，てんかん性異常の早期発見と治療が可能になっている。

　一方，自閉症児へのかかわり方については，非指示的で許容的な療育環境や治療法は，自閉症児の行動に望ましい変化をもたらさないことが明らかにされている。むしろ個々の自閉症児の能力や発達に合った治療教育や学習指導が必要であり，生活に必要な言語や行動パターンを積極的に教えていき，具体的な応用の仕方を生活の中で指導していくことが大切である。その子どもが，将来，社会の中で生活しやすいような行動様式を検討し，習得させていくことが，親と保育者にとって長期にわたる重要な課題となる。

3節　注意欠陥／多動性障害と学習障害

1. ADHDとLDの変遷と定義

　注意欠陥／多動性障害（attention-deficit/hyperactivity disorder: ADHD）は注意の欠陥と多動を主症状とするもので，DSM-Ⅳ では表5-4のように学習障害（learning disabilities: LD）と分けて定義している。一方，LD は表5-5のように定義される。日本での LD の出現率は 2～5％で，男児に圧倒的に多く認められる。また，LD 児にみられる行動特徴には表5-6のようなものがあり，LD 児が ADHD の特徴を併せもっていることがよくわかる。ADHD の症状は，LD の子どもの50～60％に認められ，LD ときわめて関連の深い障害で

表5-4 注意欠陥／多動性障害の定義（DSM-IVより）

注意欠陥／多動性障害（Attention-Deficit/Hyperactivity Disorder）

A．(1)か(2)のどちらか：

(1) 以下の不注意の症状のうち六つ（またはそれ以上）が少なくとも6カ月以上続いたことがあり，その程度は不適応的で，発達の水準に相応しないもの：
不注意
(a) 学業，仕事，またはその他の活動において，しばしば綿密に注意することができない。または不注意な過ちをおかす。
(b) 課題または遊びの活動で注意を持続することがしばしば困難である。
(c) 直接話しかけられたときにしばしば聞いていないようにみえる。
(d) しばしば指示に従えず，学業，用事，または職場での義務をやり遂げることができない（反抗的な行動または指示を理解できないためではなく）。
(e) 課題や活動を順序立てることがしばしば困難である。
(f) （学業や宿題のような）精神的努力の持続を要する課題に従事することをしばしば避ける，嫌う，またはいやいやおこなう。
(g) （たとえば玩具，学校の宿題，鉛筆，本，道具など）課題や活動に必要なものをしばしばなくす。
(h) しばしば外からの刺激によって容易に注意をそらされる。
(i) しばしば毎日の活動を忘れてしまう。
(2) 以下の多動性－衝動性の症状のうち六つ（またはそれ以上）が少なくとも6カ月以上持続したことがあり，その程度は不適応的で，発達水準に相応しくない：
多動性
(a) しばしば手足をそわそわ動かし，またはいすの上でもじもじする。
(b) しばしば教室や，その他，座っていることを要求される状況で席を離れる。
(c) しばしば，不適切な状況で，余計に走りまわったり高い所へ上ったりする（青年または成人では落ち着かない感じの自覚のみに限られるかもしれない）。
(d) しばしば静かに遊んだり余暇活動につくことができない。
(e) しばしば「じっとしていない」またはまるで「エンジンで動かされるように」行動する。
(f) しばしばしゃべりすぎる。
衝動性
(g) しばしば質問が終わる前にだし抜けに答えてしまう。
(h) しばしば順番を待つことが困難である。
(i) しばしば他人を妨害し，邪魔する（たとえば：会話ゲームに干渉する）。

B．多動性－衝動性または不注意の症状のいくつかが7歳未満に存在し，障害を引き起こしている。
C．これらの症状による障害が二つ以上の状況において（たとえば，学校〔または仕事〕と家庭）存在する。
D．社会的，学業的または職業的機能において，臨床的に著しい障害が存在するという明確な証拠が存在しなければならない。
E．その症状は広汎性発達障害，精神分裂病，またはその他の精神病性障害の経過中にのみ起こるものではなく，他の精神疾患(たとえば：気分障害，不安障害，解離性障害，または人格障害）ではうまく説明されない。

表5-5　LDの定義（文部省試案，1995年）

　学習障害とは，基本的には，全般的な知的発達に遅れはないが，聞く，話す，読む，書く，計算する，推論するなどの特定の能力の習得と使用に著しい困難を示す，さまざまな障害を指すものである。

　学習障害は，その背景として，中枢神経系に何らかの機能障害があると推定されるが，その障害に起因する学習上の特異な困難は，主として学齢期に顕在化するが，学齢期を過ぎるまで明らかにならないこともある。

　学習障害は，視覚障害，聴覚障害，精神遅滞，情緒障害などの状態や，家庭，学校，地域社会などの環境的な要因が直接の原因となるものではないが，そうした状態や要因とともに生じる可能性はある。また，行動の自己調整，対人関係などにおける問題が学習障害にともなう形で現れることもある。

表5-6　LD児にみられる行動特徴

(1) 落ち着きがなくじっとしていられない。
　　または，全体に動きが鈍くボーッとしている。
(2) 刺激に反応しやすく集中力に欠ける。
(3) こだわりが強く，一つのことをいつまでも続けていてつぎに移れない。
(4) 突然突飛な行動をとったり，大声をあげたり，かっとしたりしやすい。
(5) 情緒的に不安定で，緊張が高く，些細なことにおびえたり，泣いたり，傷つきやすかったり，逆にある面では鈍感であったりする。
(6) 全身運動が下手で，手先の操作も不器用で，音楽，体育，図画工作などが苦手である。
(7) 時間や日付けの順序，位置関係，道順などが覚えられない。すぐ忘れる。
(8) 聞くこと，話すこと，読むこと，書くこと，計算，推理などのいずれかまたはすべてに特有な困難がある。

ある。このようにADHDとLDは切り離して論じることができないので，本節では並列的に述べていきたい。

　1940年代頃から，知能は正常であり，視覚や聴覚に障害がなく，粗大運動機能にも障害を認めず，環境にも不備な点がとくに認めれないにもかかわらず，注意の集中や持続の困難，多動，衝動性，乱暴などの行動上の問題や，種々の学習上の障害が認められる子どもたちが欧米で注目されるようになった。1950～1960年に，この障害が，中枢神経系の微細な偏りによって生じるとの考えが広まり，医学領域から微細脳機能障害（minimal brain dysfunction : MBD）の用語が提唱された。一方1960年代にMBD児が呈するいろいろな心理・教育上の問題に対して，心理学，教育学の領域から治療教育を前提として

LDの用語と概念が提示された。MBDは脳機能障害が背景にあることを認めた上で，心理・教育的な対応が欠かせないことを強調した考え方である。このLDの考え方は，アメリカでは1970年代に急速に広がり，その後いくつかの領域および団体から対象や定義についての提案や議論がなされてほぼ一致した見解が得られるにいたった。そして1980年代以降は，LDは特殊教育の対象となり，LD治療教室が各地に設置されるようになった。また，MBDという用語は，脳障害を想定させるが程度が曖昧で証明が困難であり，しかもLDのすべてが脳障害によるものではない，との見解から用いられなくなっている。

　日本においては，1970年代から主に医学領域で関心が向けられるようになり，対象や定義について同様な議論がなされた。その結果ようやくLDの定義について文部省試案（1995年，表5-5）がまとまりつつある。そして，定義の議論からLDの治療教育法の検討にと移行し始めている。

　このようなADHDあるいはLDの子どもたちは，保育場面や日常生活でどのような行動を示すのだろうか。症例を通して理解を深めたい。

2．ADHDとLDのプロフィール

　症例G　　ADHD　　3歳10カ月　　女児
　あるADHD児の母親による子どもの行動記録から，母親の承諾を得て記録をそのまま記載する。
　1．多動ほか
　・落ち着かず動きまわり走りまわる。数分とじっとしていない。
　・寝る前ぐるぐる走りまわったり，頭をまるで獅子舞いのごとく大きく回す。
　・母親が嫌がることをわざとしたり，汚いこと，危ないことをする（たとえば：花火を食べる，ゴキブリ退治のほうさんだんごを食べる，犬とか猫のフンを食べたり，便器の水をガブガブ飲む）。
　・デパートへ行くと必ず迷子になる，階段から落ちる，カミソリで自分を傷つける，何度言い聞かせてもティシュペーパーを食べる。
　・水たまりがあればすぐそこに座る，砂場の砂を食べる，観葉植物の肥料で薬のようなコロコロしたものを食べる。

- 温泉でうつ伏せになり湯に全身を浮かせていたことがある。
2．くせ・こだわり
- 風呂の湯にこだわり湯を流すことを怖がる。
- においをすぐかぎ，好き嫌いを確認する。
- 自分にとって嫌なことに対して，首曲げ，唇嚙み，鼻のチックがある（たとえば：入園当時，遠足時に起きる）。
3．言葉
- 言葉の一部がおうむ返し，緊張のせいか話すとき息を吸いながら話す，「いただきます」が「いきだます」になる類の誤りがある。
- 自分の気持ちを表現したり伝えたいときに奇声を発する。
- 助詞がうまく使えない。
- 早口で語尾だけ「だよ」でまとめるので，何をいっているのかがまったく理解できない（日本語の不自由な外国人が日本語を話す様子）。
4．対人関係
- 人見知りをしないのでだれにでも平気で挨拶できる（あどけないほど）。
5．生活習慣
- 箸は持てない。スプーンでぎこちなく食べるが，しかしこぼすことはない。
- おもちゃをやたら出すが，片付けはしない。
- 片足ケンケンはできない。
- 靴は上手にはけるが，ボタンかけができない。
- トイレは自分でできる，歯ブラシも使える。

症例H　　LD　　10歳3カ月　　女児

Hは小学校2年のときに，家庭学習を頑固に拒否するようになったため母親が相談に訪れている。Hは知的には問題がないにもかかわらず，漢字の読み書きができず，文章が書けず，計算も苦手で，2年生の国語や算数の学習に困難をきたしていた。とくに音読ができず，2行程度の文の音読

図5-3　LD児の判読不能な文

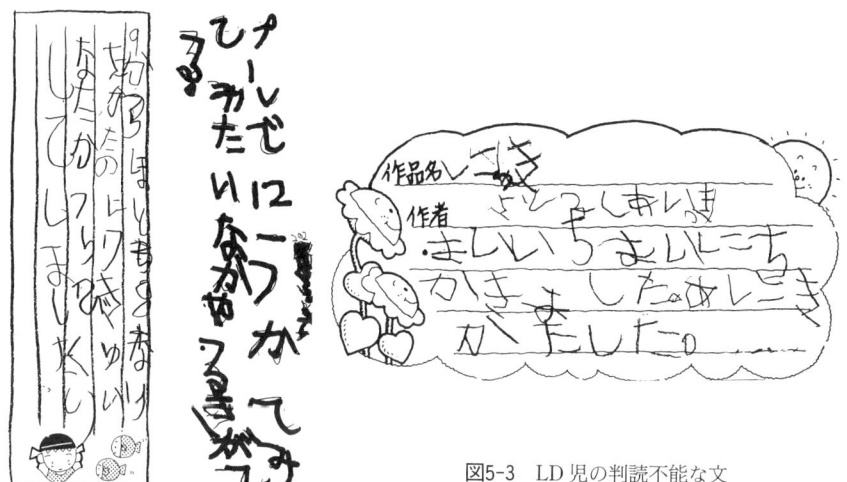

も途中で放棄してしまうほどであった。しかし，耳から聞くことはよく理解した。物語が大好きで，母親がひととおり読んでやると詩や物語などを楽しみ，内容の把握や想像力は母親も驚くほど豊かなものがあった。情景描写や感想を口でいえるのに，文に書くと判読不能な文になった（図5-3）。数字の読み方も独特で，たとえば「750」を「ななじゅうごひゃく」と読んだ。また，手足や指の操作が不器用でリズム運動や楽器の演奏に苦慮していた。

　毎日だされる漢字練習と計算の宿題は，Hにとっては大きな負担であった。理解力があるだけに「やればできる子である」「努力が少し足りないだけ」とみなされがちで，周りの人々はHを指導し励まし，Hも指導に一生懸命応えようとした。入学時と異なって教科書の文章は長くなり，漢字も頻出するようになって，Hの毎日の学習は悲惨なものとなった。Hの読み書きや計算の困難が，本人の意欲や努力や，あるいは通常の指導のみによって改善するようなものではなく，治療教育的対応が必要であることにやがて母親が気づいたのである。

　Hにおこなった認知検査の結果を表5-7に示す。言語性能力に比較して視覚性認知に著しい困難があるLDであることが，いずれの検査からもうかがえる（認知検査の詳細は **3章1節** を参照）。これらの結果にもとづ

表5-7 症例Hの認知検査の結果（7歳7カ月時）

全訂版田研・田中ビネー式知能検査

	暦年齢	精神年齢	IQ
①	3歳3月	3歳10月	105
②	5歳10月	5歳4月	91

WISC-R 知能検査

言語性（V）IQ＝98　　動作性（P）IQ＝69　　全検査（F）IQ＝83

	評価点		評価点
知　識	9	絵画完成	3＊
類　似	9	絵画配列	8
算　数	6＊	積み木模様	6＊
単　語	12	組み合わせ	5＊
理　解	13	符　号	6＊

フロスティッグ視知覚発達検査

知覚指数(PQ)＝60以下

		知覚年齢	評価点
Ⅰ	視覚と運動の協応	3歳9月	5＊
Ⅱ	図形と素地	4歳7月	6＊
Ⅲ	形の恒常性	5歳3月	7＊
Ⅳ	空間における位置	4歳7月	6＊
Ⅴ	空間関係	5歳3月	7＊

K-ABC

継次処理尺度	94
同時処理尺度	78＊
認知処理過程尺度	83＊
習得度尺度	74＊

＊　平均より1標準偏差以上劣る値

いて，その後，専門家の指導のもとでHへの心理・教育的援助がおこなわれた。国語の長い文章や算数の文章題は，学校では教師が，家庭では母親や姉が読んでやり，Hが口頭で答えた。その答えを書き取ってやり，つぎにHが書き写した。作文も同様におこなった。読むことはできるが書くのに手間取って先へ進めない難しい漢字には，将来はワードプロセッサーの使用が考えられている。また，同じようなLDやADHDの子どもたちの小グループの中で，音楽を媒介にしたリズム運動や歌唱やイメージ表現な

どの指導をおこない，苦手なことを補い，得意なことを伸ばして自己表現を促進する試みがなされている。

3．ADHDとLDへの対応

　女の子なのになりふりかまわず動きまわり，洋服を汚し，レストランでも着席ができず，出される物を食べない。電車やバスに乗ると通路を奇声をあげて走りまわる。このような症例Gの行動は，一見するとしつけの悪いわがままな子どもにみえる。事実，母親は，祖父母や親戚，近所の人々，保育者などから「親はいったいどういうしつけをしているのか」と非難，攻撃され続けている。そのため母親は，Gの養育に対する自信喪失と苛立ちのためGをぶったり，拒否したりした。また，このような母と子の状態が原因となって，二次的な母子関係の障害やGの心因性反応も引き起こしている。Gが示した行動の中にはADHD本来の行動ではなく，周囲の無理解に起因する二次的な障害も含まれていた。Gの一連の行動が，母親のしつけの失敗ではなく，本人の知的能力の欠陥ややる気のなさによるものでもなく，Gのもつ特性または個性であり，このような子どもがADHDである，とわかるまでに，母親はいくつもの相談機関や医療機関を転々としている。Gは，社会のいろいろな場面で奇異な目でみられ，子どもたちが好むような場所から遠ざけられ，孤立していた。また，母親も周囲の無理解と地域の偏見の中で同様に孤立し援助を求めていた。Gの行動の本質を告げられて，母親は深く頷いて納得するとともに，Gがこれまでに感じてきたであろう心の痛みを理解した。Gのような場合は，身近な人々にADHDについて知ってもらうことから始めなければならない。誤った理解と養育法を変更しなければならない。そして，家庭や幼稚園や子どもの小集団の中で，親や他の子どもたちや保育者とのかかわりを通して，自らの行動を生活しやすいようにコントロールすることを教えていく必要がある。さらに大事なことは，この過程はADHD児にとって大変なエネルギーと努力を要する辛く長い過程であることを，親と保育者が知っていなければならない。また，注意を集中し，必要な情報の選択や行動のコントロールをやりやすくするために，子どもによっては薬物療法が効果的である場合もある。

　症例IIの場合は，認知能力のアンバランスに母親および周囲の人々が気づかず

通常の指導方法で学習を強要したため，Hの学習意欲を喪失させた。再び自信を回復し，学習に向かうまでに専門家の心理・教育的援助を長く必要とした。しかし，賢明で愛情深い両親と柔軟な教育的対応のできる教師がHの目となり手足となって助け，Hのもっている物事に対する繊細さと創作意欲を認め励ましてきたことが，なによりもHの発達を促した。

ADHDもLDも，養育環境の不備や本人の情緒的原因によって生じるのではなく，軽微な脳の機能障害に原因があることを知ることが重要である。自閉症の心因説にも展開されたように，障害の本質の理解のされ方によって，治療的取り組みが大きく異なるからである。日常の行動や生育歴からADHDまたはLDが疑われた場合は，まず，その状態が他の障害（精神遅滞，感覚障害，運動障害，自閉症，情緒障害など）によるものではないことを鑑別診断する必要がある。とくにLDの鑑別診断に際して，心理学の領域から重要な検査として認知能力検査が用いられる。認知能力検査は，LDの鑑別診断だけでなく，言語性LDかあるいは非言語性LDかというLDのタイプや，LDの認知特性を明らかにして治療教育のプログラムを作成するために役立つ。いずれにしても，ADHDおよびLDの行動特徴や学習障害のタイプを明らかにし，それが子どもが本来もつ特性であることを理解した上で，心理・教育的援助をおこなうことである。

最近，新聞やテレビや書籍などで，ADHDとLDの特集が組まれるようになってきている。保育者がこの領域に関する知識や情報をもつことは，ADHDやLDの子どもの早期発見と二次的障害の予防のために大切である。本節の内容はこの障害の概説の一部にすぎないので，ADHDへの具体的対応や，LDのタイプや治療教育など詳しいことについては，章末の引用・参考文献を参照されたい。

4節　てんかん

1．てんかんとは

てんかんはさまざまな病因によって生じる脳の疾患である。脳内ニューロン

の過剰放電によって発作（てんかん発作）が生じ，その発作が繰り返し起こる慢性の病気である。てんかんというと，痙攣発作を起こして倒れる病気であると考えられやすいが，すべてのてんかんが痙攣発作を起こすわけではない。脳の過剰放電は，はじめは脳の一部分（てんかんの病巣）に始まり，この病巣部位の違いによっていろいろな発作の症状となる。全身の痙攣と意識消失だけでなく，体の一部分のみの痙攣や，いろいろな意識障害や精神症状が，病巣部位との関連で生じる。てんかんの発作型はさまざまであり，てんかんの分類法については議論が重ねられてきている。

　てんかんは，原因によってつぎの二つに分けられる。すなわち，脳の器質的病変がなく，明らかな原因がみあたらない特発性てんかんと，何らかの基礎疾患または器質的病変（先天性遺伝性疾患による脳の異常，胎内性および周生期性の脳の異常，代謝障害，頭部外傷，中毒，脳腫瘍，脳炎，髄膜炎，脳血管障害など）が認められるか，または強く疑われる症候性てんかんである。さらに，原因が明らかではないが症候性と考えられるものを潜因性てんかんと呼んでいる。一方，てんかん発作の起源によって，発作放電が脳の左右でいっせいに始まる全般てんかんと，発作の起源が脳のある限定した領域にあると考えられる局在関連てんかんに分けられている。

　てんかんの有病率（一般人口の中のてんかんの頻度）は1～1.5%といわれる。てんかんの初発年齢は低く5歳未満の発症が多い。岡山県の10歳未満の小児を対象にした疫学的調査（大田原，1980）では，小児てんかん2,310例の初発年齢は，6カ月未満10.1%，6～12カ月18.7%，1～2歳32.8%，2～3歳16.1%，3～4歳8.5%であり，0～4歳までに86.2%が発症している。このように，てんかんが小児期の早期に発症することは，発達臨床心理学的視点からは注目すべきことである。一般に小児期発症のてんかんは症候性てんかんが多く，脳の病巣と関連した認知障害をともないやすい。また，小児特有のてんかん発作もあり，発作回数も小児てんかんでは多い傾向が認められ，てんかんが乳幼児の発達全般に及ぼす影響は大きい。

　てんかんの主な治療は薬物療法である。抗てんかん薬の服用によりてんかん発作の70～80%は発作がコントロールされる。抗てんかん薬の中には，認知能力の低下や行動障害などの副作用が指摘されたものもあったが，今日では安全

事例 9　神経心理学と神経心理学的検査

　人間の高度な精神活動は脳と深くかかわっている。近年，人間の行動を脳との関連において考えること，すなわち，脳と心理機能の関連が注目されてきた。成人の限局性の脳損傷患者では，損傷部位と関連して，病前に獲得された心理機能が障害されることが明らかにされている。このように，脳損傷によって生じた心理機能の障害（高次脳機能障害）について，脳の構造との関連で検討し，ある心理機能を脳のどの部分が担っているのかといったことを究明していく領域を神経心理学といっている。神経心理学には，神経学，精神医学，神経生理学，心理学，言語学など多岐にわたる領域が関与している。前節と本節で紹介したLDやてんかんは，必ずしも脳損傷をともなわず，神経心理学が対象としている症状と少し異なる。しかし，LDやてんかんにおける認知障害とその治療教育を考えるときに，神経心理学的考え方は非常に重要であり役に立つ。

　高次脳機能障害の検討には神経心理学的検査をおこなう必要がある。神経心理学的検査は，そもそもは脳損傷の有無の判断をするために開発されたもので，検査は広い範囲で応用できるものもあり，一方，ある特定の脳障害の指標となるように作成されたものもある。子どもを対象にした神経心理学的研究はまだ少なく，その理由の一つに子どもに適用可能な神経心理学的検査の少なさがあげられる。筆者は，成人用に開発された検査を子ども向けに一部改変したり，独自に作成した検査を用いたりして，LDやてんかんの子どもの認知障害を脳との関連で検討している。子どもを対象におこなっている主な神経心理学的検査をあげてみると，認知機能全般をみるウェクスラー法知能検査は必ずおこなう。特定の心理機能をみる検査としては，言葉や数字や文章などを聴いたり見たりして記憶する能力をみる言語性記憶検査，図形や絵などを見て記憶する能力をみる視覚性記憶検査，単純な記憶や注意と異なるハイレベルの情報の操作や計画性を要するような機能をみる遂行機能検査，あるいは言語性か視覚性かといった刺激の種類に関係なく情報の処理の仕方をみる認知検査などがある。

で有効な抗てんかん薬が開発され使用されている。また最近では，難治性てんかんには病巣を切除する外科的治療も試みられるようになり，発作のコントロールに成果をあげている。いずれの治療法においても，発達過程にある小児のてんかんについては，小児と家族に対する心理・教育的な配慮が必要である。

2. てんかんと認知障害

　人間の脳はその機能において大まかに前（前頭葉），横（側頭葉），上（頭頂葉），後（後頭葉）に分けられる。よく知られているのは，側頭葉と記憶，頭頂葉と行為，後頭葉と視覚認知の関連である。前頭葉は人間の大脳皮質の約30％を占め，思考，判断，注意，計画などの高度な心理機能に関係している。また左半球は言語的要素と，右半球は非言語性の視覚認知などの要素と関連している。このように，言語や記憶や注意や行為などの高度な精神活動は脳と深くかかわっている。てんかんは低年齢の発症が多く，発達の早期に脳に異変が生じるのであるから，当然このような認知機能への影響が心配される。

　1960年代後半から，てんかんの認知機能や行動特性を客観的測定手段によって明らかにしようという研究がおこなわれてきた。しかし，てんかんは臨床的に多くの変数（発作型，発症年齢，罹病期間，抗痙攣剤ほか）をもつことと，とくに子どもの場合は，適用可能な神経心理学的検査が少ないために，てんかんの子どもの認知障害の研究は知能検査の域を出ないものが多かった。一般的には，症候性てんかんで，発症年齢が低く，発作抑制が不十分で，数種類の抗てんかん薬を服用している場合に，知能や注意や記憶などの認知機能が障害されやすいといわれている。

　てんかんの子どもの中には，3節で述べたLD児によく似た行動特徴を示す子どもたちがいる。筆者は多くのてんかんの子どもの検査や相談をおこなってきたが，学齢期にある子どもたちや両親から「漢字が覚えられない」「計算ができない」「英語が苦手」といった訴えがしばしばあり，このような学習上の困難が学校生活における深刻な問題となっている例を多く認める。森永良子らの研究（森永・上村，1980）では，LDと診断された子どもの6.5％にてんかんの痙攣発作があり，38％にてんかん性脳波異常が認められたと報告されており，LDと結びつきの強い病気の一つにてんかんがあげられている。てんかんにおけるLDという視点から，局在関連てんかん（発作症状や検査所見から発作の起源が脳のある限定した領域にあると考えられるてんかん）の子どもたちを対象にして，神経心理学的検査をおこなった筆者らの研究（五十嵐ほか，1993）では，発作焦点の存在する脳の部位と関連した認知障害が明らかにされている。

3. てんかんの臨床心理

てんかんの患者とその家族は、てんかんに対する偏見と誤解と無知のために、長い年月にわたって悩まされてきた。てんかん発作は嫌悪感と好奇の目でみられ、患者も家族も社会の中で孤立し萎縮して生活することが多かった。今日では、患者や家族の会や支援団体もできており、人々がてんかんについて理解し正しい知識をもつようになった。しかし実際は、わが子がてんかんであると告げられたときの親の動揺の激しさは他の病気の比ではない。かつて何百年もの間続いたてんかんという病気に対するイメージがまだ拭いきれない、と思わざるをえない場面に出会うことがときどきある。

親は、病気の原因や治療や患児への告知について悩み、患児の性格や知能や将来の進路や結婚を心配し、患児のきょうだいへの影響を恐れる。また、子どもに対する罪悪感や不憫さのため過保護な養育態度になったり、いつ発作が起こるか不安で、そのために子どもの行動に過干渉になったりしがちである。実際てんかんの子どもは、発作の観察や服薬や発作時の安全確保など、日常生活において親や保育者の注意深い観察や援助を必要とすることが多い。このように、てんかんの場合は他の病気に比べて親や保育者に過剰な不安と緊張が生じやすく、このことがてんかんの子どもに本来の病気と無関係の心因反応を生じさせやすくしている。子どもと親がてんかんという病気とつきあっていく過程においては、臨床心理学的配慮と援助が必要である。

引用・参考文献

秋元波留夫・山内俊雄（編）　1991　てんかん学の進歩2　岩崎学術出版社

アメリカ精神医学会　高橋三郎・大野裕・染矢俊幸（訳）　1996　DSM-IV精神障害者の診断・統計マニュアル　医学書院

五十嵐一枝・小国弘量・上原孝・向平暁子　1993　てんかん児の認知機能の特性に関する研究——局在関連てんかんにおける神経心理学的検査による検討　安田生命社会事業団研究助成論文集, Vol. 29, No. 1.

教育と医学の会（編）　1996　教育と医学　特集：学習障害——現状と対応　慶應義塾大学出版会

牧田清志（訳）　1976　古典紹介　精神医学, 18, 777-797, 897-906.

森永良子・上村菊朗　1975　学習能力の障害——心理神経学的診断と治療　日本文化科学

社
森永良子・上村菊朗　1980　LD——学習障害　小児のメディカル・ケア・シリーズ　治療教育的アプローチ　医歯薬出版
大田原峻輔　1980　小児のてんかん　内科, 45, 798.
佐々木正美　1986　児童精神医学の臨床　ぶどう社
佐々木正美　1993　自閉症療育ハンドブック——TEACCHプログラムに学ぶ　学習研究社
ショプラー, E.ほか　佐々木正美（監訳）　1989　CARS——小児自閉症評定尺度　岩崎学術出版社
ショプラー, E.　茨木俊夫（訳）　1995　改訂PEP教育診断検査　川島書店
トリンブル, M. R.・レイノルズ, E. H.（編）　今野金裕・粟谷豊・狩野雅孝・梅津亮二（訳）　1992　てんかん・行動・認知機能　星和書店
全日本特殊教育研究連盟（編）　1989　自閉児指導のすべて　日本文化科学社

6章　子どもの対人関係とその障害

1節　親子関係の成り立ち

1．初期の母子関係とその諸問題

　親は子どもが生まれる前から声をかけるが，胎児はその声を聞いているらしいことが知られている。それは生後すぐに，子どもは母親の声とそうでない声を聞き分けていることからもわかる。胎児期から親子の関係はすでにスタートしていると考えられる。生まれてくれば赤ちゃんの泣き声や動作に呼応して，顔を覗き込んであやしたり，抱っこしたり，眠むそうになれば親は働きかけを控える。このように出生のごく初期から，お互いに相手の行動に呼応して自分の行動を調整しながら，親子のやりとりが展開されていく。このような親子のやりとりを通して，母と子の間に愛情関係が成立し，乳児に人に対する信頼感が芽生え，その後の人間関係がスムーズに築かれていく。
　それでは一人ひとりの子どもたちはどのような親子関係を結んでいるのだろうか。多くの子どもは親から愛情をたっぷりかけられ，親密な，両者とも幸福感に満ちた関係を結んでいる。しかし極端なケースでなくても，出生のごく初期から，かかわりの濃い母子と何らかの理由で不活発なかかわりしかできない母子もいる。働きかけが多い母子と少ない母子を観察をしてみると，両者のかかわりの時間経過が異なることがわかる。すなわち活発な母子では，相手からの働きかけに対して，反復的に同じ行動で応答し続けるが，不活発な母子では，直後に応答はするがじきにそれが途絶えるという（藤崎, 1983, 図6-1）。何ら問題なく過ごしてきた親子でも，親子のかかわりの濃さはさまざまであろう。ましてやトラブルが多くて離婚しかけている親，片親，未熟な親，パーソナリ

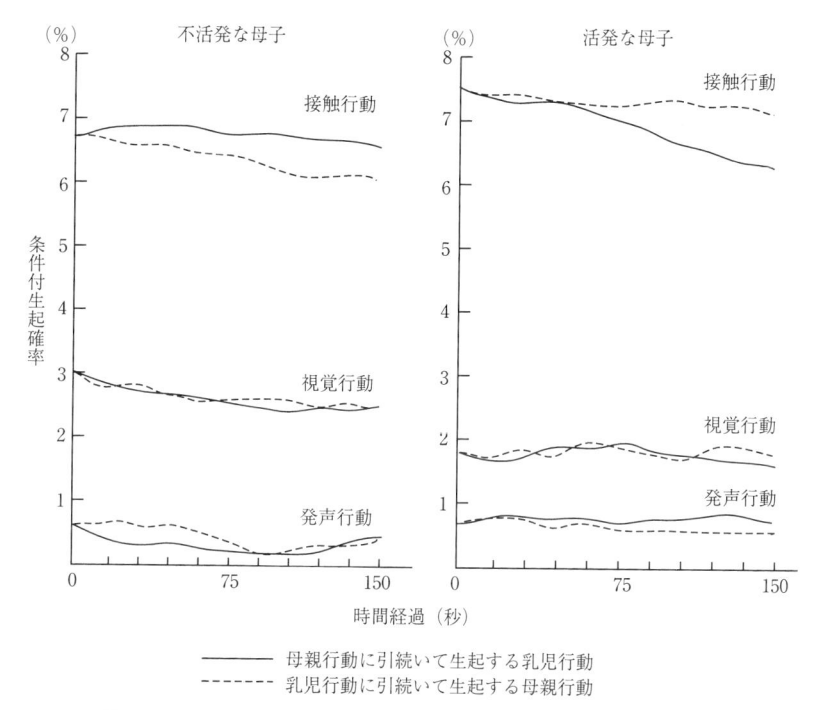

図6-1 活発な母子と不活発な母子とのやりとりの相違（藤崎, 1983）

（グラフ内凡例）
- 不活発な母子／活発な母子
- 接触行動、視覚行動、発声行動
- 条件付生起確率（%）
- 時間経過（秒）：0, 75, 150
- ―――― 母親行動に引続いて生起する乳児行動
- ------ 乳児行動に引続いて生起する母親行動

ティに偏りのある親がどれほど子どもに影響を与えてきたかは多くの事例が物語っている。それぞれの関係には独特なコミュニケーション・パターンが生じ、これがひいてはその後の親子間の心理的関係へとつながっていくのである。これらの親子関係を多くの援助によって本来の関係へと修復することがカウンセラーの役割である。

2．アタッチメント形成と本来の親子の姿

親と子のきずなは愛着関係によって結ばれているという（ボウルビィ，1976）。この愛着（アタッチメント）とは，ある人と他の特定の人の間に形成される愛情のきずなであると定義されている。本来アタッチメントは特定の二者の相互関係として発達する。乳児の場合，多くは母親がアタッチメントの対象として選択される。アタッチメントは重要な欲求の一つであり，乳幼児ばかりではなく，人はさまざまな対象に対して愛着を抱き，自分にとっての他者の

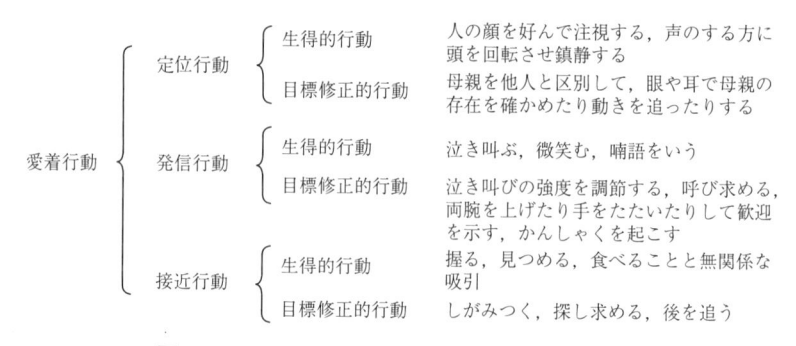

```
                    ┌ 定位行動 ┌ 生得的行動      人の顔を好んで注視する，声のする方に
                    │         │                 頭を回転させ鎮静する
                    │         └ 目標修正的行動  母親を他人と区別して，眼や耳で母親の
                    │                           存在を確かめたり動きを追ったりする
                    │
          愛着行動  ┤ 発信行動 ┌ 生得的行動      泣き叫ぶ，微笑む，喃語をいう
                    │         │
                    │         └ 目標修正的行動  泣き叫びの強度を調節する，呼び求める，
                    │                           両腕を上げたり手をたたいたりして歓迎
                    │                           を示す，かんしゃくを起こす
                    │
                    │ 接近行動 ┌ 生得的行動      握る，見つめる，食べることと無関係な
                    │         │                 吸引
                    └         └ 目標修正的行動  しがみつく，探し求める，後を追う
```

図6-2　愛着行動の内容と発生機序（ボウルビィ，1976）

存在の意味を分化させていく。

アタッチメントの具体的行動として，アタッチメントの対象に近づき，接触を保とうとする行動型をアタッチメント行動と呼び，アッタチメントを媒介する主要な行動型として，目で追う，声のほうを見るという定位行動，笑いかける，泣く，喃語の発声などの発信行動，つかむ，しがみつく，後を追うなどの接近行動がある。微笑，喃語は，母親との交流の場面で現れ，後追い，しがみつき，泣きの行動型は，母親との分離を回避しようとする場面で現れる（図6-2）。

アタッチメントは四つの段階を経て形成されるという。

第1段階は出生後から生後3カ月までの，人物の弁別をともなわない時期である。赤ちゃんは生まれながらにして，ほほえむ力をもっている（自発的微笑）。これは身体内部の刺激に対して笑っているようにみえるだけだが，そのほほえみは見ていてかわいらしく，親でなくても思わずほほえみ返したくなる。周囲の者がほほえみ返すと，赤ちゃんはその人の顔をじっと見ている。母子の信頼関係は授乳も大切であるが，このように乳児の凝視のリズムに応える反応を母親が示すかどうかがその後の母子関係に影響を及ぼすという（Brazelton et al., 1974）。

第2段階は3カ月頃である。この頃，乳児は目鼻が正位置にある人の顔に対して最もよく微笑反応を示すという（高橋，1984）。この時期の乳児は相手がだれであっても，あやされると笑うという社会的微笑が成立する。母子のどの側面が子どもの人とのかかわりの発達に影響を及ぼすのかについての研究によ

れば，生後3カ月の時点で母親が表情豊かに接することが，やがて3歳時点での母子間のふれあいにおける子どもの積極的かかわりを生じさせることが確かめられている（古澤ほか，1989）。3カ月というのはかかわりにおける重要な時期である。6～7カ月頃になると，乳児ははっきりと母親と他の人を区別してほほえみ（選択的社会的微笑），見知らぬ人に対しては顔をそむけたり，泣いたり，不安そうな表情を示す。母親の顔を見れば安心し，ほほえみ，何やら喃語で語りかけるようになる。

　第3段階はいわゆる「人見知り」の段階である。人見知りはアッタチメントの対象が明確になった証拠でもあり，乳児の認知能力が発現してきたことを意味している。この人見知りをスピッツ（Spitz, R. A.）は「8カ月不安」と呼んだ（スピッツ，1965）。これはアッタチメントの対象としての母親への接近やその維持の時期である。母親への反応が他の人への反応と著しく異なり，母親がいなくなると必死でさがしたり，大泣きをするが，母親が戻ってきて抱きしめれば，寂しさや不安はたちまち吹き飛ぶ。このように母親の存在は子どもの不安を鎮め，安全基地として機能するようになる。と同時に探索の基地となり，外界に興味をもつようになる。

　第4段階の3～4歳になると，目標修正的協調性の形成時期となり，母親が側にいなくとも，母親との関係をイメージとしてとらえ，母親のつぎの行動を推測し，母親との物理的距離は離れたとしても安心して遊んでいられる。このように母子の距離は少しずつ離れつつも，心理的には深く結びついていく。

　アタッチメントは乳児の欲求を最も理解し，それにタイミングよく愛情をもって応えてくれる養育者との間に最も強固に成立する。したがって乳児と親密なかかわりがあれば，母親だけではなく，父親をはじめとする家族や保育者の間にも成立することがわかっている。

　このようなアタッチメントの形成過程にみられるように，一人の母性的人間への愛着が基盤となり，子どもの中にエリクソン（Erikson, E. H.）がいう基本的信頼感が育ち，生きていく希望を獲得すると同時に，やがて複数の人に愛着の対象が広がり，スムーズに豊かな人間関係が形成されていく（エリクソン，1973）。

2節　親子関係の歪みと崩壊

　子どもが心身ともに健康に育つためには，乳幼児期に母親もしくは母親に代わりうる人物との間に親密かつ持続的で，しかも母子ともに満足と幸福感に満たされるような人間関係を体験することが必要である。母子の満たされた関係においては，母親は子どもに対して，さまざまな母性的養育行動をおこなう。飢えや寒さからまもったり排泄などの世話以外にも，話しかける，笑いかける，見つめ合う，体をゆする，抱く，触る，一緒に遊ぶなどのように，子どもへの愛情によって導き出される働きかけをマザリングという（ボウルビィ，1976）。これは子どもの愛着行動と相補的に示される母親の行動であり，両者の相互交渉の中から，母親に対する子どもの愛着も育っていく。この関係が子どものパーソナリティや精神的健康の保持の基礎となる。しかし，母親と死別したり，母親から離されたり，たとえ母親と一緒に暮らしていたとしても，不適切な対応を受けたり，放任され，敵意・虐待などを受けることにより，母子関係が歪み，その結果，保育の喪失が起こる。このことをマターナル・デプリベーションという。マターナル・デプリベーションの状態は親子との離別の時期や期間によっても違ってくる。

　いつの時代にも，マターナル・デプリベーションを体験した子どもはいたはずである。それは戦争や貧しさのためであったり，人間への理解不足や人間の無知によるものも多かった。しかし，生活が豊かになり，教育水準も高くなり，子どもの数も減り，子どもの人権問題の意識も高まってきているはずのこの時代に，マターナル・デプリベーションの状態にある子どもの数も増えていることも事実である。最近では，親の折檻や放任による死亡や重い障害を残したケースなど，幼児虐待がここ数年増え続けている。

1．未熟な親（親になれない親）と幼児虐待

　若い母親にとっては，当然，子どもを産むこと，子どもを育てることははじめての経験である。ある調査によると，電話相談をしてきた人の三分の二は出産をしてはじめて子どもとかかわったという体験をした人たちだった（庄司，

1996)。彼女らはきょうだい数は少ない上に近所とのつきあいも少ないなど，身近に小さい子どもとふれあう機会がなかったのであろう。

　本来，出産や育児は，親にとっての喜びであり，子どもの笑顔は，何にも勝るとも劣らないものである。他方，生まれたての赤ちゃんは弱々しく，絶えず配慮が必要で，手をぬくことができない。とくに若い母親は思いがけない出産で学業や仕事を中断せざるをえなくなり，生き方を大きく修正する事態を招く。はたして10代の親にとっての妊娠，出産は望まれたであろうか。彼らはその時点では，まだどのように生きていったらよいか，何をして生計を立てていくか，それすら決まっていない。高校進学率が97％，大学進学率47％の時代である。彼らの同級生たちは学生生活，遊びを謳歌している真っ最中である。それに加え，仕事をしているからといっても暮らすのがやっとの収入の上に，子どもを育てる費用がかさみ，その上慣れない育児，子どもについての知識の無さ，その他さまざまな問題がのしかかってくる。このような状態で夫の支えがあればまだよいが，結婚はするもののすぐに離婚し，他の男性とつきあい，子どもが邪魔になって餓死させたり，また未婚のまま不倫相手の子どもを産み，相手に会えない腹いせに子どもに暴力を振るって脳障害を負わせてしまったケース，親の不明な子を何人か産みながら，養育放棄して死亡させたケースなど，親の身勝手さと精神的な未熟さが目立つ。このような犯罪や事件にはいたらなくとも，閉ざされた家庭の中で，日々虐待を受けている子どもがいることが電話相談などで明らかにされている。

　虐待については，1985年に日本児童問題調査会が厚生省の補助により，全国児童相談所が受理した17歳までの子どもに対するはじめての全国規模での調査をおこなった。報告によると，児童相談所（164カ所）に寄せられた件数は416例であるが，この数字は氷山の一角であろうということである。そこには虐待の種類，虐待者，被虐待児の割合，家族の状態や，その子が体や心にどのような痛手を受けたかなどについての報告がなされた（朝日新聞，1985.4.12.）。これがきっかけになり，1990年頃から大阪，東京，横浜などにつぎつぎと「虐待ホットライン」なる電話相談施設が設けられるようになった。ここにきて年々相談件数が増えている。大阪の電話相談を例にとると，1992年度・1372件，1996年度・4102件と4年で約3倍に急増，虐待者は10年前は両親ともほぼ同じ

事例10　さまざまな幼児虐待

最近起きた幼児虐待から親子のあり方を考えよう。

(1) 身体的虐待　　父親（38歳）無職　　5歳女児

　この女児は母親の連れ子であり，夫婦にはほかに二人の男の子がいる。家族がそろって買い物に行くときも留守番させたり，部屋に閉じ込め，タバコの火を押しつけたり，長期にわたって殴ったりの暴行を加え折檻死させた。

(2) 心理的虐待　　母親　　5歳女児

　母親自身は小さいときから，母から良い子と思われたい一心で良い子を演じていたが，父親からは何をしても認めてもらえずつねにできの良いきょうだいと比べられた。完璧にやらねばと思うようになった。子育てにおいても手づくり離乳食，布おむつ，母乳のみを与え，きびしいくらいにしつけた。学校に行くようになって社会性のない娘に愕然，我慢して細かく注意していたが，長女がいじめられていることを知って，自分の育て方を責められているように感じ，帰宅する娘に辛く当たった。

(3) 養育拒否　　父親（23歳），母親（24歳）　　5カ月の乳児

　駅前のコインロッカーの中に，乳児を置き去り，その間，両親は食事をしていた。そのとき赤ちゃんは寝ていたし，寒いのでロッカーなら風よけになると思ったと供述していた。無収入のためにアパートを追い払われていた。祖父母はいるものの生活は困窮していて，経済的援助は望めないという。子どもを育てる気はないので児童相談所に預かってもらいたいという。一見ごく普通の若者風で，子どもをつくっておきながら無責任である。

(4) 性的虐待　　義父　　12歳の女の子

　小学6年生のとき，朝学校へ行こうとしていたときに，寝床にいた父親の手が伸び，いきなり布団に引き込まれた。それから，週に2～3回部屋にやって来て「だれにも言うんじゃないぞ」と怖い顔でにらみつけられた。抵抗するとひどく殴られた。ほんとうの親なのかと疑い，遠い親戚をたずね，自分が母親のつれ子であり，母親が死んでからは義理の父親が男手ひとつで育ててくれたことを知る。家に帰るのがいやでテレクラで知り合った男性とホテルへ何度か行っているところで補導され，教護院へ入園した。いまでも部屋に入ってくる音の幻聴で悩まされているという。

比率であったが，母親が父親の約2倍になっている。これは女性の社会進出率が高まったこととも関係しているともいえる。育児に追われ，昔の同僚が出世したり，生き生きと自己実現している姿をみるにつけ，夫の助けも周囲のサポートもなかなか得られず，育児に追われている自分が惨めになり虐待をしてしまう。

　子への虐待は，つぎの世代の養育という責務を担っているはずの大人からの子どもに対する不適切な行動・態度であろう（斎藤，1992）。虐待の種類には，①殴る蹴る，突き落とすなど，外傷が残ったり，生命に危険が及ぶような身体的虐待，②子どもに不安，おびえ，無感動・無反応，強い攻撃性，鬱状態など極端な心理的外傷を引き起こす心理的虐待，③食事剝奪，養育環境の極端な不潔，怠慢による病気の放置など，養育の放棄はては子捨てといったような社会的虐待，④成人ないし年上の者（親や同胞も含む）による性的な行為で，子どもがその行為を強制されたもの，望まないもの，嫌悪感や恐怖を感じた場合などの性的虐待がある。

　大阪市の児童虐待防止協会は虐待の重症度に応じて，「虐待の危惧」から「生命の危険」までを五つに分類した（表6-1）。軽度の虐待なら，相談すればほぼ解決する。深刻なのは中度以上の虐待であり，このレベルでは，子どもを虐待している親は自分がしている虐待行為を虐待と認めない。自分もこれくらいの行為は子どもの頃受けていたと弁明する。このように虐待をする親は自らも虐待を受けた経験をもつ者が多く，暴力を肯定的にとらえる傾向がある。

　虐待は子どもにいろいろな身体的・心理的外傷を与えるが，とくに指摘されるのは絶対的に弱い立場にある子どもがつねに強い他者（大人）に服従しなければならないという暴力的な環境におかれることによって，子どもは自分の意志や欲求を表明することができず，自分の存在を否定的なものとしか受け取ることができなくなることである。換言すれば虐待による外傷は，自己否定的定義を子どもに埋め込むことになる（内藤，1993）。精神医学の立場からも，虐待を受けた子どもに自我機能の障害，基本的信頼感の喪失，行動統御の障害による激しい攻撃性をともなった自傷・他害行動がみられたり，拒食・過食などの食行動の異常の症状が現れるという報告がなされている（亀岡，1997）。このことは，虐待による自己否定的定義の埋め込みが，その後の凶悪な犯罪，い

表6-1 虐待の程度
　　　（児童虐待防止協会〔大阪市〕作成）

虐待の危惧	具体的な虐待行為はないが,「たたいてしまいそう」「世話をしたくない」など,子どもを虐待しそうな気がして不安になる。
軽度の虐待	カッとなってたたき,あとで反省するが,また繰り返してしまう。 乳児の世話が嫌で,ときどきミルクを与えないことがある。
中度の虐待	慢性的にあざや傷跡ができるような暴行を加えてしまう。 子どもを長期間,身体的・情緒的に無視,放置する。 親がアルコール依存や薬物依存で,子どもの世話ができない。 乳児を長時間,大人のいない家に置き去りにする。
重度の虐待	骨折,裂傷,広範囲の火傷など,病院での治療が必要な暴行を加える。 衣食住を満足に与えず,子どもの成長障害や発達遅滞が顕著。 明らかな性行為がある。 子どもを家から出さず,一室に閉じこめる。
生命の危険	頭部や腹部などに暴力を加える。 首を絞めたり,水につけたりする。 脱水症状や栄養不足のまま放置する。 子どもに慢性的な障害があるのに,医師の指示に従わない。 乳幼児を危険な場所に放置する。

じめ,自殺などの社会問題に深くかかわっていることを如実に示している。

2. 片親家庭の問題

　離婚家庭も近年とくに増加し,『厚生白書』によると離婚率も過去最高になった（1998年度版）。女性に経済力がついてきたことが結婚についての意識を変化させていることは確かである。それが協議離婚の場合,子の去就（父方につくか母方につくか）について十分に子の意志を尊重したにしても,親の離婚にともなう子どもの心の問題が容易に救われるものではない。離婚した親には未婚の親にみられるのと同じような身勝手さがある。

　片親家庭でも,母親が社会規範を身につけており,祖父が父親の代役を果たしているような条件にめぐまれれば,問題解決する家庭も多いであろうが,そうでもなければ,片親家庭,とくに母子家庭では経済的負担,母親の日常的な緊張,捨てられたという恨み,自信の無さなどが子どもに与える影響は大きい。事実そのことが子どもの心身症,成熟拒否,長じて非行という問題行動につな

がるケースは多い。さらに今後の問題として離婚したものどうしの再婚と，その結果，血縁関係のない家族の同居という，いわゆる複雑な家庭が一層多くなる。事例にあげられているような相手の連れ子に対して虐待死させた事件，義父や実父からの性的虐待の事件などにみられるように，それがトラウマとなって，何年たってもその恐怖から抜け出せない子どもがいる。とくに性的虐待を受けた者は他人に打ち明けられるものではないので，表に出るケースは氷山の一角であり，ひとり悶々と悩んでいると推測される。熟練したカウンセラーでも彼らの心を癒すことはなかなか困難であり，カウンセラー自らが同じ傷みを負った者でなければとうてい対応できないとすらいわれる。

3．子育てに悩む母親

育児ノイローゼ，育児不安という言葉を聞くようになってから久しい。上述のような家庭崩壊まではいかないが，母親の中には育児に自信がない，育児のことであれこれ心配だ，子どものことでイライラするという訴えが増えてきた。保育所への電話相談の内容をみても，生活習慣の問題から医学的な問題，心理的な問題，しつけの問題，最近は保育料の問題など，さまざまな心配ごとや悩みをもっているいることがわかる（表6-2）。

a 育児不安の原因

一般に不安ははじめて何かをするときに感じるが，はじめての出産・育児にはまさにいままでの経験を活かせない未知の側面がある。人生はつねに新しいことの体験といっても過言でなく，そのときどきに不安を感じることは避けられない。不安は「要注意」の予告信号でもあるので，それがあるから出産の場合にも節制をするとか，無理をしないなどと気をつけたりする気にもなるのである。そして何よりも望まれることは，それを乗り越えていく力を養うことである。

育児不安に陥りやすい人は，もともと性格的に心配症で，高不安傾向にあり，完璧主義の人が多い。しかしそうでなくてもはじめての出産・育児は未経験のことであり，あるいは大家族の中でそういうことに立ち会ったり，かかわったりということも少ない昨今である。先にも述べたが，電話相談をしてきた人の

表6-2 育児相談内容の分類（石井, 1994に加筆）

項　　　　目			相　談　内　容　例
基本的生活習慣	睡　　　　眠		・昼間寝ない　・夜泣き　・うつ伏せ寝の安全性　・ねごと
	食事	授　　　乳	・乳をはく　・授乳の時間と量　・ミルク嫌い　・母乳が少ない ・母乳からミルクへの切りかえ　・母乳の冷凍保存の方法　・哺乳ビン
		離乳・離乳食	・離乳の方法　・離乳食の作り方　・離乳食を嫌がる
		食　　　事	・偏食　・食が細い　・食事がのろい　・ごはんをあまり食べない ・はしの使い方　・おやつの与え方
	排　　　　泄		・おむつかぶれ　・おむつがとれない　・紙おむつの使用　・夜尿 ・昼間のおもらし
	そ　の　他		・衣服の着脱ができない　・動作が遅い　・風呂を嫌がる
発育・発達	ほふく・歩行		・ハイハイしない　・おすわりができない　・歩行器の使用 ・歩行の遅れ
	身体の発育		・首のすわりが遅い　・身長がのびない　・体重がふえない ・頭の形が悪い　・左利き
	言　　　　葉		・言葉の遅れ　・赤ちゃん言葉　・発音がおかしい　・どもり ・早口　・言葉づかいが悪い
	社　　会　　性		・母親から離れて遊べない　・人見知り　・外に出ない ・弟妹をいじめる　・友達と遊べない
	性　　　　格		・乱暴　・わがまま　・強情　・反抗的　・うそつき　・盗み ・登園拒否　・自閉的傾向
	く　　　　せ		・指しゃぶり　・性器いじり　・爪かみ
	そ　の　他		
医　学　的　問　題			・湿疹がひどい　・難聴　・目やに　・虫歯　・鼻血が出やすい ・予防接種
生活環境	家　　　　庭		・父（母）親の育児態度　・祖父母の甘やかし　・祖父母との不和 ・夫婦の問題
	近隣・地域		・近隣との不和　・遊び仲間がいない
育児方法	健　　　　康		・薄着　・日光浴　・赤ちゃん体操　・ベビースイミング　・はだし
	しつけ・教育の仕方		・ほめ方叱り方　・おもちゃの与え方　・おけいこごと ・数や文字を教えた方がよいか
その他	育児に関係あり		
	育児に関係なし		・保育料

三分の二は出産をしてはじめて子どもとかかわるという体験をした人たちだった（庄司，1996）。最も不安が高い時期は，第一子の，それも退院後1カ月と1歳前後であるといわれる。この時期のサポートを手厚くする施策を考える必要がある。昨今では女性の高学歴化が進んだことにもよるが，育児書を何冊も読破して出産に臨んでいるため，育児書に忠実に従い，それに少しでも発達が遅れると過度に心配になったりする（今村ほか，1990）。また女性の就労意欲は以前より高く，育児休業などの制度は整ってはきているものの，社会・経済的状況などについては必ずしも子育ての環境条件が十分整っていないことも心配の原因となる。

　子どもを産めば子どもはかわいいと思う気持ちが自然に湧くものであり，世話をやけるものであるという母性愛神話がある。子どもをかわいく思わなければいけないと自分にいいきかせるものの，そのような気持ちにはなれないと訴える母親がいる（母性愛神話の呪縛）。しかし，母子交互作用の研究で明らかなように，子どもをかわいいと思う気持ちは相互のかかわりの中で育っていくものだということである。そのためにカウンセリングでは，まず子どもがかわいいと思えない親の気持ちを受け入れてやること，ゆったりした気持ちで子どもとかかわれるような育児環境を調整するようにサポートしていく必要がある。

b　育児不安の解決策
子どもとふれあう体験を積む
　出産してはじめて子どもとかかわることは不安の原因でもあるので，小さい頃から，もしくは思春期に，子どもとの関係を体験する方策を考えてみてもよい。地方自治体では最近，思春期の子どもを対象とした育児体験事業がある。たとえば東京都では，2歳未満の子どもをもつ母親または父親を対象に，原則的に2週間，乳児院で子どもの世話の仕方を体験できることになっている。ここでは乳児の抱き方，寝かせ方，遊ばせ方，入浴のさせ方，排泄の誘導の仕方の説明と実習がある。参加した親からは，ゆっくり話を聞いてもらった，育児書の手本のようなことをいわれるのかと思ったら，保育士さんも悩みながら育児をおこなっているので安心した，ほかの子どもをみると同時に，園での自分の子どもをみることができた，良い気分転換になった，などの感想が寄せられ

たということである。若い夫婦にとっては，このような事業の展開が不安の軽減に役立つと思われる。

母性神話の払拭と望まれた出産

「母性なるもの」はあるのではなく育っていくものである。そのためには望んだ状況で子どもを産むことが大切である。10代の母親や虐待などのケースをみると，望まれなかった妊娠であることがわかる。しかし望まれなかった妊娠であっても，現実に胎児が成長して胎動を感じ，やがて生まれてみればやはりかわいいと思うことは多い。いずれにせよ思春期にある青年たちに性関係を禁止することは困難である。昨今ではピルも解禁されているので，出産育児の条件が整わないなら避妊する。それが生まれてくる者に対しての責任であることを強く指導する必要がある。

生まれた後の子どもとのふれあい（抱擁・授乳）が，子どもに対する肯定的感情を育てる。しかし未熟児の場合，それだけで子どもに対して否定的な感情をもちやすい。その上，入院生活を強いられるので，かかわりが少なく，その後の発達も気がかりである。夫の両親からは非難される。これではかわいいと思う余裕がもてないというのが実情ではないだろうか。その他，いろいろな場合があるであろうが，そのようなときにこそ夫の優しさがあればなんとか乗り越えられるものである。

父親の育児参加と精神的サポート

子どもの気質によっては母親の苛立ちは増すばかりということがある。抱いてもあやしても泣き止まない。このようなことがたび重なると，親は育児にまったく自信を失う。まして完全主義の親の場合，立派な親にならなければと思えば思うほど，自分だけが駄目な親だと感じてしまう。しかしだれもが困ったり，悩んだりしながら子育てしているのだということを知るだけで気持ちが楽になるものである。それとともに周囲に母親をサポートできる者がいることが望ましい。とくに父親のサポートでどんなにか育児不安が解消するかは，幼児虐待や子どもの問題行動の事例からもよくわかる。核家族化が進んでいる現在，父親の育児参加が望まれる。

子育て支援ネットワークづくり

とくに核家族にあっては父親の育児参加が大事であるが，父親だけではやは

り限界がある。自分のもてる資源（たとえば祖父母や叔父叔母の隠れた援助）を活用し，自己解決ができればそれにこしたことはないが，周囲に出産や育児の経験者がいない若い母親にとっては，地域の保健所や保育所などの育児支援事業がある。保育所を地域に開放することによって，保育所は子どもが園児と一緒に遊ぶことができ，母親どうしはそれぞれの不安な気持ちを語り合える場として機能する。また，出産後の不安をベテランの助産婦が解消すべく「産後ケア事業」を厚生省がスタートさせて，すでに北海道で取り組んでいることが報じられている（北海道新聞，1995.6.13.）。これらの施策は実施後間もないことなので成果のほどはわからないが，大家族制度がもっていた機能をある程度は代行できるであろう。なかには，就労時間の関係でこのような場に来られない母親もいたり，あるいは内向的な母子だけの密室生活（母子カプセル）の問題が依然として残る。

4．親になれない親の援助

親の自覚がないまま，子どもを産み産ませた若い母親父親がいる。覚悟の上で出産したわけではなく，たんに不倫相手の気を引きたいばかりに産んでしまったが，それも功を奏さなかったことに怒り，攻撃行動が乳児に向かってこれに暴力を加え，一生消えない障害を負わせてしまった。あるいはいつまでも遊興癖が抜けずに，子どもを放任し，餓死させてしまった。事件が起きてからでは遅い。虐待の予見もしくは発見の時点で親との関係を断ち切ってでも子どもをまもる必要がある場合がある。しかし子どもにとってはどんな親でも「親は親」であることを考えるとそれも望ましいことではない。そういう未熟な親の心のありどころそのものに深くかかわって解決しなければ，幼児虐待の問題は解決されない。これらの解決の試みについては 7 章に詳述されている。

3節　子どもどうしの関係

子どもにとっての子どもとの関係は，好ましい親子関係が結ばれていれば，自ずとあたたかい人間関係が結ばれるであろう。逆に，親から十分な愛情を受けていなければ，他者との関係に懐疑的になり，仲間との関係はスムーズにい

かないであろう。仲間との関係から子どもたちは何を学んでいくのだろうか。

1．きょうだい関係と親の養育態度

きょうだいとのかかわりでは，親の愛情を一身に受けていた第一子が，母親の妊娠にはじまって次子が誕生したことで，母親から疎外された強いショックと悲しみを感じる。次子が生まれた時点での第一子の変化は，吃り，泣き，爪かみ，など情緒的な反応を示すことが多い。親は第一子をないがしろにしているわけではないが，胎児へのいたわりから，抱っこやおんぶを控えたりすることはある。出産後はまた疲労や次子の日々の世話で，いままでのようにかまってやれない。長子は自分と次子への親の語りかけの言葉のトーンの違いを敏感に感じ取って，寂しく思い嫉妬の気持ちをもったり，退行現象が現れる。また欲求が満たされないために，弟（妹）に攻撃的になることもしばしばである。それに対して母親は，「小さい子をいじめてはいけない」と兄（姉）を咎め，あるときには叩くこともある。すると兄（姉）はさらに激しく泣くという悪循環となる。

母親は，いままでのように抱っこができないときは，自分の傍らに子どもを寄せて抱きしめることもできるわけである。下の子どもが寝ているときには，上の子に十分愛情を注ぎ，いままでどおり愛していることを具体的態度で示し，さらに言葉でも十分愛情を伝える努力をすれば，情緒的に落ち着いてくるものである。そうすると，上の子は上の子らしく下の子をかわいがることもできるようになる。子どものこのような気持ちに気がつかず，いつも上の子に対して叱ったり叩いたりしていると，子どもは母親の言葉や態度そのものから，自分は駄目な子だと思い込むようになる（否定的自己）。一般に子どもは励ましのつもりでいった言葉をそのまま受け取る。そのときの親の思いなどはとうてい理解できないことを親は知っておく必要がある。親は愛情のために叱ったと思い，その信念を貫くが，そのように扱われ続けた子どもに「僕は死にたい」とまでいわせ，生きる意欲もなくさせた親が相談にきたことがある。自分の子どもへのかかわりについての気づきがないので内省ができない親のケースである。

少し大きくなると，今度は母親の膝の取り合いや物の取り合いなど，きょうだいげんかを始める。たいして危険がないようなら，けんかをさせておくこと

も子育てには大切なことといえる。けんか時のやりとりの複雑さを通して、痛みを知り、相手の気持ちを理解したり、共感したり、思いやったりすることが、人間関係を築く上で最も大事なことを学んでいく。

親はきょうだい一人ひとりの子どもを、どのように考えているのだろうか。親はきょうだいを同じように扱っているかといわれて、いちがいに肯定できないのが現実である。「肌が合う」「合わない」ということがどうもある。それを子どもは敏感に感じ取るものである。親は身体、性格、成績、動作についてのきょうだい比較をあからさまにすべきではない。子どもたちはそのことによってどれほど傷つくかを親は知って十分な配慮をすることが肝心である。親の養育態度（*3章，4章*を参照）が、子どもの神経症などと深く結びついていることを知り、自分の養育態度を冷静に見つめ直す必要がある。

2．園でのかかわり

子どもは園がどのようなものなのかがわかって入ってくるわけではない。入園当初は家庭と園の違いに戸惑い、母親ともなかなか離れられず一日中泣いている者もいる。人間関係の面からみれば、一対一の全面的に受容してくれる母親がいる家庭とは違って、園は集団生活であり、血縁関係のない集団である。園での保育者の働きかけは、ある程度客観的で、冷静で、見通しをもったものである。

園での人とのかかわりは主に遊びを通して学ばれる。そこは家庭と違ってたくさんのおもちゃがあり、子どもの体にあった机や椅子があり、自由に遊べる空間がある。しかし子どもたちは、欲しいおもちゃがあってもほかの子どもが使っていれば我慢するか、取り合いになり、自分とは違う他者の存在に気がつき、自分の欲求や行動を抑制し我慢すること、またあるときは自分の欲求や意思をはっきり述べ、行動していくことを学んでいかなければならない。この自己抑制や自己主張が園生活でどのように獲得されているかを調べた柏木(1988)の研究によると、自己抑制は年齢とともに高くなるのに対して、自己主張・自己実現は3〜4歳で高く、その後停滞し、その獲得が容易ではないことがわかる。また自己抑制は、どの年齢段階でも男児より女児が高い。これは家庭や保育園での大人の働きかけが女児に対してなされることを物語っている。

3. 子どもどうしのかかわりから学ぶもの

a 共感や思いやりが育つ

　子どもどうしはどのようにかかわっていくのであろうか。最初は先生としか遊べなかった子どももみんなと遊べるようになっていく（表6-3）。エッカーマンら（Eckerman *et al.*, 1989）の観察によると2歳頃には相手の子どもの動作に注目して模倣したり，相手の行動を受けてそれを補うなどさまざまな協調行動がみられた。初対面の3歳の遊びの様子では親と遊んでいたが，相手の行動を真似することでいつのまにか一緒に遊んでいくという。

　それでは子どもたちは共に遊ぶ中で何を学んでいくのだろうか。遊びの中で一緒に笑ったり，一緒に何かをつくって完成の喜びを味わったり，何かをつくっていて失敗して悲しんだり，悔しいと思ったりしながら，相手の気持ちを思いやるようになるのである。さまざまな感情を共有することで共感や思いやりが育っていくものである。子どもたちは，共感してくれる相手がいることによって，気持ちにゆとりが生まれる。そして相手をも思いやれるようになる。このような「共感される－共感する」という関係をもてる友達がいることは，子どもにとって園での生活をより安定した楽しいものにしてくれる。

b 社会的ルールと役割を学ぶ

　園では登園したら挨拶をし，カバンをロッカーにしまってから，園庭で遊び，「お片付け」といわれたら，遊びを止めて片付けるというような一連の生活をスムーズにおこなうためのルールがある。そのほかにみんなと仲良く遊ぶことや，おもちゃをみんなで使って遊ぶときなどの「順番こ」というルールがある。さらに遊びの中でつくられるルールがある。ままごとの仕方や砂遊びでの物の使い方など仲間の中でルールを決めて，そのルールに従うことが求められる。これらのルールを身につけることによって，園という多くの子どもが生活を送る集団の中で，スムーズに遊んだりすることができる。これらのルールをまもることによって園生活に慣れ，集団生活に馴染み，遊び集団にも慣れることによって，社会性を身につけていく。これらのルールは保育者の指導によることも多いが，ほかの子との遊びなどを通して学んでいくこともある。

6章 子どもの対人関係とその障害

表6-3 子どもの人とのかかわりの分類・傾向（川崎・川原, 1990）

子どもの人とのかかわりの分類

分類	内容
Ⓐ 保育者とかかわって遊ぶ	○保育者が一緒にいたり、一緒に遊んだりする ○保育者に遊んでもらう
Ⓑ 一人で遊ぶ	○一人で遊ぶ ○友達とのかかわりがない
Ⓒ 保育者とのかかわりを求めて遊ぶ	○保育者にくっついて歩く ○保育者とのかかわりを求める
Ⓓ 不特定の友達とかかわって遊ぶ	○同じ場所や同じ遊びをしている友達と、時々かかわりをもって遊ぶ ○いろいろな友達とのかかわりを求める ○友達に誘われるとついていく
Ⓔ 特定の友達とかかわって遊ぶ	○決まった幼児が集まって遊ぶ ○好きな友達とかかわって遊ぶ ○決まった2,3人の友達とかかわりをもって遊ぶ ○特定の友達とのかかわりを求める
Ⓕ 不特定の友達とかかわって遊ぶ	○したい遊びの所にいる友達と遊ぶ ○どんな友達とも遊ぶ
Ⓖ 新しい友達とのかかわりを求めて遊ぶ	○新しい友達に自分からかかわろうとする ○新しい友達とかかわりをもって遊ぶ ○新しい友達と強く結びついて遊ぶ ○好きな友達を中心に新しい友達ともかかわって遊ぶ
Ⓗ リーダーを中心に遊ぶ	○友達とのルールを守りながら遊ぶ ○グループの中で中心的役割として遊ぶ ○グループの中でリーダーを中心に役割を決めて遊ぶ（相互に納得し、相手を意識して遊ぶ） ○お互いをメンバーの構成員と認め合って遊ぶ（リーダーができ、リーダーとして認める）
Ⓙ 話し合って遊びを進めようとする	○友達と役割を決めて互いに責任を果たしながら遊ぶ ○話し合いながら見通しをもって遊ぶ ○友達と話し合ったり相談し合ったりして遊ぶ ○意見を言ったり聞いたりしながら遊びを進める
Ⓚ 理解し合って遊ぶ	○遊び方やルールをお互いに話し合って決める（遊びのルールを決めたり、守ったり、注意し合ったりして進める） ○自分の気持ちをコントロールして遊ぶ ○相手の意見をよく聞いて遊ぶ

子どもの人とのかかわりの傾向（数字は人数）

年齢	月	Ⓐ 保育者にかかわってもらって遊ぶ	Ⓑ 一人で遊ぶ	Ⓒ 保育者とのかかわりを求めて遊ぶ	Ⓓ 不特定の友達とかかわって遊ぶ	Ⓔ 特定の友達とかかわって遊ぶ	Ⓕ 不特定の友達とかかわって遊ぶ	Ⓖ 新しい友達とかかわりを求めて遊ぶ	Ⓗ リーダーを中心に遊ぶ	Ⓙ 話し合って遊びを進めようとする	Ⓚ 理解し合って遊ぼうとする
3歳児	4	8	23		1						
	5	1	23	5	6						
	6		16	1	9	6					
	7		21	2	5	4					
	9		10	1	11	13					
	10		16		13	6					
	11		7	1	8	15					
	12		1	1	9	20					
	1		4	3	7	18					
	2		3	1	7	21	1				
	3		5		3	21					
	計	9	129	15	79	124	1	0	0	0	0
4歳児	4	1	8		6	12	1				
	5		5	6	7	12	1				
	6		4	1	11	10	1				
	7			6	6	19					
	9		2	5	1	18					
	10		2		12	12	1				
	11		1			13	1	6			
	12		2		6	12	3	6	4		
	1					20	1	3	9		
	2					14	2	10			
	3			1		14	1	10			
	計	1	23	20	49	156	10	36	13	0	0
5歳児	4		2	1	3	21	9				
	5		1		2	14	7	5	3		
	6		3		1	11	3	11			
	7					23	1	3	4		
	9					11	4	11			4
	10				1	14	6	2	8		
	11					12	2	6	5		
	12							25	5		
	1					1	5	2	14	10	
	2						2		10	20	3
	3							4	5	16	7
	計	0	8	1	7	109	37	53	71	57	14

また保育園では，子どもたちは遊び（たとえば，ままごと遊び）の中で演じる役を決めたり，給食当番や朝の号令をかける係りなどという役割があり，その遂行が期待されている。

ごっこ遊びの場合，母親役，赤ちゃん役というように，役を決めていく。役が割り当てられると，本物の母親や赤ちゃんになった「つもり」で演じる。母親の日常の家事を模倣したり，母親のようにやってみたいという欲求を「ごっこ遊び」の中で演じることによって満たしている。遊びの役にしろ，園生活での係りにしろ，役割を分担し，それが宣言されると，自分が何をすればよいのか，集団や役に受け入れられる動きとは何かなど，役割に応じた行動が理解される。そのようにして「いつもの〇〇ちゃん」ではない「ある役割を担った〇〇ちゃん」とのやりとりを楽しむことができ，遊びや生活に変化が出て楽しいものになり，遊びも生活もスムーズに展開されていく。

c　いざこざ・けんかから学ぶもの

園生活をしていると必ずといってよいほどに，人や物や場所の取り合いでけんかをする。必要なものの数に限りがあること，それにもかかわらず子どもが自分たちの遊びを展開するためには，一時的にせよ自分たちの物にしなければ遊べないなど，欲求と欲求が対立するためである。このようなとき，子どもたちはどのように解決しているのだろうか。またそれを通して何を学んでいくのだろうか。年長児であると物や場所についてどちらが先にもっていたか，見つけたかの先取りの権利やそれをもつことの必然性を主張する。それに対して，物・場所は皆の物，保育園の物という論理を主張しながらあれこれと交渉をし，自分の欲求と他者の欲求の折り合いをつけていくこともできる。年齢が低いと保育者の仲介を待つことが多いが，自分の欲求を通そうとして拒絶したり，叩いたり，つねったりされることで，「痛み」を知っていく。

d　いじめが意味するもの

いじめにも，きょうだいいじめ，友達いじめがみられる。きょうだいいじめは同胞葛藤が原因である。いってみれば親の愛情の奪い合いである。友達いじめについては家庭での不満が園に持ち込まれている場合が多いと思われるが，

形としては物の取り合いなどのいざこざの延長上にあるように思われる。とくに体の大きい子，腕力の強い子が，弱いとみた子への暴力がみられる。陰湿ではないが暴力を振るう子は，往々にして家での不満がみられ，不満の原因がなくならない限り続く。その他の原因としては父親の暴力で解決する行動をモデルにしている場合などがある。

4節 子どもと保育者とのかかわり

1. 子どもにとっての保育者の意義

保育園の先生は一般名詞であり，年齢，性格，考え方，経験年数の違い，さらに一人ひとりの先生には表情，話し方，しぐさ，感情表出の仕方，知識量，意欲，価値観の違いがあり，先生の数だけ違いがあるわけである。どの先生が担当になるのかによっても，子どもに与える影響は違ってくるであろう（江波, 1990)。

子どもは，保育園の先生がどのような人間なのか，何をする人なのかの役割認知がないまま園に連れて来られる。入園初日は，ただ先生といわれる人がどのような表情をしているかをじっと観察しているだけであろう。優しい表情をしていれば，うれしいと思うかもしれないし，そのときにかけられた言葉が優しければ，受け入れられたと思うかもしれない。何か助けてくれたりすれば，先生は助けてくれる人と思うし，怖い表情をしていれば，泣くかもしれない。ましてや子どもにとって，その先生がベテランだからよい先生だとはまったく考えられない。子どもは現在の自分がおかれた状況で理解する。ある瞬間的状況の中で具体的なかかわりを感じているにすぎない。何かをいわれたとき，もっと別な言い方はないのかとか，先生にしてはよいことをいったなどと子どもが先生に対してレッテルをはることもなく，批判や評価はしないし，できない。もし仮に子どもがそのようなことをいった場合は，じつは大人がそのようにいっているのを聞いて覚えていったにすぎない。

2．保育者の役割と援助

保育の現場は，その場その瞬間いつも変化に富んでいる。つねに，保育者は正しい状況の理解と適切なかかわりが求められている。それを支えているのは，子どもへの洞察と深い愛情であろう。また保育者はつねに自己の行為に対して反省し，不適切なかかわりをしなかっただろうかと保育の続く限り反省がおこなわれる必要がある（倉橋，1982）。不適切なかかわりをした場合，子ども自身が気の毒であるが，その場は表面的には何もなかったように過ぎてしまう。しかしじつは子どもの心の中には変化が生じている。ただ言語化ができないまま心の奥にしまい込まれてしまっていることがある。

それでは保育者の役割はどのようなものであろうか。図6-3に示されているように，意識される能動的役割と意識されにくい受動的役割がある。意識される役割としては子どもを観察し，彼らの欲求や表に現れない欲求をも理解し，受容してやる理解者の役割，子どもの命をまもり，衛生面での配慮をする保護者の役割，瞬間瞬間の判断者としての役割，適切な援助者，子どもどうしを結びつける媒体者，親や他の保育者と協力して子どもを育てる協力者の役割があるが，ときとしてそれらは誤解者，威圧者，介入者に変身することがある（江波，1990）。これらのことに気づかないまま保育をしていないか，つねに反省しなければならない。それは子どもにとってはいま現在のかかわりが問題になるからである。

3．子どもにとっての先生

保育園に通っていたある中学生に，保育園時代のことを回想してもらった。その子は当時の2～3歳頃の担当の先生について，「あの先生は保育士さんに向いてないと思う」という。その理由を聞いてみると，あるとき自分が指にささくれのようなものができて，痛いので先生に痛いと指をみせて訴えたところ，「○○ちゃんはいつも指しゃぶりをしているから痛いのよ」といわれたらしい。そのときは何も思わなかったが，いまになって，そのことが思い出されたという。その子はおっとりとしたやさしい子でいつもかわいがられている子であるが，悲しかったことを思い出し，怒りの表情でそういうのである。痛みを和ら

6章 子どもの対人関係とその障害

	意識される能動的役割	意識されにくい受動的役割	
（誤解者）……理解者	子どもを見守る	子どもから見守られる	モデル
（威圧者）……保護者／判断者／援助者	子どもに働きかける	子どもから働きかけられる	仲間／反映自己／被保育者
（介入者）……媒体者	子どもどうしを結びつける	子どもに結びつけられる	被媒体者
協力者	親とかかわる	親から働きかけられる	協力者

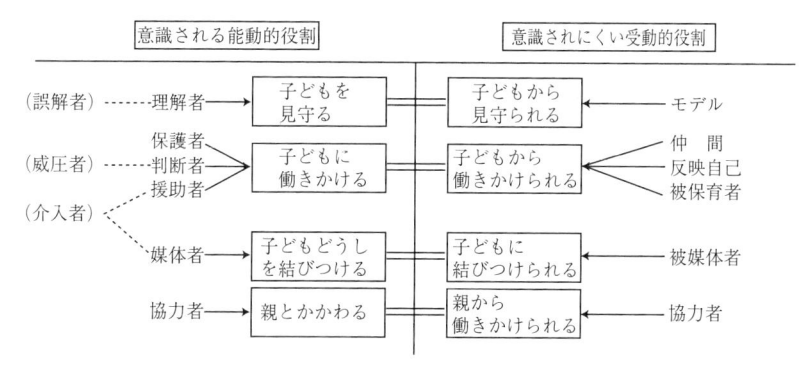

図6-3　保育者の役割（江波, 1990）

げてくれもせず，手当てをしてくれもせず（実際はどうであったかわからないが），指しゃぶりを非難されただけの先生の行為に対して，思い出してその先生のことを評価したのである。しかし，そのときは自分の心を言語化できず，そのままで終わったらしい。どうしてその先生が保育者に向いていないといえるのか。その先生は子どものそのときの「痛い」という気持ちを受け入れていなかった。理由はどうであれ，その瞬間のかかわりは取り戻せないから大切にしなければならないことが理解されよう。指しゃぶりをする子どもの，親と離れて寂しい気持ちを理解できなかったところにも問題がある。この一つのエピソードから保育士としての資質や子どもへの対応についてのすべてとはいえないが，いくつかの示唆が与えられているように思う。

こんな一つの出来事で先生全体の評価を子どもはしてしまうのである。子どもとの一瞬一瞬のかかわりがどんなに大切かが理解されるであろう。

園児からみて好きな保育者とは，そのときどきの子どもの気持ちをやさしく受容してくれて，楽しく遊んでくれる保育者であるようだが，保育者自身が望ましいと思う保育者像，これから保育士になろうとしている学生の保育者像は一致するのであろうか。

学生にKJ法で「望ましい保育者像」をまず求めたところ，表6-5に見るように，30項目の形容詞があげられた。これらの項目について，「そう思う」「どちらともいえない」，「そう思わない」の3件法で回答を求めた（現場の保育者60名，学生104名）。

表6-5 望ましい保育者像項目（山田ほか, 1995）

番号	項目	番号	項目
1	人間が好き	16	公平かつ公正である
2	子どもが好き	17	子どもの目線にたてる
3	子どもから好かれる	18	子どもに共感できる
4	幸せを感じる心をもっている	19	子どもの好奇心を引き出せる
5	明るい	20	子どもの長所を引き出せる
6	優しい	21	子どもの感性を引き出せる
7	暖かい	22	子どもを理解できる
8	懐が深い	23	子どもの気持ちがわかる
9	許容的である	24	体力がある
10	お母さんのような	25	気力がある
11	お姉さんのような	26	元気がある
12	時には厳しい	27	声が大きい
13	悪い事をしたら叱れる	28	おしゃべり上手
14	善悪の判断を教える	29	ピアノが上手
15	細かい配慮ができる	30	うたが上手

　現場の保育者が望ましいとした上位5位までの項目は，①悪い事をしたら叱れる，②子どもが好き，③善悪の判断を教える，④時には厳しい，⑤幸せを感じる心をもっている，であった。現場の保育者は，しつけることに重点をおいている傾向があるが，保育者をめざす学生は，①子どもが好き，②幸せを感じる心をもっている，③明るい，④人間が好き，⑤子どもに共感できる，であった。「そう思わない」項目では，ピアノが上手，うたが上手，おしゃべり上手，などの項目で両者は一致していた。

4．問題のある子
　　　──とくに人とのかかわりができない子への指導・援助方法

　どの子どもでも集団に入ったばかりのときはだれでも馴染めないものであるが，時間がたっても，保育者がいくら働きかけてもいっこうに友達や先生に関心を示さない子，ほかの子と遊べない子，ひとりで同じ遊びばかりしている子，いつもボンヤリしている子，指示が理解できない子がいる。彼らの生育歴をみると，赤ちゃんのときからおとなしくて，手がかからなかった，じっとして何もしない，母親の後を追わない，自分で要求を満たしてしまい人に訴える力が

弱かったというケースが多い。とくに障害がある者は，障害の種類に関係なく人間関係でつまずく。これはこのような子どもは人とのやりとりがどうしても制限されてしまう結果である。また情緒や言葉などは人とのやりとりの中で育っていくものなので，やりとりの経験が少ないことが拍車をかけることにもなる。このような弱点をできるだけ取り除き，トータルな発達をめざすことが必要である。

とくに障害のある子どもは遊びそのものができない。同年齢の子どもと遊べないばかりか，親や保育者と遊べないレベルにとどまってしまう子もいる。このレベルの子どもには，遊びによって情緒的満足感が味わえることを，体験を通して理解させることが大事である。

そのための治療教育として，まず一対一の関係を安定したものにするために親や保育園の保育者は遊びを通して人への関心や自分と他人の関係の認識を高める指導をおこなう。これらの狙いにあった一対一のかかわり遊びとしては，健常乳児に対してのかかわり遊びと同様な身体に密着する行動（ほほずり，おんぶや抱っこ），手をつないで向かい合う（ぐるぐる回し，高い高い，くすぐりごっこ，ゆすりっこ遊び），少し距離をおく遊び（走りっこ，焼きいもごろごろ，ボール遊び，相撲）などがある。遊ぶ際は必ず声をかけるか，音楽に合わせるなど楽しい雰囲気づくりを積極的にすると効果的である（音楽療法，リトミック）。楽しさを味わった子どもは次回には必ず同じ遊びをねだってくる行動がみられ，関係が深まっていく。

このような遊びを通してかかわりが増えると，言葉が出てきたり，言葉の理解が増え，動作の模倣もできるようになる。余裕が出てくる頃には，いたずらが増えたり，一対一の関係にも親密さが増してくる。

一対一の信頼できる関係が築けたら，いままでどおり一対一のかかわり指導を一方では続けながら，さらに3～5人の小集団遊びへと徐々にリードしていく。最初は他の子と同じ速さでできない，順番もまもれない，じっとしていられないなどの行動がみられても，何回か繰り返し経験していくと行動にまとまりができていく様子がみられるようになる。ルールのある遊びも少しずつ理解し，友達とも遊べるようになる。しかしここまでくるまでには多くの時間がかかることを障害児を指導・援助する者は理解していなければならない。

5. 問題のある子の親への保育者の対応

保育者の役割として，親と協力して子育てをしていくわけであるから，親が問題を抱えて悩んでいれば相談にのっていく。子どもの発達にとって，親の果たす役割ははかり知れない。子どもの問題解決に向けては，親が主体的に行動できることが望まれる。まさに，相談や面接の目的はそこにあることを認識すべきである。

ここでは面接時の留意点について簡単に述べることにする。子どもの心理的問題は親の養育態度が原因している場合が多い（**4章**参照）。それだからといって親の養育態度の問題点をすぐに指摘されても，親はそのことを率直に認めるかもしれないが，それによって子どもへの態度が変容するとは限らない。相談に来る親は，子どもに拒否的な態度をとりながらも，自らは育児に対して自責の念にかられていたり，自信を失って手探りの状態でいるものである。このような親の複雑な気持ちをまず受け入れていかなければ，面接者の正しい指摘もたんなる批判，評価と受け取られ，かえって反感をかって，心を閉じられてしまうことになる。問題を解決しようという意欲も無くなって，その結果が子どもにはね返ってしまう。まず，親の複雑な気持ちを受け止め，理解をしていくことが肝要である。

親のつらい気持ちが受け入れられ，親自身の気持ちに余裕ができてはじめて，子どもからみて自分の養育行動がどうなのかを，少し距離をおいて，子どもの視点からみることができる。親と子どもの双方の内的世界を見比べ，相互の関係やそれぞれの認知のずれを吟味していくことで，自分とは別の世界をもつ存在としての子どもをみられるようになる。

子どもへの理解が深まり，問題行動や症状が軽減してくると，親にさらに心の余裕が出てきて，これまでの自分を内省し，自己の未熟さや思慮の浅さに気づいて，子どもへのかかわりもさらに望ましい方向へと向いていく。一方で親が自分の子育てについての懸命さを評価できるように，相談者はサポートしてやることも重要である。

引用・参考文献

「「母子カプセル」が生む虐待」 朝日新聞 1999年6月4日
ボウルビィ, J. 黒田実郎・岡田洋子・吉田恒子（訳） 1976 母子関係の理論Ｉ 愛着行動 岩崎学術出版社
Brazelton, T. B., Kozlowski, B., & Main, M. 1974 The origins of reciprocity in mother infant interaction. In M. Lewis & L. A. Rosenblum (Eds), *The effect of the infant on its caregiver.* Wiley.
Eckerman, C. O., Davis, C. C., & Didow, S. M. 1989 Toddler's emerging way of social achieving social cordination with peer. *Child Development,* 54, 1386-1399.
江波淳子 1990 人とのかかわりに関する保育者の役割と援助 無藤隆・森上史朗（編） 保育内容人間関係（保育講座7） ミネルヴァ書房 Pp.159-175.
エリクソン, E. H. 小此木啓吾（訳） 1973 自我同一性——アイデンティティとライフサイクル 誠信書房
藤﨑眞知代 1983 母子相互交渉における時差的連関に関する研究 教育心理学研究, 31(2), 129-140.
今村栄一・巷野悟郎・鈴木榮 1990 育児相談——指導の要点 日本小児医事出版
石井哲夫（編） 1994 保育所における育児相談 全国社会福祉協議会
「児童虐待——わが子に殺意を抱くとき」 週刊読売 1999年6月6日号
亀岡智美 1997 被虐待児の精神医学 臨床精神医学（特集 児童虐待), 26(1), 11-17.
柏木惠子 1988 幼児期における「自己」の発達 東京大学出版会
川崎千己・川原佐公（編著） 1990 人間関係〈実技・実践編〉 三晃書房
「児童虐待・心身に深いキズ 全国416例を実情調査」 朝日新聞 1985年4月12日
子どもを守る会（編） 1998 乳幼児虐待——子どもへの虐待と自己喪失の悪循環を断ち切るために 子ども白書
古澤頼雄・藤﨑眞知代・赤津純子 1989 新生児期より思春期に至る縦断的研究(6)——母子交渉に一貫性が見られるか 日本教育心理学会第30回総会発表論文集, 140.
倉橋惣三 1982 倉橋惣三選集第3巻 フレーベル館
内藤和美 1993 児童虐待の一側面——構造的弱者をめぐって imago 6月号 青土社
「親になれない2 報告・子ども虐待——わが子支配する暴君」 朝日新聞 1990年11月13日
斎藤学 1992 子供の愛し方がわからない親たち 講談社
「新米ママを助産所が支援, 厚生省の産後ケア事業スタート」 北海道新聞 1995年6月13日
庄司順一 1996 育児不安 愛育同窓会（編） 子どもの臨床——その支援のために 愛育社 Pp.46-55.
スピッツ, R. A. 古賀行義（訳） 1965 母-子関係の成り立ち 同文書院
高橋道子 1984 微笑にたくされた意味 椎名健・小川捷之（編） 心理学パッケージ ブレーン出版 Pp.34-41.
徳田克己・遠藤敬了 1997 ハンディのある子の保育ハンドブック 福村出版
山田明・塩川寿平・高橋君江・菊池義昭 1995 児童福祉教育の展望と課題 共栄児童福祉研究, 2, 3-19.

7章 親になれない・なりたがらない大人たち

1節 母親の育児不安と育児ストレス

育児ノイローゼに陥った母親が，新生児を遺棄したり，乳幼児を虐待し殺してしまった事件や，子どもを道連れに自殺した事件などが起きると，マスコミや世論は「母性愛欠如」と叱責するが，そこにいたる過程での父親の果たすべき責任について論評しないのは不適当である。子育ては，父親と母親に等しく責任が課せられ，子どもの健全な心身の発達のためにも，両者に家事・育児の協働の理念と実践が期待されるところである。

1. 母性信仰からの解放

a 親や周囲の大人の養護性

乳児の泣き声を聞けば抱き上げてなだめてあげたくなったり，笑顔をみればついこちらもほほえみ返してしまう。このような子どもの求めに共感して，ミルクを与えたり，おしめを交換したり，あやしたりする応答的技能を，小嶋秀夫（1989）は養護性（nurturance）と定義する。

このような乳幼児を養育する態度や行動は，母親・父親・大人であればだれにでも備わっているとは限らない。その人自身幼い頃より，周りの大人たちからどのような慈しみを経験して，人間関係を発達させてきたかによる。子どもの出産以前から養護性が高かった母親は，出産後のわが子との相互作用でも，子どもに対して応答的で，敏感で，適切なかかわりができることが明らかである（小嶋, 1989）。

人の乳幼児期から児童期・青年期にいたる成長過程で，親や周囲の大人たちから養護性に富んだ環境が与えられたかどうかが，その人の人格の発達に多大

な影響を及ぼす。そのことは一代限りにとどまらない。さらに彼らが親となり，あるいは周囲の大人となって，次世代の子どもの発達保障に深く影響を及ぼしていくという循環性の甚大さを認識しなければならない。

b 親になるための学習

これまで母性本能という言葉は，子どもを出産した母親には自然と備わっているもので，子どもを慈しみ，養い育てる本性のことをいうと考えられてきた。「子育てこそ女性の幸せ」「母性愛は崇高なもの」などと，母性信仰は女性だけの特権であるかのように語られ，さらに母乳信仰も手伝って，乳幼児期の育児の主たる担い手は母親が望ましいとされ，父親は側面援助で済まされてきたといっても過言ではない。

しかし，子どもに対する養護性は産みの母親だけが生得的にもつ欲求や技能ではなく，ヒト（霊長類）が"人間の親"になるための学習を積み重ねて，経験に支えられて徐々に身につけていくものである。その意味からすると，子どもの育児のエキスパートは，豊かな養護性を備えている限り，母親であっても，父親であっても，また祖父母であっても，あるいは保育士・教師であってもいっこうにさしつかえないのである。

c 母子・父子保健

以前は母子衛生という語が用いられてきたが，最近では，衛生よりも健康増進の重要性を強調するために，母子保健と呼ぶことが多い。法的根拠には1960年に施行された母子保健法があり，児童福祉法とともに母子保健の二本柱で，出産・育児を援助する国の保健事業がこれにもとづいておこなわれている。

母子保健は，母親の健康が子どもの健康の基礎である（Maternal and Child Health：MCH）という考えにもとづく。子どもが胎内にいるときの母親の健康管理しだいで，胎児の成長発達が規定されてしまい，出産後の新生児や乳幼児期の心身の成長・発達にも，多大な影響を及ぼす。器官形成と神経系の発達が急速に起こる胎児期が，母体内外の環境条件や遺伝的因子による影響が大きく作用する時期である。たとえば，母体や胎盤への物理的影響としては，転ぶなどの急激なショックや放射線があり，化学的因子としては，薬物，アルコー

ル，ニコチンなどであり，栄養的因子としては，栄養の過不足による栄養不良や栄養過多があり，また風疹などの感染因子も十分に注意しなければならない。

最近では，母乳の中に環境ホルモンであるダイオキシンが検出されたが，初乳や授乳の重要性が栄養や免疫の面からだけでなく，母子間のスキンシップや情緒安定の面からも母乳が見直されているだけに，ダイオキシン不安の波紋が広がっている。世界保健機関（WHO）の指導で保健所は，母乳を摂取する期間がせいぜい生後1年以内であり，栄養・スキンシップの面からも有益であるので，これまでどおり母乳育児を勧め，その代わり，ダイオキシンに汚染された食品をできるだけ摂取しないように努め，体外へ排出するのに役立つ繊維の多い野菜をとるように勧めている。

ところで，母子衛生や母子保健という用語はあっても，父子衛生や父子保健という語はあまり使われていない。妊娠・出産・育児が夫と妻で，協力し合って取り組むのであれば，父子保健という視点の重要性にも注目したい。

一つには，夫（父親）も自分自身が妊婦同様に，胎児の奇形を起こす可能性のあるウイルスに感染し，感染経路となりうる自覚をもつべきである。ウイルス感染予防（たとえば流行性感冒やHIV）をつねに心がけるとか，感染して風邪などの症状が出たら早急に治癒に努めるなどである。

二つ目が，妊婦のストレスや不安が，胎児の行動に多大な影響を及ぼすという事実があるので，妊婦の精神衛生を良好な状態に保つために，夫の実践的な支援態勢が必要である。妊婦に重い荷物をもたせないこと，家事の積極的な協力，締め切った室内での喫煙を避けること，夫婦生活の相互理解などの日常的なサポートはもとより，休日の気分転換の散歩・買い物・ドライブなどの配慮が欲しい。最近ではラマーズ法の普及に支えられて，夫の立ち合い分娩なども増えて，妊娠・出産の夫婦共有化が功を奏している。

以上のことから，母子保健と同等に父子保健にも目を向けなければならないし，さらには家庭保健と呼び換えて，家族みんなで妊婦や新生児や乳幼児に対する保健環境づくりに取り組むべきである。

図7-1 子どもを育てるのは楽しいと思う母親の割合
(経済企画庁, 1997)

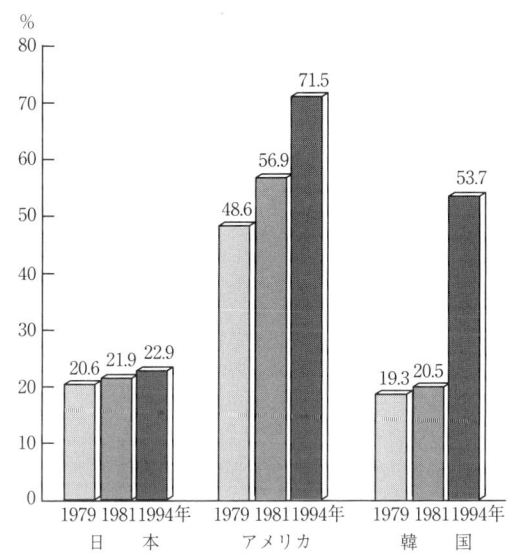

(注)「あなたにとって,子供を持ち,育てるということはどのような意味を持っていますか。この中から主なものを3つまで選んでください。」という問に対し,13の選択肢のうち「子供を育てるのは楽しい」と回答した母親の割合

2. 母親の育児不安

a 育児は楽しいか

「子どもを育てるのは楽しいと思う母親の割合」(図7-1)は,日本,アメリカ,韓国を比較すると,1979年,1981年,1994年の3回とも,日本の母親は,子育てを楽しいと思うと回答している人の割合が少ない。

母親の育児不安やストレスの原因や要因はどこにあるのだろうか。過保護・過干渉・放任で育ってきた世代が親になり,親としての責任を果たすだけの知識,意欲,技能(スキル),忍耐力を備えていないことが考えられる。また,就労と子育ての両立の難しさに直面しても,夫または祖父母の十分な協力を得られない,子育ての悩みを気軽に相談できる密度の濃い人間関係をもっていない,地域社会に孤立した家庭を支援する機能が備わっていない,などが考えられる。これらのマイナス要因を取り除く施策が,子育て環境整備の重点項目に

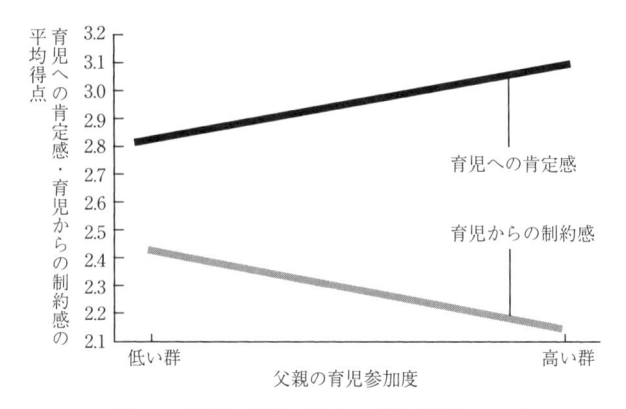

図7-2　母親の育児に対する感情（柏木, 1993）

もなると思われる。

b　育児に対する感情

母親の育児に対する感情は，父親の育児の参加度と深い関係があることを，柏木惠子（1993）の研究が明らかにしている（図7-2）。父親が育児に参加する度合いが高いほど，母親が育児に縛られる気持ちが軽くなり，育児を肯定的にとらえ，積極的な子育てができることを示している。

また，牧野カツコ（1982）は，乳幼児をもつ母親の生活と育児不安に関する研究で，夫が外で働き妻が家事・育児に専念する家族では，夫が育児に責任をもっていないと感じる妻は，育児を自分一人にまかされているという孤立感や不安感をもつという結果を示している。

母親の育児不安やストレスの要因を取り除くには，父親の育児・家事の協力が不可欠であることが理解される。共働き家庭が増えつつある今日，「男は仕事，女は家庭」というこれまでの固定的な役割分担意識を見直し，「男も女も仕事と家庭」という考え方に変容が迫られる。

3．父親の育児・家事協力

a　父親の育児参加の重要性

平成10年版『厚生白書』の中で少子化問題の分析において，最近父親の存在感が希薄になったとの指摘がある。結婚や出産に関して女性の意識の変容に注

目してみると，女性側の結婚の条件は3高（背が高い，学歴が高い，給料が高い）と過去においていわれたが，現代では3C（Comfortable：十分な給料，Communicative：理解し合える，Corporative：家事に協力的）が望まれていることが明らかにされた。男女が家庭生活で家事・育児を分担・協力し合う関係をつくっていくことが，相互理解を深め，子どもを安心して産み育てることにつながることを示しているといえよう。

ところで，厚生省のキャッチコピー「育児をしない男を，父とは呼ばない」（朝日新聞掲載記事，1999.3.17.）は，大いに物議をかもした。男は仕事，女は家庭という，男女の役割が固定的で分担して暮らしている中高年の人たちからは，「共働き夫婦が増えたのだから，父親の育児参加を呼びかけているのは大いに結構だが，"育児を手伝わない男を，父とは呼ばない"，くらいの表現が妥当」という修正批判の声があがっている。他方，若い共働き夫婦の妻たちからは「お役所もやっと家庭生活の男女平等に踏み込んで，母親の育児疲労をねぎらう積極的な表現をしてくれて，元気が出た」と満足げである。夫たちからは「もう十分やっている，これ以上何を？」と閉口ぎみのつぶやきがもらされるなど，受け止め方は多様である。厚生省が，父親は家庭生活という舞台で端役として「育児を手伝う」のではすまない，主役として「育児をする」自覚を啓発したことになるので，画期的であるといえよう。

さらに最近のニュースであるが，男女共同参画社会基本法が国会で立法化された（1999.6.23.施行）。これまでの男性中心の社会から男女共同参画社会への転換を促すために，①性別による差別的取り扱いをしないなど男女の人権を尊重する，②家族を構成する男女が，子の養育，家族の介護など家庭生活での役割を円滑に果たす，③国や地方自治体などの方針決定に男女が共同して参画する機会を確保する，などが基本理念である（朝日新聞，1999.6.16.）。

b 父親の家事協力の必要性

父親の家事・育児の協力については，共働き家庭では不可欠である。共働き家庭での家事・育児に関する男女の役割分担の意識について総理府の「女性の就業に関する世論調査」（1989）をみると，「家事や育児は主として女性が行い，男性は女性を手伝う程度でよい」が男女共に一番多く，男性46.7％，女性

項目	%
学校での教育	4
子どもの頃のしつけや家事手伝いの経験	25
働く母親の影響	14
家事・育児を分担していた父親の影響	2
家族・親元を離れて暮らした経験	30
本や雑誌に啓発された	10
男女平等の思想に触れた	14
家事・育児を分担している友人・知人の影響	8
性格	10
その他	6
特にない	12

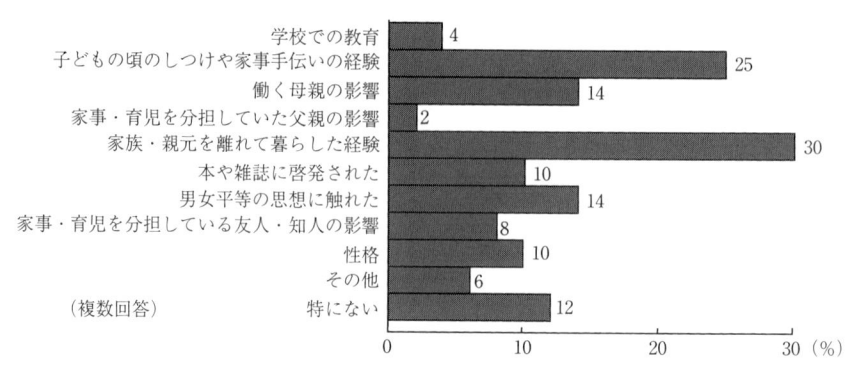

(複数回答)

図7-3 夫の家事・育児に影響を与えていると思うこと（山崎ほか, 1991）

38.7%である。つぎに多いのが,「どちらでも手のあいている方が家事や育児をすればよい」が, 女性のほうが多く39.0%, 男性は30.0%であった。そのつぎが「男女とも同じように家事や育児を行うのがよい」で, 女性17.1%, 男性14.6%で, 最後が「男性は家事や育児をしなくてもよい」が, 男性6.0%, 女性2.9%と低かった。とらえ方に男女差が示されたが, このような性別だけでなく, 年齢, 職業などによっても違いが予想される。

また, 経済企画庁の調査（1998）によると, 父親の家事に従事する時間が一番長いのは, 山口県の男性であることが明らかとなった。山口県の男性がなぜ日本一なのか, 原因は明白ではないが, 要因としては, 通勤時間の短さや持ち家率が高いことなども指摘されており, 男性の家事参加度合いの高さは, 生活の豊かさやゆとりを表していると思われる。

以上のような男性の家事・育児の協力意識や行動の違いはどのような発達形成の過程に起因しているのであろうか。山崎喜比古ら（1991）の研究は, 幼少期のしつけや一人暮らしの経験が, 夫の家事・育児の参加の決め手になるという, 貴重な結果を示しているので紹介する（図7-3）。「夫の家事・育児に影響を与えていると思うこと」の質問では, 家族・親元を離れて暮らした経験（30%）, 子どもの頃のしつけや家事手伝いの経験（25%）, 働く母親の影響（14%）, 男女平等の思想に触れた（14%）の順である。そのつぎは,「本や雑誌に啓発された」「性格」「家事・育児を分担している友人・知人の影響」をあげている。

事例11　子どもを産めても親にはなれない：18歳少女遺棄致死事件

「食事1カ月与えなかった18歳母親，娘を死なす」という新聞記事が載った（読売新聞，1999.5.16.）。ホステスの少女が1歳11カ月の長女に，長期間十分な食事を与えず，栄養失調で自宅で衰弱死させた事件である。保護責任者遺棄致死の容疑で逮捕された少女は，昨年12月に離婚した後，パブで働き始め，「1カ月ぐらい前から食事をほとんど与えていない」と供述している。外傷などはなかったが，体重は約5.5キロしかなかったとのこと。この事件から，18歳の少女の周囲の人間関係のありように，いくつかの疑問が浮かぶ。

第一は死亡した幼児の父親の問題である。離婚した際に，父親として子どもの養育料の支払い責任を果たしているのかどうか。

第二には，少女の実家の親・親戚あるいは職場の同僚は，未成年者の結婚・出産・離婚の後，一人親家庭で少女が働きながら育児をしている事実を知っていた場合，何らかの協力・援助の手を差し伸べるべきではなかったのか。

第三には，アパートの住人や隣近所の住民は，空腹で泣く乳児がいることを知りながら，少女に乳児の様子を問いかけることもしなかったのだろうか，など。

少女の無知とかかわりのある人たちの無関心が引き起こした事件であり，責められるべきは，関係者すべてではないだろうか。子どもを産むことに比べて，親として子どもを育てていくことは容易ではない。育児という営みが，周囲の大人たちに見守られ，世代間伝達で知識や技能が伝授されることがないならば，今後は義務教育の重要な教科として，「親業科目」を学習させなければならない時代が到来したといえよう。

2節　子どもの発達と親の成長を促す地域社会

地域社会とは何であろうか。地域を「寝る場所」から「生きる場所」に変えようという呼びかけをしているのが，秋津コミュニティ会長の岸裕司（1999）である。学校と地域の連携のモデルとして注目されたのが，千葉県習志野市立秋津小学校の試みである。朝の9時から夜の9時まで，料理，パソコン，陶芸，合唱など全部で30のサークルが交代で利用し，大人だけでなく子どもも一緒に楽しめる場所になった。将棋のクラブでは，定年退職した人が，自分の趣味を

活かし，わざわざ資格をとり，いま40人の子どもの指導にあたっている。

2002年には，完全学校週5日制がスタートするが，教室の枠を越え，地域の子ども，親，先生が共に学び，共に育つ環境づくりが求められている。

1．子育て支援とグループづくりの必要性

a　家庭や地域社会から失われた「子育ての生きた知恵」

核家族化は家庭の中から，近隣社会の人間関係の希薄化は地域から，それぞれ「子育ての生きた知恵」を奪い去った。育児書や子育て情報誌やメディアなどの膨大な情報は，子育ての標準値・平均値を氾濫させても，個別の事例には答えてくれない。病院での1カ月健診，保健所での3カ月，6カ月，1歳半健診，3歳健診，また発熱などで訪れる小児科などで，専門家の保健婦や医師に相談する機会はあるが，日常的な育児不安や負担感解消にはさほど役立たない。

このような状況で，母親の孤独感や不安感・負担感は増し，子育てに悩みや苛立ちをもつ母親が増えているのが現状である。若い母親が「子育ては暗いトンネルの中にいるようだ。いつになったらトンネルから抜け出せるか指折り数えている」と嘆く。子どもの誕生が両親の喜びであったのはつかの間で，祖父母や周囲の人たちのあたたかい援助に恵まれないと，孤軍奮闘の母親は手を煩わされる育児に押し潰されている。子育てが母親の不幸の源であるとなると，子どもの心身の成長・発達が望めるはずもないのは明らかである。

b　乳児院は母親の駆け込み寺

「育児ノイローゼ，増える乳児院入所」（朝日新聞，1998.12.5.）の新聞の見出しは，子どもの数が激減しているのに，東京都内の乳児院の利用者が増えている奇妙な現象についての報道記事があるので紹介する。

乳児院はおおむね2歳までの乳幼児を24時間預かり育てる児童福祉施設である。全国で最大規模の港区麻布乳児院（定員80名）では満杯状態で，保育士と看護婦は法基準の6人上乗せで，52人が12時間拘束の交代勤務で育児にあたっている。東京都の出生数は1989年度が106,600人に対し，1997年度は98,600人と1割近く減少しているのに，都内の11カ所の乳児院の入所児は1997年度649人で1989年度より3割増加していることからも，乳児院の盛況ぶりがうかがえ

事例12　卒業生からの懐かしい電話

　大学にかかってきた一本の電話から，孤立した環境での子育ての危うさを感じさせられた。卒業後職場結婚し出産退職して間もなく，夫の転勤で両方の実家から遠く離れた土地で生活を始めたが，育児の相談をする知人がいないので，思い余って母校の教師に電話してきたとの前口上。長距離電話をかけてくるほどの切迫した事情でもあるのかと思いきや，「5カ月の男児，市販の英才教育のビデオテキストの中でお勧めを紹介してほしい」との質問。

　たしかに数年前の教え子で，ついつい親近感も手伝って「授業で何を聞いていたのか，5カ月の乳児なら睡眠・食事・排泄・沐浴・外気浴などの生活のリズムを整えて，たっぷりスキンシップしながら養育することがまず第一，英才教育もないであろう」と答えると，「夜遅くまで起きていて全然寝ないので，テレビの前に座らせておいたら寝ついた。どうせ見せるなら」との返事。

　えんこもおぼつかない5カ月児に，どのような格好で深夜ひとりでテレビを見させているのだろうか。事の重大性・緊急性が筆者に理解できたので，夫の仕事ぶりや社宅の様子など話を聞いた。見知らぬ土地で，帰りの遅い夫に育児の協力を得られず，孤軍奮闘して，どれほど大変な思いをしているかをねぎらいつつ，5カ月児の養護がどうあるべきか具体的に説明し，「いつでも電話していいから」と付け加えた。

　地域から家庭生活が孤立・無縁化し，夫から育児協力が得られず孤立した妻が，子どもの発達保障を阻害してしまう図式がここに示されている。子育ては，夫婦・家族の生活の中だけで完結するものではなく，地域社会全体の協働作業として位置づけることが重要である。

る。

　入所理由で増えているのが「母の精神障害」で，「夜泣きが続く」「離乳食を食べてくれない」などの育児ノイローゼからの訴えがある。夫や周囲の助けが得られない孤独な母親が追いつめられて，抑鬱状態になったり，子どもを虐待しそうになって，乳児院にたどりつくという事例が，1997年度11カ所合計で104人と首位を占め，1993年度が54人であったので，ちょうど倍増した計算になる。

　麻布乳児院も同様の傾向があり，杉本院長は「親のケアが大問題。育児雑誌や本など情報はあふれているが，情報どおりにいかないと心配になってしまう

人が多いようだ」。看護婦40年のベテラン加藤静子婦長は「まじめに受け止めすぎてしまう母親も多い。こちらが助言するより，じっくり話を聞いて，子どもは一人ひとり違うということを知ってもらえれば」と指摘する。

　核家族化や少子化が進行する中で，「親業教室」に父親・母親が一緒に参加して，子育ての手ほどきを専門家から受けながら，親として少しずつ成長させてもらう時代が到来したといえよう。

C　地域の子育てセンターの役割

　地域の子育てセンターとしての機能をもつのは，保健センター，保育所，幼稚園，児童館，公民館などがある。保育所や幼稚園は次項で詳しいので，ここでは保健センター，児童館，公民館について述べる。

　出産前の妊婦の健診・相談に始まり，出産以降は乳幼児の成長に関して専門的に指導・支援する機関が保健センターである。保健センターが整備されていない町村は，役場の保健婦が地区・自治公民館に出張して健診をしたり，予防接種を行ったり，育児相談を受けたり，さらに家庭訪問などにより個別の支援体制を組んでいる。とくに乳児のいる家庭への支援としては，保健婦のきめの細かい家庭訪問体制や，地域の母子保健推進委員の連携協力が効果をあげている。保健センターや役場で開催する親子育児教室では，保健・医療面のほかに，赤ちゃん体操，遊ばせ方，おもちゃの与え方，スキンシップの仕方などの心理的なかかわりについても指導している。

　児童館は児童の健全育成施設であり，多くの場合保育士の資格を有する児童厚生員がいて，プレイルームや図書室を備えていて，乳幼児の親子だけでなく，小・中学生などが自由に出入りできる屋内の遊び場である。地区によっては保育所や学童保育が開設されている。保育士が中心になって，親子教室を開催して，乳幼児から小中学生にいたるまでの子育て支援をおこなっている。

　社会教育施設である公民館で開設されている母親学級や育児セミナーなども参加者が多く，ボランティアグループによる託児があり，母親は安心して講義を聴けるシステムになっているところが多い。プログラムは，子育てに関する情報提供が主で，講師陣による講話と，離乳食づくりやおもちゃづくりなどの実習がある。母親学級や育児セミナーを受講したあと，2年目は上級講座が用

意されているところもあるが，学習者が集まって自主グループをつくり，公民館の補助を得ながら，講師を呼び学習を展開しているところもある。

　地域の子育てセンターがおこなう健診，学級講座，セミナーで出会った母親たちが，仲間づくりをしながら子育てグループに発展しているケースが増えている。子育てグループの成立は，幼稚園に行くまでの短い間に，同じ悩みを抱える母親が集い合い，遊びの場所を確保して，グループを運営していくことから始まるが，活動の持続と発展は容易ではない。活動目的・内容・場所・活動日時・運営方法などについての要望・期待の違いがあり，会員の定着は難しい面がある。母親によっては，あちらこちらのグループに顔を出して，放浪しているケースもある。転勤族の多い地域では，このような会員の頻繁な出入りに，連絡方法が徹底しないなど，グループリーダーの悩みも深い。

　今後，保健・保育・福祉行政としては，保健センター，児童館，公民館などの各種の子育て支援センターはもとより，高齢者福祉センターなどの空き部屋の利用の便宜を図るべきである。公共施設の利用に関しては，貸す側としては，乳幼児利用は「騒ぐ」「汚す」「壊す」などの不安要因があり，「施設利用の目的に馴染まない」「前例がない」などと，門前払いをしているところが多いが，利用の手引きなど作成して，親子に教育的環境を整えながら，可能な範囲で対応すべきである。さらに，子育てグループのニーズをキャッチして，活動場所の提供，運営資金の助成，講師やボランティアなどの人材派遣をおこない，子育て支援活動を一層拡充する必要がある。また，乳幼児の事故やけがの問題への配慮が不可欠であり，施設・設備の安全点検は日頃から心がけねばならない。と同時に，子どもどうしで遊びながら起きる事故やけがも考慮すると，母親に救急処置を体験させておくとか，市町村の社会福祉協議会などのボランティア保険の集団加入なども勧めておくことが肝要である。

d　子どもが憩う学童保育

　共働き家庭など，保育に欠ける児童を対象に，放課後の留守家庭児童対策として学童保育がおこなわれているが，各施設の規模や指導員の数に限界があり，保育所同様都市部では，入所待機児童が出るほどである。

　1998年4月，児童福祉法等の一部改正により，学童保育は「放課後健全育成

事業」として位置づけられた。東京都などは，区市町村に補助金を出す条件として，現行の育成時間「おおむね5時」を，「おおむね6時」に変更した。多くの自治体は，この方針に沿って，2000年からは育成時間を6時までにすることになった。

学童保育は，「安全のため」隣接の校庭で遊ぶ以外は，敷地を閉鎖して外に出さないのが通常で，出るときは必ず指導員が付き添うのが原則である。ところが，東京都文京区の千駄木育成室の野中賢治指導員は，近くの公園や友達の家で遊びたい子どもの気持ちを受け入れて，黒板に行き先を書かせて外出を認めている。何かあったらどうするかという質問に，「子どもを外に出すにはリスクがあります。でも，子どもが成長する過程では，リスクが必要なんです。私たちは，子どもたちに放課後の生活空間を保証していますが，それは年齢にふさわしい形じゃないとだめなんじゃないでしょうか」との返事。自由外出は指導員と親に加えて，指導員と子どもとの信頼関係の上に成り立つことで，「自由」を得ることには，「約束・責任の遵守」の裏づけが必要であることを，幼くして学習する絶好の機会である。子どもたちの放課後の生活と遊びの場が，教育の場として活かされており，学童保育の運営のあり方と子どもの発達保障との関連を考えさせられる（朝日新聞，1998.12.10-17.）。

今後の学童保育の課題としては，以下の問題解決が必要である。

(1) 保育時間を6，7時まで延長し，2002年以降の学校週5日制完全実施にあたり，希望者には土曜日を開所する。
(2) 保育対象学年が小学校3年生までのところは，4・5・6年に拡大する。
(3) 入所保留児童の受け入れを早急に促進する。
(4) 指導員は専任職員に身分保障し，待遇改善，指導員の研修を充実させる。
(5) 施設・設備の改善を図り，図書・遊具などの備品を整備する。
(6) 障害児の受け入れを促進する。
(7) 地域に開かれた施設として，遊び・学習ボランティアを受け入れ，地域の大人や青少年との交流の場にする。

筆者が所属する幼児教育科の学生でボランティアクラブのメンバーは，夏休みになると，要請のあった学童保育クラブに出かけていき，専門の指導員の手伝いとして，子どもたちと遊んだり，宿題をするのをみてあげたり，プー

ル指導なども補佐したりして，好評を得ている。学童保育については，児童と指導員と保護者と学校（教育委員会）との有機的連携が図られることが望ましいが，同時に，その他の学校（中学校・高校・大学）のクラブ活動や自治会などの応援を得られる仕組みづくりが必要である。

e　21世紀職業財団がおこなう子育てサポート事業

少子・高齢社会では，雇用をめぐる環境が急激に変化している。とくに，女性の教育水準の高まりとともに，女性の職場進出の増加，平均勤続年数の長期化，有配偶女性雇用者数の顕著な増加が現れている。男女を問わず能力を活かす社会の実現に向け，男女雇用機会均等法，育児・介護休業法，パートタイム労働法などにもとづき施策の推進がなされている。

仕事と家庭を両立しながら働き続けたいと思う人のためのバックアップ事業として，労働大臣から委託を受けた（財）21世紀職業財団では，「保育サポート事業」をスタートした。育児や介護から手が離れたので再び働きたい人や，保育士の資格を活かして働きたいと思っている人向けに，必要な心構えや技術を習得できる「保育サポーター養成講座」が開設されており，保育行政の間隙を埋める支援システムとして有効であると思われる。受講生に動機を聞いてみると，「自分の子育て経験を活かせるなら」「働いてお金になるというよりも，だれかの役に立ちたい」「自分の子育てを確認したかった」などであった。地域の子育ての先輩たちによる子育てサポートのネットワーキングは，若い新米の親たちが気軽に頼ったり相談できる環境づくりに大いに役立つと思われる。

2．保育所の新たなる役割と課題

少子化対策としてのエンゼルプランは，1994年（平成6）12月，文部，厚生，労働，建設の4大臣が合意し，1995年度から「緊急保育対策等5カ年計画」が打ち出され，低年齢児保育，延長保育，一時保育，乳幼児健康支援デイサービス事業などへの対応が図られるようになった。これにもとづいて地方自治体による地方版エンゼルプランの策定が進められ，保育所の役割は一層重要となる。

a 児童福祉法の改正のポイント

中央児童福祉審議会は，1947年（昭和22）戦災孤児とベビーブームの時代につくられた児童福祉法を，1998年4月1日に，少子化時代や女性の就労に合わせて一部改正・施行した。児童福祉法等の一部改正を踏まえ，10月に中央児童福祉審議会で保育所保育指針検討小委員会を設置し，保育所保育指針の改訂をおこなった（1999年12月）。改訂の主要因は，少子化現象と女性の就労の高まりである。出生人口と合計特殊出生率について，昭和22年と平成9年とを比較してみると，出生数は270万人，119万人，合計特殊出生率では4.32と1.39であり，50年間での激減ぶりが明らかである。また，女性の就労では，昭和30年は441万人，平成5年は2000万人であり，40年間で5倍になった。その他の要因では，保育士の養成において，保育所の子どもの自立支援に偏り，多様な施設での支援が欠けていたことと，親の子育て支援に関しても，携わる必要が出てきたからである。

今回の児童福祉法の改正のポイントは以下のとおりである。

(1) 保育所の入所制度の見直し：措置制度から利用者の選択方式に変わる。延長保育や一時保育などの情報提供や創意工夫が図られる。
(2) 保育料の見直し：応能負担方式から応益負担方式へと移行する（以前は所得税の非課税所帯が保育所利用者の四分の三であったが，現在は課税所帯が四分の三と逆転した）。今後ゆるやかに保育費用を年齢別に均一化する方針。
(3) 保育所の広域入所の取り組み：在住市町村を越えた広域利用を可能にする。
(4) 保育所がもつ子育てノウハウの活用：地域の子育てセンター事業の全面実施。
(5) 児童福祉施設最低基準の項目：乳児保育をすべての保育所で実施する。
(6) 給食の業務委託：可能にする。
(7) 保母の名称：保育士とする。
(8) 保母定数：短時間勤務保母（非常勤保母）の導入を認める。
(9) 開所時間の弾力化：午前7時から午後6時までの11時間，利用者のニーズに合わせて各保育所の自主的判断で開所時間が設定できる。

(10) 定員の弾力化。
(11) 分園方式の導入：交通手段を利用して30分までの距離。
(12) 保育所と幼稚園のあり方。
(13) 放課後児童健全育成事業その他。

b 保育所は子育てセンターの拠点

　保育所の主なる役割は，①保育に欠ける子どもを保護し養育すること，②地域の子育てセンターとして，乳幼児を抱えた未熟な母親の悩みや負担を癒し，子育てのノウハウを伝授する，③学童保育，である。最近，保育所の子育て支援センターとしての役割が増大し，前述の，保健センター，児童館，公民館同様，地域拠点として重要となった。

　保育所で開設している「親子ふれあい体験保育」は，子どもが在園児たちと一緒に遊ばせてもらっている間に，新米母親が保育士に子育て相談ができるので，悩みの解消と子どもを預けてほっと一息つけるとういう利点から，参加希望者が多い。幼稚園に入園時期になると，わが子の成長・発達がスムーズかどうか，発達が遅れているのではないかなど，相談に来るケースが多い。親たちは，保育園でわが子が同年齢の子どもと遊ぶ姿をみて，個人差の範囲であることに気づき，保育士からもアドバイスをもらえて安心する。保育所によっては，保健センターや身体障害福祉センターなどの紹介で，発達に遅れのある子どもを定期的に受け入れている。施設内での統合保育に加えて，地域に開かれた統合・混合保育が展開され，子どもの発達保障と親の成長促進に大いに効果をあげている。

　その他に，保育所がおこなう出前保育「なかよし広場」の取り組みが各地で始まっている。保育所が地域の子育てセンターとして看板を掲げて呼びかけても，預けていない外部の母親が相談に来るのは勇気がいる。その解決策として保育所が地区の児童館や自治公民館に毎月１回出向き，無料で子育ての悩みの解消や友達づくりの手伝いをするのが目的である。集まってきた乳児や幼児たちを保育士が遊ばせ，母親の気分をさわやかに一新してもらうのがねらい。母親は気軽に子育て相談をしたり，仲間づくりやネットワークができ，好評である。

3．幼稚園教育と保育所保育の整合性

　幼稚園教育と保育所保育の整合性を問う視点から，"幼保一元化"問題が長い間叫ばれて来たにもかかわらず，設置者などの関係者からの強い抵抗で見送られてきたが，今回の規制緩和による文部・厚生両省の歩み寄りにより，進展が期待できそうである。文部省と厚生省が構成する「第2回教育・児童福祉施策連絡協議会」（平成11年3月19日）において，新たな連携施策を盛り込んだ，改訂版「子供と家庭を支援するための文部省・厚生省共同行動計画」を策定した。文部省は子どもセンターの全国展開で子育てサークルについての情報提供，指導者紹介などを実施し，厚生省は子育て支援センターで子育てサークル支援を実施する。幼稚園と保育所の連携促進では，教育・保育内容の整合性を確保し，3歳から就学前までの教育・保育内容を可能な限り共通化することになった。

　これまでも，中央教育審議会や教育課程審議会に保育所関係者の参加はあったが，平成11年度幼稚園教育要領説明会に保育所関係者の参加を促し，幼稚園教諭と保育士の合同研修を開催し，幼稚園教諭と保育士の養成における履修科目の共通化の促進など，"幼保一元化"が，本格的に進展し始めた。今後は，都道府県等レベルでの規制緩和による行政施策の相乗りの促進と，幼稚園と保育所の垣根を取り，子どもの健全育成の権利を享受できるようにすべきである。

3節　少子・高齢社会における親業

　少子化の主な原因は，端的に述べれば，男性・女性が「結婚すると自由が失われる」と考えて，結婚を躊躇し，未婚化・晩婚化・非婚化現象が生じていることにあると思われる。さらに既婚者の理想の子どもの数と実際の数にはギャップがあり，産みたくても産めない状況でもある。女性の就労意欲の高まりにともない，子どもを安心して産み育てる環境整備としては，都市部における保育所の入所待機の解消を図る，男女共に短時間勤務制度やフレックス・タイムの拡充，男女共に育児休業取得にともなう業績評価や昇進への不安の払拭などが必要である。また，育児休業中の所得保障，所得制限をゆるめた児童手

当の支給と増額，地域社会では学童保育の充実，その他デパートやホテルを子連れで利用できる環境整備，バスなどの優先席の配慮などが望まれる。

1. 少子・高齢社会における子育て

a 元気な高齢者

1999年は国際高齢者年である。国際連合で65歳以上を高齢者と決め，高齢化社会は高齢化率7％以上で，日本は1970年に超え，高齢社会は高齢化率14％以上で，1994年に超え，超高齢社会は高齢化率20％以上で，2006年頃と予測されている。国立社会保障・人口問題研究所の予測によると，2025年には四分の一が，2050年には三分一が老年人口になると予想されている。

日本女性の平均寿命は84.01歳，男性77.16歳（1998簡易生命表／1999.8.6.）で，世界一の長寿国である。世界の平均寿命は現在66歳で，2025年には73歳と予測され，先進国に比べ，高齢者施策が遅れている途上国の高齢化問題は深刻であると思われる。寿命が延びる一方で，子どもが生まれないことから，少子化・高齢化の加速現象が生じており，すでに日本では1997年中に，65歳以上の老年人口が，15歳未満の年少人口を上回った。

ところで，老年学の権威でシカゴ大学教授のベルニース・ニューガートンは，65歳以上で元気な高齢者が多いことや，高齢者の心身の状態は個人差が大きく，75歳までの人の95％以上は高齢者扱いしなくてよいと主張し，つぎの分類を提唱したのが参考になるので紹介する（和田, 1997, Pp.14-18）。

- ・ヤング・オールド　　　：55〜75歳；定年を迎えているが，特別なケアは必要ない
- ・オールド・オールド　　：75歳以上；介護上特別なケアが必要になる年齢
- ・オールデスト・オールド：85歳以上；本格的な要介護が一般的になる年齢

b 老人神話からの解放

高原須美子（1989）は，著書『エイジレス・ライフ』の中で，"エイジレス"ということばは，何と私たちに勇気と希望を与えてくれることばなので

しょう。老後・高齢化社会というと，とかく暗いイメージがつきまとうものです。…中略…"年をとらない""年を感じさせない"とでも訳すのでしょうか。こういう老後こそ，私だけでなくだれもが望む理想の姿なのではないでしょうか」と綴り，高齢社会にあって，暦年齢にこだわることなくいきいきと楽しく暮らしていくことを勧めている。

また，女性神話からの解放を唱え，全米婦人連盟（National Organization for Women: NOW）を組織して世界の女性解放や女性の地位向上に貢献したB. フリーダン（1970）は，還暦を迎えて，自らの老いを見つめ直し，老人神話からの解放を提案した。フリーダン（1989）は著書『老いの泉』で，「年をとることは希望に満ちた冒険である」「年をとることは若さを喪失して，無気力になり，哀れむべき存在で，社会のお荷物という誤った"老人神話"の呪縛から解放しなければならない」と述べ，そのためには，「愛情や友情に恵まれ，仕事や遊びやボランティア活動のような目的をもって，地域社会に根差して暮らしを編み出していく」ことの重要性を強調している。

C 少子化の加速化現象

厚生省がまとめた「1998年の人口動態統計の概況」によると，出生数は1,203,149人で，1997年を11,484人上回った。母親の年齢別でみると，20代の女性が減る一方で，30代が大幅に増加し，晩婚化の影響が現れている。第一子を産む平均年齢も27.8歳と過去最高であった（朝日新聞，1999.6.12.）。

一人の女性が一生に平均して何人の子どもを産むかを示す合計特殊出生率（total fertility rate：TFR）は，1997年の1.39ををさらに下回り，1998年は1.38と史上最低となった（イタリアの1.22，ドイツの1.32，よりは上回っているが，イギリスやアメリカよりは低い）。

都道府県別にみると，沖縄県が1.83と最も高く，島根県（1.67），福島県（1.65）である。東京都（1.05），千葉県・北海道・京都府（1.26）などの大都市圏を含む地域は低かった。出生率は1.2で底をうち，2025年には1.61ほどまでに回復すると推計されている。

少子化の海外事情としては，1995年合計特殊出生率は，ＥＵ15ヵ国平均は1.43であるのに対して，イギリスは1.71であり，10代の出生率は欧州一番で

あった．人口置換水準（現在の人口を維持するのに必要な水準）が2.08であることからも，先進国の中では子どもの生まれやすいイギリスにおいても，少子化現象は着実に進んでいるといえよう．

d 少子化時代の若者事情
S女子短大生268人に，「女性が子どもを産みたがらないのは何故か」のテーマで自由記述をしてもらい，結果を内容別に分類すると以下のとおりである．
(1) 結婚・出産・子育てに関する既存の価値観への疑問
「女性の仕事は子どもを産むことだけなのか」「ひとりっ子を産んでお金と時間をたっぷりかけてあげたい」「ひとりっ子でいいじゃないか」「子ども無しの結婚生活がしたい」「子どもの世話になりたくない」「老後は子どもより夫との暮らしが大切」「結婚年齢が上がった」
(2) 社会進出・就労継続などに関する自立意識
「自分で働いて自由に生きたい，買いたい」「ひとりで強く生きてみたい」「女性が力をつけてきたから」「大学や短大で身につけた資格を活用すべき（高学歴化）」「出産退職するのはもったいない」「仕事を続けていたい」
(3) 男女平等になっていない現実に対する疑問や不満
「女だけが仕事か家庭かと悩むのはおかしい」「家事に縛られているのはおかしい」「夫の家事・育児の協力が得られない」
(4) 費用・住宅・社会的環境などの子育て不安
「子育ての費用の負担が重い」「家が狭い」「社会環境が悪すぎる（社会が物騒）」「社会にストレスが多い」
(5) 自分自身の中での子育て不安，未熟さ
「子育てに自信がもてない」「子どもに時間を取られるのが嫌」「自分が子どもなのに子どもなんか育てられない」「3～4人子どもを産む強さをもっていない」
(6) 祖父母や地域社会の隣人から援助してもらえない
「祖父母の支援が得られない」「転勤したら友達や親に相談できない」
授業の一環としておこなった調査であり，質問内容を「自分が産みたくない・産み控える」と自身のこととしてとらえた回答や，「現代の女性たち」を

推論して回答した学生がいるなど，調査段階で方法が精錬されていない側面がある。しかしながら，19, 20歳の学生たちであっても，結婚・出産・育児に関する情報のキャッチは旺盛でり，既存の価値への疑問，自己実現の願い，アイデンティティの揺らぎ，自信喪失などを示していて，少子化現象の実像に迫るものである。なかでも，(5)の「自分が子どもなのに子どもなんか育てられない」という表現は，反省を込めた率直な感慨で興味深い。

2．働く母親と子育て

a 女性の労働力率M字型

共働き夫婦のパートナーシップのあり方を問う際に，子どもの有無により使い分けているのが，DINKS (Double Income with No Kids：子どものいない共働き夫婦) と DEWKS (Dual Employed With Kids：子どものいる共働き夫婦) である。労働基準法や男女雇用機会均等法の改正などで，女性は職場において男性と同等の就労責務を求められているにもかかわらず，家庭生活では夫の十分な協力を得られないために，仕事を続けたいと思っていても職場を去ることがある。このように結婚・出産などによる退職でいったん職場を離れた女性たちも，子育てが一段落した後，再び就労する。このような女性の労働力率の形態をM字型といい，出産などを経過しても止めずに働き続ける形態を，逆U字型という。女性労働力率の国際比較では，スウェーデン，アメリカ，フランスなどは，逆U字型労働力率であるが，日本，イギリス，韓国などはM字型労働力率である。

一時仕事を離れて子育てを楽しもうという積極的な選択で退職した女性でさえ，育児がこれほど大変な営みなのかと嘆くほどである。まして，家庭や職場や保育所環境が整っていないために，しかたなしに退職をした女性たちが，「子育てに魅力を感じられない」「自分は育児に不向きな母親なのだろうか」と苦悩するのは無理からぬことである。子育ては，いまや父親と母親の家庭的責任に課するだけではなく，社会全体の責務ととらえ，男女が職業・家庭生活を両立できるような社会のシステムづくりが進められねばならない所以である。

b　家事・育児の夫婦協働

家事の夫婦共同責任については，家族的責任条約（ILO156条約）があり，1981年国際労働機関（ILO）で採択され，日本は1995年6月に批准している。家族的責任を有する男女労働者間および家族的責任を有する他の労働者との間の，機会および待遇の実質的な平等を目的としたもので，具体的には男女共に就業にかかわる責任と家族的責任の調和が図れるような労働条件を確保することが目的である。家族的責任（family respnosibilities）は扶養者である子に対する責任および介護または援助が必要な他の近親の家族に対する責任をいい，もっぱら育児・介護がこれにあたる。それに対して家庭的責任（family obligation）は，家族的責任よりやや広く，家庭を維持していく上で求められる責務をいい，育児・介護のほかに家事なども含まれる。働く母親の増加にともない，母親・父親に加えて子どもや祖父母など家族全員で，家事・育児・介護・地域生活などを分かち合うことの必要性が認識されなければならない。

育児休業に関しては，1989年合計特殊出生率が1.57まで低下したのを受けて，政府提案の育児休業法が1991年5月7日成立し，1992年4月1日施行した。育児休業手当は，現在，会社などに勤める人に限り，1歳未満の子を育児するために仕事を休む間，休業前賃金月額の25％相当額を支給している。政府を中心とした少子化問題対策の実務検討会では，今後育児休業手当を自営業者にも拡大する方向で合意した。諸外国では自営業者も何らかの手当を講じている例が多い。少子化対策としては，早急に育児休業したいすべての人が休める環境整備が必要である。

c　子どもから見た働く母親

岩男寿美子と杉山明子（1984）は母親の就労を子ども自身がどのようにとらえているかについて，小・中学生を対象に，「お母さんが職業をもって働くことについてどんな感想をもっていますか」という題目で作文を書いてもらい，母親の就労と子どもの感想をまとめている（事例13）。

概して，働く母親に「寂しい」と訴えているが，中学生になると，多角的視点でとらえ，男女差がみられる。男子の場合，母親が働くことが自分にとってどのような迷惑がかかってくるかが問題になるが，女子の場合，母親の生きが

事例13　作文：子どもから見た働くお母さん（岩男・杉山, 1984）

●手伝いをする子どもたち

　わたしの父と母は「とこや」をやっています。母が働いているので夜10時ごろ夕飯になることもあります。母はお店の仕事と家の仕事の両方をやるので，しょっちゅう病気をします。これが今こまっていることです。母が大変なので，家族のみんなは，なるべく母にめいわくをかけないように自分のことは自分でやるようにしています。──小学4年・女子・母親は自営

●お母さん，無理しないで

　働くのはいいけれど，なにしろ病気にならないでほしいと願っています。それに，お母さんは家に帰るのが時々おそくなります。そんな時でも，あわてず事故にあわないようにしてほしいです。お母さんは時々頭がいたいと言っても仕事にいく日があります。お母さん！あまり無理をしないようにしてください。──小学4年・女子・母親は勤め人

●生き生きしている働く母親

　ぼくの母は家にいた時はあまり運動をしなかったので，ぶくぶくよくふとっていた。そして，ひまがあるとマンガの本を読んでいた。母が働きはじめるようになって，いままでなかった変化がみえはじめた。おしゃれをしたり，ふといからだがやせはじめたり，生活にリズムができはじめたり，新聞に目をとおすようになったりしはじめた。──中学3年・男子・母親は勤め人

●お母さんがいなくてさびしい

　ぼくは，ぼくの友だちより生活力についてはたしかにある。母が働くことによってぼく自身しっかりした人間になりつつあると思う。しかし，学校から帰って「おかえり」と言ってくれる人がいないことはたしかに家庭にさびしさがある。──中学3年・男子・母親は勤め人

●疲れているお母さん

ぼくがお母さんに何を言っても，仕事をしているときは「あとで」とか「もうちょっとだから」などいったりする。ぼくはこのことばはとてもきらいだ。ぼくも，みてほしいものや，やってほしいものがたくさんあるのに…。── 小学4年・男子・母親は自営

●お母さん，ごはんまだ？

ぼくの家ではいつも夕ごはんが8時頃になります。ぼくは，はらがへって，はらがへってたまりません。朝おきると母はまだねています。弟は「お兄ちゃん，早くごはん作ってよ」と，いつもうるさくいいます。── 小学4年・男子・母親は勤め人

●お母さん，父母の会出て！

兄も私も大きくなったから，母は働きに出ているが，父母会には出てほしい。母は「出なくちゃね」とは言っているが休みがとりにくい。もう少し休みがとれる気軽な仕事をやってほしい。── 中学1年・女子・母親は勤め人

●母の役割ってなんだろう

うちの父は，男は外へ出て金を持ってくればよいという考え方だ。父がそう考えても，実際のぼくの家は共働きなのだ。自分の理想を人におしつけても，それは父の我がままだけである。また，男が台所に入ることさえあまりこのまない傾向にある。共働きをしているのに，父の収入だけで家族5人をやしなっているように言うのはとてもおかしい。給料は母も同じようにもらってくるのに。父は文句をいいながら食事のできるのをテレビをみながらビールを飲んで待っている。父は「男は外から帰ってヘトヘトにつかれているのであたり前だ」という。だからといって母をどれいのように使っていいはずがない。母も父と同じように勤めから帰ってつかれているのだから，共に助け合って台所ではたらくべきではないだろうか。── 中学2年・男子・母親は勤め人

いや役割を見つめて自分の生き方と重ね合わせて考えようとしている。とくに最後の中学2年男子の作文は，家庭生活における父親と母親の役割分担についての疑問などを表し，深い洞察をしている。思春期の男子のエディプス・コンプレックスなどの心情や自立心が読み取れて興味深い。

引用・参考文献

「男女共同参画基本法が成立」　朝日新聞　1999年6月16日
フリーダン，B.　三浦冨美子（訳）　1970　新しい女性の創造　大和書房
フリーダン，B.　山本博子（訳）　1989　老いの泉　上・下　青木書店
保育所保育指針　1999　平成11年改訂　フレーベル館
「育児ノイローゼ，増える乳児院入所」　朝日新聞　1998年12月5日
厚生白書（平成10年版）　少子社会を考える――子どもを産み育てることに「夢」を持てる社会を　1998　監修厚生省　ぎょうせい
厚生省「育児をしない男を，父とは呼ばない」　朝日新聞　1999年3月17日
岩男寿美子・杉山明子（編）　1984　働く母親の時代――子どもの影響を考える　NHKブックス
「人口動態統計の概況」　朝日新聞　1999年6月12日
柏木惠子　1993　子ども・育児による親の態度　発達，56, Vol. 14, ミネルヴァ書房
経済企画庁　1997　子どもを育てるのは楽しいと思う母親の割合　平成8年度国民生活白書
経済企画庁　1998　夫の家事従事時間調査
岸裕司　1999　学校を基地にお父さんのまちづくり――元気コミュニティ！秋津　太郎次郎社
「子どもたちの放課後――学童保育はいま1-5」　朝日新聞　1998年12月10日-17日
小嶋秀夫　1989　養護性の発達とその意味　小嶋秀夫（編）　乳幼児の社会的世界　有斐閣　Pp.187-204.
牧野カツコ　1982　乳幼児をもつ母親の生活と〈育児不安〉　家庭教育研究所紀要，3.（文部省　みんなで担う共働き家庭　明日の家庭教育シリーズ1　1994　第一法規　p. 19.）
大日向雅美　1988　母性の研究――その形成と変容の過程　川島書店
ラム，M.　1986　2歳までのアタッチメントの発達　ペダーセン（編）依田明（監訳）父子関係の心理学　新曜社　Pp.27-57.
「食事1カ月与えなかった18歳母親，娘を死なす」　読売新聞　1999年5月16日
総理府　1989　共働き家庭での役割分担　女性の就業に関する世論調査
高原須美子　1989　エイジレス・ライフ――豊かな高齢化社会の設計　有斐閣
和田秀樹　1997　75歳現役社会論　NHKブックス
山崎喜比古ほか　1991　家事・育児を分担する男性の新しいライフスタイルとコンフリクト　東京大学医学部保健社会学教室

8章 子どもと共に育ち合う大人たち

　情報化・国際化・高齢化が進行する中で，時代は大きく変わろうとしている。家庭・学校・地域社会での子どもたちの様子を憂えた親や教師や大人たちの気持ちを代弁して，マスコミは「子どもたちがみえない」と報じている。

　授業中マンガを読んでいるのを教師に咎められると「勉強は塾でやるから」と返事して，「駄目なら，おうちに帰る」と立ち去る"自己チュウ児"や，道でも電車の中でも辺りかまわず足を投げ出して座り込む"ジベタリアン"に対して，「何を考えているのかわからない」「言葉が通じない」「心が通わない」とわれわれ大人たちはお手上げの状態である。これを世代間ギャップと諦めるわけにはいかない。現代の青少年の行動特徴は，とりもなおさず育ての世代である大人たちのこれまでの生き方や価値観がモデルにされてきたからである。責められるべきは，恥じ入るべきは，われわれ自らの思惟や言動である。

　次世代を担う子どもたちの健全育成の環境づくりは，われわれが一人の大人として何ができるのか，どのように変革できるのかを自らに問い，子どもたちと真摯に向き合い心を通わせることである。子どもたちの生きる力と心をはぐくむためには，子どもを育てるのではなく「子どもと共に育ち合う関係づくり」から始めねばならない。

1節　子どもの生きる力と心をはぐくむ──乳児・幼児期

1．家庭教育のマニュアル化時代

　厚生省は「それでいいよ，だいじょうぶ──子どもとの暮らしを応援する本」，文部省は乳幼児期の子どもの親向けに「家庭教育手帳」や小・中学生をもつ親のために「家庭教育ノート」を全国に配布した。子育てや家庭教育はど

うあるべきかについて，小冊子を配布して，親の子育て支援を図るものである。

夜泣きが止まない，ミルクを飲まないなどの育児ノイローゼは，ときには幼児虐待の原因になることもある。育児に不慣れな若い母親のために厚生省の小冊子は「泣くのが赤ちゃんの仕事。育て方のせいではありません」「失敗もあってあたりまえ。それで，いいのです。"母親失格"なんて自分を責めないで。完璧な母親なんていないのですから」などと，やさしく母親に語りかけている。

その一方で，パチンコに熱中して車内に残した子どもを死なせたり，コインロッカーに子どもを預けたりする親がいる。こちらの親たちにはまったく別の処方箋がいる。たとえば具体的に，「夏場締め切った車内の温度は高温になり，幼児を中にひとり放置しておくと，熱中病（脱水症と機能障害）を起こして，死にいたります」とか，「夫婦で食事をするときは，子連れでも入れるレストランで一緒に食事をしましょう。コインロッカーに荷物を預けるように子どもを閉じ込めておくと，体温が上昇して，大変な事故になります」など。

市町村から妊娠した母親に母子手帳や子育て手引き書が配布されているが，これまでの注意書きを総点検して，「平成新米パパ・ママ」向けに，具体的で，読みやすいイラスト表示のマニュアル本に書き改め，親子連れが立ち寄る駐車場やコインロッカーや公園などに，「子育て注意書き」のステッカーやポスターなどを張りつけて，呼びかける必要がある。

2．自立できない子どもたち——ピーターパンとシンデレラ

自立とは，身辺生活・精神生活・経済生活などを，人に頼らず自力で営むことである。乳幼児期は，親や保育者に見守られながらも独力で，箸やスプーンを使って食べることができる，睡眠をとることができる，衣服の着脱ができる，手洗い・歯磨きなどの清潔行動がとれるなど，身辺の生活・清潔習慣の形成が発達課題となる。その場合，自立性と依存性を一直線上の対局概念ととらえ，速やかに甘えを脱却し自立へ向かうのが望ましい発達過程であると規定するのではない。親や保育者に十分甘え安心感を得ながら，依存と自立を行きつ戻りつして，自立へステップアップする螺旋状の発達構造としてとらえることが重要であり，心身共に鍛えられた自立心や自立的行動にはそのプロセスが不可欠

である。

　ところで，自立心や自立的行動が現実の社会でこれほど強く求められてきたからなおのこと，自立しないで，たやすく幸運を手に入れられたら，どれほど幸せだろうかという思いから，多くの夢物語が描かれている。願わくば大人にならず，自立しないで，楽しく遊びほうけて暮らしたいという人間の基本的欲求から描かれたのが「ピーターパン」。継母に差別を受けながらぼろをまとって働く少女が，魔女の魔法の力で城の舞踏会で王子とめぐり逢い，ガラスの靴を残して幸せをつかむという「シンデレラ」。いずれも，自力では夢がかなわず魔法の力（他力本願）によって，幸運をつかみ取るというストーリーである。

　魔法の粉をふりかけてもらい，夢の島で遊び暮らして，けっして大人になれない，自立できない少年ピーターパンのように，現実の社会で自立して男性役割を演じることができない青年の問題として指摘したのが，D. カイリー著『ピーターパン・シンドローム』である。『モラトリアム人間』の著者小此木啓吾が，内容が類似しているからということもあって翻訳を依頼されたというエピソードがあるが，精神分析医である小此木は，『ピーターパン・シンドローム』には次の2点のオリジナリティがあると評価している。

　一つは，ピーターパンというだれでもがお馴染みの古典を，ライトモチーフに使って幻想の世界を大人の眼から読み直すスリルがあること。敵のフック船長はピーターパンの分身であり，やさしいウェンディの思いやりが，自立に自信のないシンデレラ・コンプレックスの裏返しであるなど。二つ目は，「なぜ，彼らは大人になれないのか」の副題が示すように，ピーターパン・シンドロームが，思春期・青年期の心の発達の各段階で，どんなふうにでき上がっていくのか，その発達病理学にある。発達病理学といっても，ピーターパン・シンドローム（症候群）は，"燃えつき症候群"や"空の巣症候群"と同じように，現代の社会状況の中で，とくに現れやすい一定の心理傾向をいい，特定の病気（精神障害）を意味するわけではない。現代の男たちが共通に罹っている心の病を，目に見える形に整理したところに意義がある，と説明している。

　昔話やおとぎ話の女の子向け十八番は，気立てがよく，働き者のやさしく美しい娘にはプロポーズ（玉の輿）が訪れるという筋書きである。代表作はなんといっても「シンデレラ」である。あるがままの自己を受け入れるのではなく，

事例14　シンデレラ・コンプレックス

プロローグ　"おとぎ話がこわれた日"
●甘い幻想をひきずって

　問題はすでに幼児期にはじまります。至れり尽くせりでしっかり守られ，パパやママの助けが欲しければ，いつでもそれをかなえてもらえた幼児期。
　…中略…
　女性が家庭に抱く非常な愛着と，その意識下の甘い幼児幻想とは関係があると，わたしは思います。依存という点で関連があるのです。それは，誰かにもたれかかりたいという欲求，幼児に逆もどりして，いつくしまれ，世話をやかれ，危険から守られていたいという欲求です。
　男性も女性も，ある時期まで依存心を持つことはごくあたりまえのことです。しかし女性の場合は，これから見ていくように，子どものときから，人に頼ることを不健全なまでに奨励されて育つのです。
　よく考えてみれば，女性なら誰でも気がつくはずです。自分たちが，他人の世話にならず，自分の足で立ち，自己主張するのが良いとされるようなしつけ方はされなかったことに，ごく自然に自己充足している男の子たち，そしてのちにはおとなの男たちをうらやましく思いながら，せめて自立のまねごとくらいはしたかもしれませんが。
　男性の自己充足感は，生まれながらのものではなくて，訓練の結果です。男性は，生まれたその日から自立をめざして組織的に教育されます。
　その点，女性は，同じくらいに組織的に弱虫でいるようにと教育されるのです。つまり女性は，ある日，ある方法で誰かに救い出してもらう存在と教えられます。そんなおとぎ話を，そんな人生のお告げを，わたしたちはまるで母乳にまぜて飲むかのようにして育つのです。

(*The Cinderella Complex* by Colette Dowling：木村治美訳　三笠書房　1982)

　美貌願望や変身願望に埋没して，自己実現の努力を怠る自立できない女性の問題として指摘したのが，コレット・ダウリング著『シンデレラ・コンプレックス』である。いつか王子が白馬に乗っていまの自分を救い出してくれるはずという幻想と願望で，ひたむきな自己研鑽を厭い，自立しようとしない女性たちをダウリングは，自己反省も交えながら厳しく叱っている。男女共同参画社会づくりが法的に整備されだした今日，家庭教育の中で女の子の精神的・経済的

8章　子どもと共に育ち合う大人たち　183

自立をはぐくむ上で参考になる指摘である（詳しくは事例14を参照）。

3．のび太君とジャイアン君

子どもマンガの『ドラえもん』に登場する"のび太"と"ジャイアン"。ボーッとしていたりグズグズしているのび太君と，落ち着きがなくて忘れ物をして先生に注意されるジャイアン君は，一見正反対の性格に思えるが，じつは「注意欠陥／多動性障害（ADHD）」と呼ばれる共通の病気であることが多い（詳しくは**5章3節**参照）。

子どもの行動で人の話が聞けない，友達と一緒に遊べない，危険なことを衝動的にするなどが頻繁にみられると，保育所・幼稚園・学校現場から呼び出され，「家庭のしつけが悪いせい」といわれて，途方にくれている母親が最近多くみられる。ADHDは，学校関係者や医療・福祉機関でもようやく認知され始めたものの，"しつけができていない子ども""元気印の子ども""頑固な性格の子ども"などとの見分けが難しいので，その対応に苦慮しているのが現状である。集団保育に入り始めた3，4歳頃から目立ち始めるが，小学校の高学年になるとしだいに治まり周囲に適応している場合が多い。

司馬理英子医師は注意欠陥と多動性障害という二つのタイプを同一の医学的疾患としてとらえ，「のび太・ジャイアン症候群」と命名した（1997，1999）。ADHDの場合，学校生活では"のび太君"だといじめられっ子に，"ジャイアン君"だといじめっ子になってしまう傾向があるが，指導の方法によっては成長するにつれて，のび太君はやさしく創造性豊かな人になり，ジャイアン君は活発でたくましくリーダーシップを発揮する人に育つといわれている。わが子がADHDなのかどうか悩んでいる親に対して，司馬は「教師や医師がADHDに対する理解を深め，親も神経科での受診やカウンセリングを否定的に考えずに家族で子育てをして行く必要がある」とアドバイスしている（司馬，1999）。

4．しつけ・家庭教育のポイント

しつけとは，田植えのときの植え付けや，着物の縫い目を仕付け糸で縫いおさえるのに用いられた言葉である。家庭でのしつけは，子どもが独立した個人

に成長するように、また社会の一員として自立し共同した生き方ができるように、親や大人が教え導くことである。

　ところで、しつけや家庭教育におけるスキンシップの重要性について、スイスの動物学者A. ポルトマン（1961）は、乳児は感覚器官（視覚・聴覚・嗅覚・味覚・触覚）は優れているものの、運動能力など未熟で、歩行や言葉などの能力が解発されるのに生後1年以上かかることから、乳児を「生理的早産児」と呼び、生後1年間の乳児期を「子宮外胎児期」とみなした。"早産児"や"胎児"であれば、親の愛情ある注意深い養育の大切さはいうまでもない。さらに、H. F. ハーロウ（1958, 1985）は生まれて間もない赤毛ザルの赤ちゃんを、ミルクの出る針金製の代理母と、ミルクは出ないが柔らかい布製の代理母で育てたところ、ミルクを飲んだ後は、ほとんどの時間柔らかい布製の代理母のところで過ごした。このことから類推して、乳児にとっても、肌と肌のスキンシップの重要性が明らかである。ジョン・ボウルビィ（1976）の愛着理論（*2*章に詳しい）や、E. H. エリクソン（1980）の発達課題の基本的信頼感などは、スキンシップに富んだ養護性がいかに大切かを物語っている。

　つぎに、しつけのポイントは、①しつけの責任は父親と母親で分かち合う、②しつけは多様な価値観との出合いの中で、③しつけは、その時、その場で、明快に、④しつけは、ゆとりをもって冷静に、⑤しつけは、褒めることと叱ることの両面から、である。しつけ・家庭教育が子どもの発達の側面援助という重要な役割をもつという観点から、筆者は、家庭教育の土台、柱、展望台に分けて図解している（加藤, 1992, 図8-1）。家庭教育の土台は乳幼児期の発達課題でもあるところの、ぬくもりのある親子関係（スキンシップ）と生活習慣の形成（自立）である。さらに、幼児・学童期の発達課題として、身体の発達、運動能力の発達、情緒・感情の発達、意欲の発達、知的能力の発達、社会性の発達がある。最後が学童・思春期の発達課題としての、二階部分の自己を見つめ、社会を展望する精神世界である。

5．子どものSOS

a　乳幼児の事故防止

　子どもの事故は、年齢や発達の程度によって内容が変わってくる（21世紀職

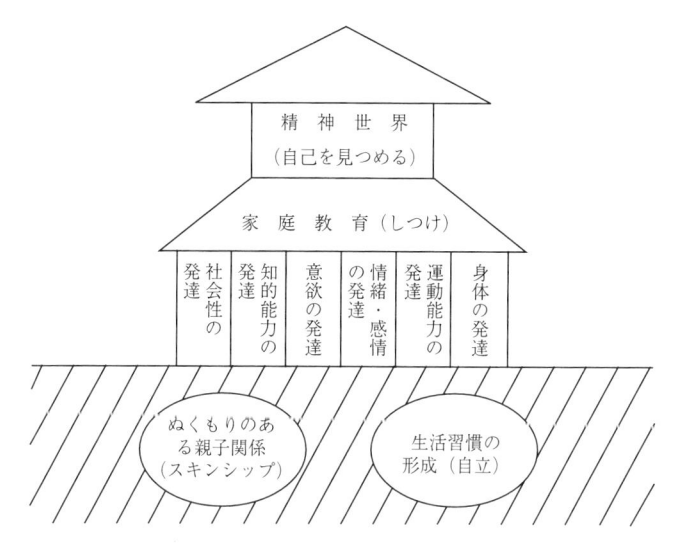

8章　子どもと共に育ち合う大人たち　185

```
            精 神 世 界
           （自己を見つめる）

          家 庭 教 育（しつけ）
   社 知  意  情   運  身
   会 的  欲  緒   動  体
   性 能  の  ・   能  の
   の 力  発  感   力  発
   発 の  達  情   の  達
   達 発      の   発
     達      発   達
             達
```
ぬくもりのあ　　　生活習慣の
る親子関係　　　　形成（自立）
（スキンシップ）

● 家庭教育の柱
　土台にしっかり根をはり，屋根をがっちり支えられるような，太くたくましい柱として次の領域の発達がある。
　身　体　の　発　達…栄養状態や睡眠時間に配慮して，丈夫な体づくりに心がけたいものである。
　運動能力の発達…戸外遊び（鉄棒，縄とび，自転車など）を積極的にさせ，水泳，スキーなどにも親しむことができれば望ましい。
　情緒・感情の発達…愛情をたっぷり味わい，喜びや悲しみの経験を積み重ねることにより，情緒豊かな人に成長できると思われる。
　意　欲　の　発　達…親自身が一所懸命生きぬく姿を子に見せることにより，子どもは身につけていく。少々わん白であっても，子どもが夢を描くことができるような，ふところの深い養育態度が必要である。ゆとりある親の態度が，子どもの物事に対するねばり強さをはぐくむと思われる。
　知的能力の発達…好奇心や発見の喜びに，じっくりとつき合って，思考力や判断力を伸ばしたいものである。宿題なども，全面協力も放任もいずれも望ましくはない。側面から援助し，つまずいたときに，さりげなく，解決の手段（辞書や地図を調べるなど）を示してやることが大切である。
　社　会　性　の　発　達…きょうだいや友達と仲良くしたり，けんかをしたりしながら，だんだんと自己主張や協調性を身につけ，社会的行動がとれるようになる。
● 家庭教育の展望台
　土台も柱も大切であるが，同様に，二階の展望台も重要で，ここではこれを"精神世界"と呼んでおく。自分自身をいかに深く見つめられるかが問題になるのである。何故人と仲良く生きていくことが求められているか，人生で何故学ぶということが必要なのか，さらに，将来どんな生き方をしたいのかなど，子ども自身がじっくりと内省することである。そのためには，過保護で過干渉の親の態度であっては，精神世界は保障できない。大人の価値観から一度子どもを自由にさせてやり，子どもが自分自身を見つめる時間と空間が必要である。この図は二階の部屋に展望台を図解してあるが，もちろん平屋の中でも庭先でもかまわない。もっといえば，親の帰りを待ちながら，ひとりでじっくり考える一時があれば，それでもよいのである。

図8-1　望ましい家庭教育（加藤，1992）

業財団, 1998a, Pp.28-29)。
- 出生〜6カ月児では，ベッドなどからの「転落」，ベッドの柵に頭をぶつけたり，おもちゃで口や手を切るなどの「打撲・切り傷」，柔らかい布団でのうつ伏せ寝や毛布などが顔にかぶさったり，紐が首に巻きついたりする「窒息」，熱いミルクを飲んだり，熱いものがかかったりする「熱傷・火傷」，炎天下や車中に放置されてなる「日射病」，車に同乗中の「交通事故」などである。
- 6カ月〜1歳児では，階段からの「転落」，タバコや小物の「誤飲」，浴槽や洗濯機に落ちて「溺水」，道路で遊んでいての「交通事故」など。
- 1〜2歳児では，「転落」，「窒息」，「溺水」，「熱傷・火傷」，「交通事故」などで，行動範囲が広くなり，最も事故が起こりやすいので要注意。
- 3〜4歳児では，1〜2歳と同様「転落」「溺水」「熱傷・火傷」「交通事故」であるが，一層活発な動きや外遊びの増加で，けがの程度も大きくなる。
- 5歳以上では，3〜4歳までに起こりやすい事故例に加えて，単独での行動範囲の拡大にともない，屋外・交通事故などが増え，大事故になる危険性がある。

なお，家庭内は子どもが事故を起こす危険な物・場所がいっぱいであることが，図8-2に示されている。子どもの発達段階に応じて，大事故にいたらないように，入念な注意が必要である（21世紀職業財団, 1998b, Pp.30-31)。

b 乳幼児突然死症候群（Sudden Infant Death Syndrome: SIDS）

乳幼児の突然死は，それまでの健康状態や既往歴からまったく予測できず，死後解剖しても原因がわからない。乳幼児が睡眠時の無呼吸から覚醒する反応が遅れるために，発生するといわれている。日本では年間約600人が死亡しており2,000人に一人の割合で，1歳未満，とくに6カ月未満児が多い。1998年6月厚生省がはじめておこなった全国調査では，SIDSの発症要因としては，①うつ伏せ寝，②人工乳保育，③保護者の喫煙があげられている。うつ伏せ寝は仰向け寝より発症リスク（危険度）が3倍であり，人工乳保育と保護者の喫煙は5倍のリスクであった。欧米では1980年代の後半には，すでにこの因果関係が指摘され，禁止措置や勧告などが出されている（朝日新聞, 1998.6.2.）。

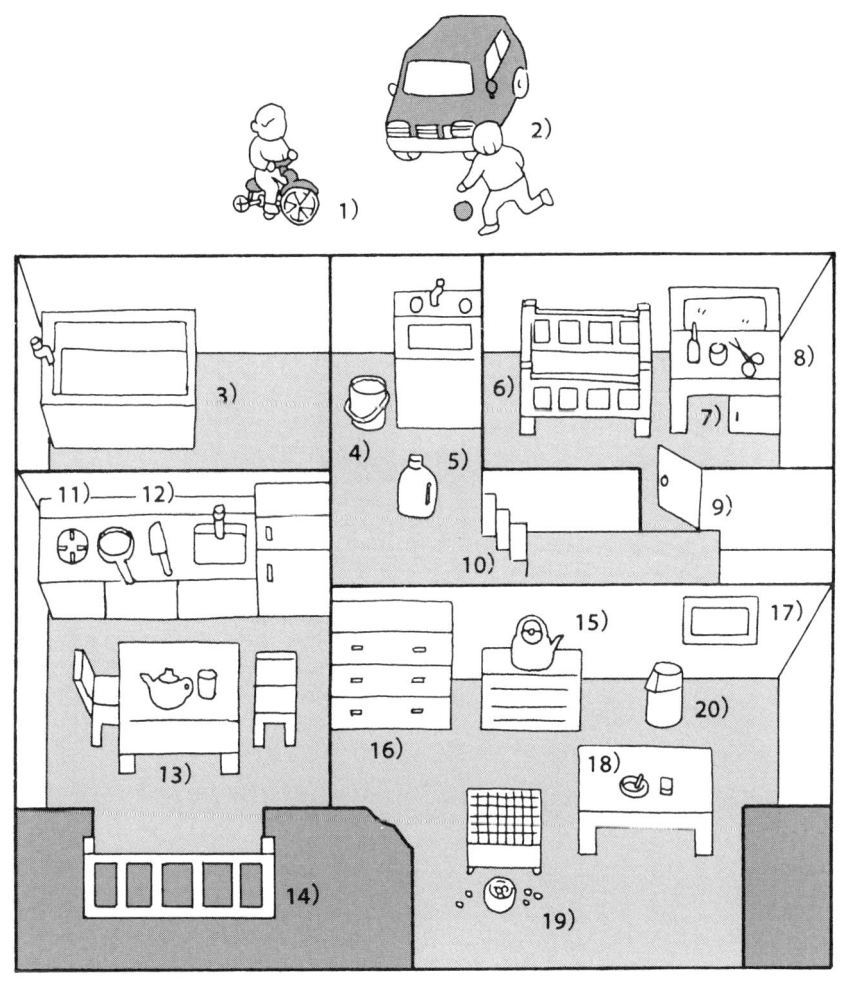

1) 道路で遊んでいるときの交通事故
2) 自動車との接触による交通事故
3) 浴槽への転落による溺水事故
4) 洗濯機やバケツでの溺水事故
5) トイレなどの洗剤による誤飲事故
6) ベッドからの転落事故
7) 化粧品による誤飲事故
8) ハサミによる切傷事故
9) ドアにはさまれるなどの打撲事故
10) 階段からの転落事故
11) 台所での熱傷事故
12) 包丁などによる切傷事故
13) テーブルでの熱傷事故
14) ベランダ，テラスからの転落事故
15) ストーブによる熱傷事故
16) 家具の角などでの打撲事故
17) 額などの落下による打撲事故
18) たばこの誤飲事故
19) 小物の誤飲事故
20) ポットや魔法ビンによる熱傷事故

図8-2　家庭内の子どもに危険な場所（21世紀職業財団，1998b）

c　チャイルドライン

　チャイルドラインは，少年少女の悩みや不安をだれかに打ち明けたり，相談にのってほしい気持ちに応えて，ボランティアの相談員が24時間体制で受け付ける子ども専用電話のことである。1986年英国の BBC 放送が児童虐待についての特別番組をつくったのが始まりで，フリーダイヤルでかけられるので相談件数は一日3,000件を越すほどである。

　しかし日本には，24時間体制の相談を受け付けるまでにはいたっていない。全国の自治体の教育委員会，児童相談所，警察などでおこなっている電話相談は平日の日中に限られていたが，文部省は1999年度から全都道府県24時間体制を整備する3カ年計画に着手し，相談員の研修などでレベルアップも図っている。

2節　子どもの生きる力と心をはぐくむ——幼児・児童期

1．子どもの体験活動の重要性と総合学習

a　生きる力をはぐくむ体験活動の重要性

　1997年文部大臣小杉隆が生涯学習審議会に対して，①青少年の「生きる力」をはぐくむ地域社会の環境の充実方策について諮問し，1999年6月9日に答申「生活体験・自然体験が日本の子どもの心をはぐくむ」が出された。この答申にいたるまでの中央教育審議会答申の経緯は以下のとおりである。

(1) 1996年7月中央教育審議会第1次答申は，子どもたちに「生きる力」をはぐくむこと，ゆとりの教育の重要性，開かれた学校，完全学校週5日制実施に向けて，家庭・学校・地域社会が連携して，教育力を充実することが提言された。

(2) 1997年6月中央教育審議会第2次答申は，一人ひとりの能力・適性に応じた教育，大学・高校の入学者選抜の改善，中高一貫教育などの提言がされた。

(3) 1998年6月中央教育審議会答申は，「新しい時代を拓く心を育てるために」では，家庭や地域社会が子どもたちの心をめぐる問題をどのように取

り組んでいくべきかについて具体的に提言した。

　生涯学習審議会答申「生活体験・自然体験が日本の子どもの心をはぐくむ」では，2002年に完全学校週5日制の実施に向けて，家庭や地域社会で，体験活動の機会を子どもたちに「意図的」・「計画的」に提供する必要を強調している。子どもたちの心の成長には，家庭や地域での生活体験（お手伝い），自然体験の豊富な子どもほど，道徳観・正義感が充実していることを示している。さらに，緊急取り組みとして，①地域の子どもたちの体験機会を広げる，②地域の遊び場を増やす，③体験活動を支援する体制をつくる，④活動を支援するリーダーを養成する，⑤有害環境の改善を図る，⑥過度の学習塾通いへの警鐘，⑦家庭教育の支援，子育てに悩む親の相談に24時間対応できる体制をつくる，などが盛り込まれている。

　とくに「⑥過度の学習塾通いへの警鐘」についてだが，学習塾の位置づけを検討していた生涯学習審議会は，学習塾が学校教育を補完する役割を果たしていることを認め，今後文部省は塾側と話し合いの場を設けて，夜遅くまで指導をおこなっていないか（小学生は夜7時以降は指導しない）のチェックをすることになる。これまで「暗記や詰め込み中心」と批判的であったが，塾との共存を図るのがねらいで，完全学校週5日制の実施に合わせて，土，日の指導を控えるよう求めている。文部省の1993年度の調査によると，小学生の通塾率は23.6％で，1997年度の日本PTA全国協議会の調査では，小学校6年生で43.2％であった。塾にも「補習塾」や「体験学習塾」もあり，暗記や詰め込み中心主義ではない塾もある。学校が成績の中程度の生徒を対象にせざるをえないので，補習塾などはまさに補完的役割があり，いちがいに塾批判に終わることなく，学校教育と塾とのあり方を幅広く議論するべきである。

b　学校教育における基礎基本と総合学習の意義

　1998年教育課程審議会（文相の諮問機関）は，詰め込み教育から脱却してゆとりを確保するために，小・中学校の教育内容を3割削減する提言書をまとめた。答申の目玉は，「総合的な学習の時間」の創設である。各学校がこれからは創意工夫して，地域や学校，児童の実態などに応じたテーマを選び，全教科に横断的で総合的な学習や児童の興味・関心などにもとづく学習をおこなうと

いうものである。答申にもとづいて，10年ぶりに改定された学習指導要領が1998年12月に告示され，2002年度から実施されることになった。

中央教育審議会答申にもあるように，教育の目的は「生きる力」をはぐくむことにあるが，教科書の中身を詰め込み，丸暗記するような学習では，生きる力は身につくはずもない。「自ら課題を見つけ，自ら学び，自ら考え，主体的に判断し，よりよく問題を解決をする資質や能力」が求められ，これが「生きる力」といえるもので，この力を獲得させることが「総合的学習の時間」のねらいでもある。文部省は2002年度新学習指導要領実施に向けて，移行措置として，2000年から総合的学習の時間を先行実施するよう促している。

ところで，「ゆとり」という言葉に惑わされ，学習達成度状況の把握を怠ったり，子どもたちの興味・関心の学習領域のみに偏って，基礎基本にたっぷり時間をかけることを疎かにしてはならない。

というのも，文部省が1998年2月におこなった「学校教育に関する意識」の中で，授業の理解度を調査した結果をみると，小学生の3割，中・高校生の6割が学校の授業をよくわからないと思っていることが示された。総合的学習が学習の基礎基本をしっかり学習することと平行して，学校の自由裁量を広げる中で，「生きる力」を獲得するのに有効な学習になるよう見守りたい。

2．子どもと人権意識

世界人権宣言が1948年国際連合で採択されて，1998年で50周年を迎えたのを記念して，政府は1998年12月に「世界人権宣言50周年・人権擁護委員制度50周年記念月間」と定め，広く人権意識の普及高揚に努めている。

強調事項として，次の7項目が定められているので紹介する。①考えよう，あなたの人権，わたしの人権，②子どもの人権をまもろう，③高齢者を大切にする心を育てよう，④部落差別をなくそう，⑤女性の地位を高めよう，⑥障害のある人の完全参加と平等を実現しよう，⑦国際化にふさわしい人権意識を育てよう，である。

a　国際家族年

1989年第44回国連総会の決議にもとづき，1994年を国際家族年（International Year of the Family: IYF) とし，テーマを「家族：変わりゆく世界における資源と責任」と決定した．スローガンは「家族から始まる小さなデモクラシー」で，家族の自由・平等・人権尊重の精神，多様な家族があることの受容などが謳われている．

プロトス・ガリ国連事務総長は，国際家族年を開始するにあたって，世界NGO (Non-Governmental Organization) フォーラムにおいて，「家族と社会全般の双方において，人権，とくに子どもの権利，個人の自由，男女平等の促進を支援しなければならない」と述べている．国連の報告書では，家族は社会の基礎単位で，社会は家族が地域の中で家族としての責任を十分に果たせるよう"世界人権宣言""国連人権規約""女子差別撤廃条約""子どもの権利条約"などに従って，可能な限り幅広い保護と援助を与えなければならない．家族は個々の選択や社会の条件により，多様であり，家族年はこれらの家族のニーズをすべて包含するものであること．さらに，すべての家族は，家庭内での地位や形態・条件にかかわらず同等であり，個人の基本的人権と自由を擁護するもので，政策では男女平等を推進し，家庭内での責任の分担，雇用機会の均等を実現するものである．また家族の自活能力を強め，家族が家族としての機能を果たせるよう支援するものであって，家族機能を代替するものではない，などが記されている（山本, 1995）．

新しい家族の姿としては，これまでの3世代家族に，核家族の増加や，DINKS（共働きで子どもがいない家族），DEWKS（共働きで子どもがいる家族）の出現，さらにはシングル志向なども注目されているが，「いきすぎた個人主義への警鐘」を真摯に受け止めると同時に，「過剰な家族愛の提唱が，固定的な性別役割分担の強化」につながらないよう注視すべきでもある．家族をめぐる個人と家族員との自立と共生問題はとりもなおさず，個人と社会の問題，国家と国際社会との問題にも大いに関連することを忘れてはならない．

b 子どもの権利条約（政府訳／児童の権利に関する条約）
条約成立の背景と意義
子どもの権利条約（Convention on the Rights of the Child）は，1989年国際連合でつくられ，日本は1994年に158番目の条約批准国になった．"ジュネー

ブ宣言"（国際連盟，1924年）や"児童の権利宣言"（国際連合，1959年）がすでにあったが，世界中の子どもたちの安全や幸福や最善の利益を保障するにはいたらなかった。1979年の国際児童年に条約の起草を真っ先に提案したのは，第二次世界大戦で苛酷な戦禍を受けた大悲劇の地ポーランドである。国連人権委員会の10年に及ぶ作業の後，国連総会において満場一致で採択され，「地球規模での子どもの憲法」といえるものである。

条文内容

　前文と第一部には，18歳未満のすべての人を対象に，社会・経済・文化生活における国家の責任と家庭生活における父母の養育責任について明記している。さらに"意見を表明する権利""表現の自由""思想・良心および宗教の自由""結社および集会の自由"など，大人と同等の権利が子どもにも保障されている。養子縁組に際しての保護や，難民の子どもの保護や援助，心身障害児への特別養護，健康維持のための保健サービス利用の権利が確認されている。第二部には，条約が締約国でまもられているかどうか審査するための権利委員会の設置やその任務が記されている。締約国は，権利実現への努力と進捗状況を委員会に報告する義務が課せられている。第三部には，署名，批准，加入，効果発生，廃棄などの手続きが記されている。

国内・外の取り組みと課題

　日本の子どもの権利侵害の問題としては，児童虐待，学校教育現場のいじめ，不適切な校則，理不尽な体罰などがある。条文にも「あらゆる形態の身体的若しくは精神的暴力，傷害若しくは虐待，放置若しくは怠慢な取り扱い，不当な取り扱い又は搾取（性的虐待を含む）から，子どもを保護しなければならない」と謳っている。この権利条約はオンブズワーク（権利侵害の監視）を必要としている。各都道府県では，「子どもの人権110番」や「子どもの人権オンブズマン」の活動があり，子どもの人権に関する悩みなどの相談を受けつけている。諸外国の先進例では，ノルウェー，カナダ，ドイツ，イスラエルなどでは，"子どもの利益局"が活動しているが，日本も早急に子どもの窮状を代弁する政府機関の制度化が待たれるところである。発展途上国では，女に生まれただけで生存の権利が奪われている。男児が優先的に食料を与えられたり，保健衛生面で恩恵を受ける仕組みがあり，ジェンダー（社会文化的性差）による差別

は，教育の機会均等面でもみられ，3億人の子どもたちが，小・中学校に行くことができず，そのうちの三分の二は女子であるといわれている。ユニセフでは，この実態を"性別によるアパルトヘイト"と呼び，不公平や差別の撤廃を訴えている。

条約とともに歩もう

　この条約を子育て環境整備に役立てるのはもとより，子どもにもわかるように説明し理解させることが大切である。幼児期から自分の意志をしっかり表明し，すすんで自己決定することの喜びを味わってほしい。と同時に，いかなる場合でも，他者の権利を侵害してはならないことを自覚させ，自立した子どもに成長発達できるよう配慮したい。そのことは，日本の子どもの人権侵害を解決するだけではなく，広く視野を世界に転じて，世界中のすべての子どもたちの権利が脅かされていないかを監視し，国と国の壁を越えて，大人と子どもが一緒に障壁を取り除く努力をすることが大切である。子どもを「被保護主体から権利主体へ」と意識改革し，「子どもの最善の利益」の保障が求められている事実を重く受け止めて，地球規模での条文完全遵守の気運を盛り上げねばならないと思われる（加藤，1995，1998）。

　C　いじめと不登校

　わが子の小・中学校教育へのスタートは親にとって待ち焦がれた節目であるが，一方で学校現場のいじめ・不登校問題を懸念する親たちは多い。

　いじめに関しては，東京都立教育研究所が「いじめの心理と構造をふまえた解決の方策」と題し，1996，1997年度都内の小・中学校（22学級全員2，3回）延べ2,000人と継続面接して，教室内の人間関係の変化を大規模に追跡調査した。質問紙では「いじめについてどう思うか」の問いに対し，「場合によっては，いじめる人が悪いとは限らない」が小学校低学年で8.3％だったが，学年が上がるにつれ増加し，中1で少なくなるが中3で3割以上を占めた。面接でいじめている子からは，いじめの対象について「行動が遅いから」「清潔にしない」「以前いじめられた」など，相手の気に入らないところを強調することで，自分の行為を正当化しようとする言葉が出てきた。またいじめをみていて止めない子からは，「いつも一人で，友達が欲しくないみたい。いじめら

事例15　子どもの権利をめぐる動き

(1) 子どもの権利擁護を目的とする「児童買春(かいしゅん)・ポルノ処罰法が成立」

　第1条に「性的搾取及び性的虐待が児童の権利を著しく侵害することの重大性にかんがみ，児童買春，児童ポルノに係わる行為等を処罰する」とある。これまで「援助交際」は男性側の罪が曖昧にされて，「少女の非行」という側面が強調されてきたが，この法のもとでは，少女は被害者と規定され，男性は児童買春として処罰されることになる。

　さらに第16条は「児童の保護を行う民間の団体との連携協力体制の整備（に努める）」とあり，異例の言及である。今後は，性的虐待を受けた女性の救護や保護に長年かかわってきた実績をもつ団体は，「被害者保護」「カウンセリング」などのノウハウや，国内外にネットワークを活用し，「行政機関の姿勢をチェックしながら，積極的に情報提供していく」と立場を明確にしている。

　法制定のきっかけは，1996年ストックホルムで開催された「子どもの商業的性的搾取に反対する世界会議」。日本が子どもポルノの世界有数の輸出国であり，日本人の買春ツアーなどが指摘され，政府の取り組みの遅れが批判された。法整備後は実効性が問われるので，行政機関は民間団体と連携を進め，効果的な子どもの人権擁護に努めるべきである（読売新聞,1999.5.19.記事要約）。

(2) ILOによる新児童労働条約案の採択

　国際労働機関（ILO）は1999年6月17日，18歳未満の未成年者の強制的な戦闘従事，性的労働の禁止をうたった「最悪の形態の児童労働即時廃止条約（新児童労働条約）案」を賛成415の満場一致で採択した。条約は2カ国の批准で発効する。

　ILOの旧児童労働条約では，就業の最低年齢を原則として15歳未満としている。しかし世界の途上国では5歳から14歳の児童2億5000万人が労働に従事しており，児童労働全廃への道は程遠い。新条約は，現状を踏まえ，これとは別に相当数存在する，最も悲劇的なものに対象を絞り，禁止を定めた。

　新条約は，奴隷的労働，性的労働，非合法な労働，兵役など危険な労働の強制の禁止と撲滅のための措置をうたっており，加盟国はこれら最悪の児童労働を禁止するための法的整備を義務づけられる。1999年5月に日本で成立した児童買春(かいしゅん)・児童ポルノ処罰法も，この条約の成立を見込んだ措置である（読売新聞,1999.6.18.記事要約）。

れてもしかたないかなとも思う」などの意見が出た。いじめの妥当性を主張する子どもたちに対して,「いじめは絶対にいけない」という教員の頭ごなしの指導は逆効果であることがうかがえる。他方いじめている子どもはイライラ感や不安感などをつのらせていることも調査から明らかなので,背景にある不満の分析・共有や取り除く配慮をして,いじめられている相手のつらい立場に思いをはせる心を養うのが,親や教師に求められる課題である。

　不登校については,文部省の調査によると,全国公私立高校を1996年度中に中退した生徒は111,989人（在籍者数に対する中退率は2.5%）で3年連続増加し,1982年度以来過去最高である。中退理由は就職や別の高校への進学,専門学校への入学希望という「進路変更,42.7%」,学校生活や授業に興味が湧かず通学意欲をなくす「学校生活・学業不適応,31.4%」を占めた。その中身は,もともと高校生活に熱意がない,授業に興味が湧かない,人間関係がうまく保てないの順であった。なお中退前に半数以上の生徒が不登校で,中学時代と比較したところ,高校での不登校が中退に直結していることも明らかになった。さらに「心を打ち明けて話せる友人がいない,25%」で,「気軽に相談できる先生がいる,27%」にすぎず前回と比べると半減した。

　ところで,文部省や学校の不登校に対する一定の理解が進んで以来,かえって子どもたちは学校を休みずらくなっていると,内田良子（東京・佼成病院心理室カウンセラー）は分析する（朝日新聞,1998.7.24.）。無理やり誘い出すのは逆効果であるのに,3日も休めば教師や友達が家に迎えに来てくれる。保健室登校,空き教室を利用した別室登校や,適応指導教室などが認められている。このように学校に戻す数々の施策は,子どもの側からみれば,ソフトな登校強制である。大人に有給休暇があるように,「つらい」「疲れた」と感じた子どもが,もう少し気軽に休み,休んでも復帰しやすい仕組みを学校に整えられないか,そうすればいじめも不登校も確実に減る,と提案しているのは傾聴に値する。

　家庭内暴力を振るう14歳の長男を金属バットで殴り殺した父親の裁判（1998年5月東京地裁判決出る）で明らかにされたのだが,少年は幼い頃から「学校を休みたい,行きたくない」という気持ちでいたし,13歳の少年がナイフで女教師を刺し殺した事件でも,背景に学校を休みたいという願いが親の胸には届

いていなかったなど，一連の報道を見る限り，息切れする子どもたちの願いや叫びを先送りして，「学校だけは行きなさい・来なさい」と駆り立てる親や教師や社会の配慮のなさが，かえって病める子どもたちに深刻な結果を招いている。

3節　新しい家族・家庭のライフデザイン

1．多様な家族・家庭

a　3人の母親

21世紀を目前に「規制緩和と自己決定の時代」を迎え，新しいライフスタイルや多様な価値観を求め，子どもの親になることについても例外ではなく，近年の目覚ましい生殖医療技術の発展（体外受精など）が，3人の母親という分類を可能にした。受精卵の提供者である遺伝学的母親，その受精卵を子宮に着床させ出産した生物学的母親，生まれた子どもを育てる社会学的母親の存在である。これまで，この三次元が重なり合って三役を一人でこなす母親が圧倒的に多かったから，産んだ母親が育てるのがあたりまえと思われてきた。そのために，産みの母親と育ての母親が別であることが珍しく思われ，「ままはは／継母」の呼び名も流通し昔物語などに継母の継子いじめなどという悪しき伝説が生まれたのではないだろうか。これからは，三次元の母親としての役割はいずれも重要であり，それぞれの段階における母子の健康・福祉・教育のための意識変革や環境整備を社会全体で取り組む必要があると思われる。

b　ベビーM事件

ベビーM事件とは，1987年アメリカで，契約により子宮を貸して子どもを出産した女性（生物学的母親）が，契約を破棄して，子どもの親権をめぐって契約相手である夫婦（遺伝学的母親・父親）と裁判で争った事件である。もちろん子どもの親権は受精卵の提供側である夫婦にあると決着したが，このような事件が勃発する背景には，アメリカ社会において，遺伝学的母親と生物学的母親の2極分化が進行しつつあることがうかがえる。さらに，養子縁組による親

子関係の成立も多く，養子に対する養父の性的虐待の問題もクローズアップされているだけに，母親だけでなく父親にとっても，親業に対する教育的・社会的な意識改革が求められるところである。

c 体外受精に対するガイドラインの必要性

長野県下諏訪町の根津八紘・諏訪マタニティクリニック院長は，1998年ある夫婦が，妻の妹から卵子の提供を受けて，夫の精子と受精させて妻の体内に戻して出産に成功したことを公表した。さらに根津院長は，非配偶者間，すなわち，友人から提供を受けた卵子による体外受精を実施すると発表した（朝日新聞，1999.4.17.）。

根津院長はこれまで，卵子・精子の提供は兄弟姉妹間に限ると独自のガイドラインを設けていたが，今回当事者が納得しているので実施に踏み切ったという。友人から卵子を取り出し，夫の精子と受精させたうえで妻の体内に戻す。同院ではこれまで10組の非配偶者間の体外受精による妊娠，出産に成功し，現在も30組の兄弟姉妹から卵子や精子の提供をうけ不妊治療をおこなっている。

不妊に悩む患者の熱意もあるが，出生してくる子どもの立場からすると，社会的・法的にも受け入れられる環境の整備が急務である。夫婦外での体外受精による出産が公表されて，日本産科学会は担当した根津医師を学会から除名処分したが，メンツ（面子）にこだわらず，早急に，広く学際的論議を経てガイドラインを作成せねばならない。

夫婦以外の精子・卵子で生まれた子の，親を知る権利を認めるかどうかが，21年前，世界で初めて試験官ベビーを誕生させたイギリスで，大きな論議を呼んでいる。この問題について，日本でも近い将来，法的整備が課題となるであろう（読売新聞，1999.9.2.）。

d 継母神話からの解放

佐藤紀子の著した『白雪姫コンプレックス』（1985，新版1995）は，グリム童話「白雪姫」のストーリーは，美貌願望に取り付かれた継母の継子いじめと語り伝えられているが，グリム童話の原本によると，実母の実子虐待であることを紹介して，現代社会において実の母親がいけないとわかっていながら，子

どもを無視したり，体罰を与えたり，養育に必要なお金や品物を与えないなどの虐待をすることを，カウンセリングの現場から告発している。佐藤によると，各地の民話を集めて綴ったグリム童話のもとの原稿が近年発見され，それによると白雪姫を殺したのは実母であるという。親子の相性が悪くて，母親にいじめられる話は，フランスの文学者ルナールによる『にんじん』もあるが，いずれも父親の影が薄く，いま流に解説すると，子育てと自己実現とのギャップに苦悩した母親が，夫との心理的距離に隔たりが生じ，夫から育児のサポートを得られないで，精神的に追い詰められて幼児虐待にいたる，といえよう。

e　ひとり親家庭

シングルファーザーやシングルマザーによる子育ての問題点は，日本の場合，ひとり親の育児技能（スキル）や経済力の不足に起因するよりは，むしろ少数派に帰属しているが故に，偏見などによる社会的受容度の狭隘さに，親子ともども苦しめられているというのが実情ではないだろうか。ひとり親が父母両方の役割を担うのは，過重負担になって無理が生じることはあっても，まったく不可能とはいえない。むしろひとり親になる経緯がいかなるものか，また事態を当事者がどのように認識しているかのほうが，よほど重要であるのはいうまでもない。過去を惨めな悔恨ととらえて無力感に陥っていれば，おのずと子育てにも反映しかねないが，ひとり親で子育てしていくには幾多の困難が待ち受けているとしても，親子にとっては，未来を明るい希望に満ちた新しい出発と認識することができれば，障壁の克服は不可能なことではないと思われる。急ぐべきは，ひとり親家庭への行政支援（就労支援，住宅手当，児童手当，寡婦福祉手当，高等教育進学のための奨学金など）を一層充実することである。

2．結婚と離婚の規制緩和と自己決定

a　婚姻関係

日本国憲法第24条に「婚姻は両性の合意のみに基づいて成立し，夫婦が同等の権利を有することを基本として，相互の協力により，維持されなければならない」とし，男女の平等が保障されている。さらに，明治31年施行された旧民法では夫と妻の関係は，妻を無能力者として扱っているが，昭和23年施行の現

行民法では「夫婦は同居し互いに協力し扶助する」(民法第752条),「夫婦は,その資産,収入その他一切の事情を考慮して,婚姻から生ずる費用を分担する」(第760条) など,男女が同等の権利と義務を負っていることが示されている。

ところで近年,結婚と離婚における規制緩和と自己決定のライフデザインが浸透し始めている。結婚についてみてみると,1997年の年間結婚は775,662組で,晩婚化が進み,初婚年齢は男が28.6歳,女が26.7歳である。

b 離婚と調停

離婚については,1998年の離婚件数は前年を約2万組上回り,243,102組で過去最高であった。人口1,000人あたりの離婚率も1.94組で,前年の1.78を大きく上回って過去最高となった(1996年のアメリカ4.33,フランス1.90)。離婚全体では,5年未満の夫婦の離婚が多いが,同居期間が20年以上の夫婦の離婚が急増中で,約4万組で,前年比13.1%増加した。

ところで日本では,離婚は協議離婚が成立しないとき,離婚を希望する当事者が家庭裁判所へ離婚調停を申し立てなければならない。いきなり離婚訴訟(裁判)を提起できず,原則として調停を申し立て,調停離婚が成立しなかった場合にはじめて裁判ができる仕組みである。調停とは,調停委員が,当事者双方の主張を聞き,話し合い,合意の上解決を図る。調停委員会で当事者どうしの離婚の合意ができ,審判官同席のもと,調停調書に記載されると,確定判決を受けたのと同じ効力があり,ただちに離婚が成立することになる。

裁判離婚は,離婚調停が不成立後,離婚しようとする者は,裁判所に離婚の訴えを提起することができ,離婚を認める判決が確定すると,離婚が成立する。自ら離婚原因をつくって婚姻関係を破綻させた者(有責配偶者)からの離婚請求は,原則として認められない。離婚が認められたケースとしては,別居期間が長期にわたり,未成熟の子どもがなく,相手方配偶者が離婚されても精神的・社会的・経済的にも困る状態にない場合である。また婚姻破綻の原因をつくった有責配偶者に対して,他方は離婚による精神的苦痛の慰謝料を請求できる。離婚した者の一方は,他方に対して財産を分与するよう請求できる。財産分与の請求は離婚後2年以内にしなければならない。なお,離婚により,婚姻

前の氏に戻ることを復氏という。離婚後も引き続き，婚姻中の氏を称したい場合は，離婚日から3カ月以内に役場に届け出をすれば，婚姻中の氏を称することができる（福島，1998）。

C 親権者と面接権

親権者とは，未成年の子を監護教育し，子の財産を管理する父母をいう。夫婦であれば共同して親権を負うが，離婚するどちらか一方が親権を負うことになる。親権者の指定の定まらない離婚届けは受理されない。親権者の指定の協議が定まらない場合は，裁判所が定める。親権の有無にかかわらず，子の養育費については，父母の資産，職業，収入などにより，応分な割合で分担する義務がある。離婚の際に，負担者，金額，支払い方法を定めておくべきだが，離婚後でも必要に応じて，請求できる。協議がまとまらなければ，家庭裁判所へ調停の申し立てをする。離婚後，親権者または監護者にならなかった親は，一定の範囲で，子と面会したり，電話・文通したりする権利があり，これを面接交渉権という（**3節2．**は朝日現代用語「知恵蔵」1993年版を参照要約）。

引用・参考文献

朝日現代用語「知恵蔵」 1993 朝日新聞社 Pp.1083-1084.
ベビーM事件 1990 朝日新聞 キーワード
ボウルビィ，J. 黒田実郎・岡田洋子・吉田恒子（訳） 1976 母子関係の理論I 愛着行動 岩崎学術出版社
ダウリング，C. 木村治美（訳） 1982 シンデレラ・コンプレックス 三笠書房
海老坂武 1986 シングル・ライフ 中央公論社
エリクソン，E. H. 仁科弥生（訳） 1980 幼年期社会 I・II みすず書房
藤﨑眞代・野田幸江・村田保太郎・中村美津子 1998 保育のための発達心理学 新曜社
福島瑞穂 1998 夫婦別姓 有斐閣新書
「夫婦以外の精子・卵子で生まれた子——親を知る権利認める？」 読売新聞 1999年9月2日
Harlow, H. F. 1958 The nature of love. *American Psychologist*, 13, 673-685.
ハーロー，H. F., メアーズ，C. 梶田正巳・酒井亮爾・中野靖彦（訳） 1985 ヒューマン・モデル——サルの愛情行動 黎明書房
ILO「新児童労働条約案採択」 読売新聞 1999年6月18日
「児童買春・ポルノ処罰法が成立」 読売新聞 1999年5月19日

カイリー，D.　小此木啓吾（訳）　1984　ピーターパン・シンドローム――なぜ，彼らは大人になれないのか　祥伝社　Pp.306-307.
加藤千佐子　1992　子どもと親の育ちあい　山本和代・加藤千佐子（編）　育ちあう家族　宣協社　Pp.87-131.
加藤千佐子　1995　子どもの権利条約と子どもの家庭教育　日本女子大学女子教育研究所（編）　現代家庭の創造と教育（女子教育研究双書9）　ドメス出版　Pp.170-192.
加藤千佐子　1998　解説／子どもの権利条約　子育て情報誌笑顔がいっぱい　下野新聞社　Pp.78-79.
厚生省　1999　それでいいよ，だいじょうぶ――子どもとの暮らしを応援する本
文部省　1999　家庭教育手帳・家庭教育ノート
「乳幼児突然死症候群（SIDS）」　朝日新聞　1998年6月2日
21世紀職業財団　1998a　緊急時対応と応急処置　保育サポーター養成講座テキスト
21世紀職業財団　1998b　子どもに危険な場所　保育サポーター養成講座テキスト
ポルトマン，A.　高木正孝（訳）　1961　人間はどこまで動物か　岩波新書
佐藤紀子　1985／1995　白雪姫コンプレックス――虐待する母と被虐待児症候群　金子書房
司馬理英子　1997　のび太・ジャイアン症候群　主婦の友社
司馬理英子　1999　ADHD――これで子どもが変わる　主婦の友社
司馬理英子「のび太・ジャイアン症候群」　産経新聞　1998年7月10日
生涯学習審議会答申　1999　生活体験・自然体験が日本の子どもの心をはぐくむ
「体外受精」　朝日新聞　1999年4月17日
東京都立教育研究所「いじめの心理と構造をふまえた解決の方策」　朝日新聞　1998年7月24日
内田良子「気軽に休めるなら確実に減る不登校」　朝日新聞　1998年7月24日
山本和代　1995　国際家族年と家庭教育　日本女子大学女子教育研究所（編）　現代家庭の創造と教育（女子教育研究双書9）　ドメス出版　Pp.142-169.

人名索引

ア 行

有馬正高　83
五十嵐一枝　125
石井哲夫　138
石井美穂　2
イタール, J. M. G.　42
伊東眞里　68
今村栄一　139
岩男寿美子　175,176
ヴィン=バング　56
ウェクスラー, D.　73
ウォルピ, J.　23
内田良子　195
内山喜久雄　23
エインズワース, M. D. S.　49,50
エッカーマン, C. O.　144
江波淳子　147,148,149
エリクソン, E. H.　10,14,19,21,131,184
エリス, A.　25
大田原峻輔　123
大坪明徳　66
小此木啓吾　181

カ 行

カイリー, D.　181
柏木惠子　143,158
加藤千佐子　184,185,193
カナー, L.　113
上村菊朗　125
亀岡智美　135
ガリ, P.　191
カルフ, D.　28
川崎千己　145
川原佐公　145
岸　裕司　161
キャッテル, P.　67
ギルフォード, J. P.　82
倉石精一　3
クラウス, M. H.　47

倉橋惣三　148
黒丸正四郎　45
郡司正樹　30
経済企画庁　157
ケネル, J. H.　47
古賀靖之　24
古賀行義　84
國分康孝　12
古澤頼雄　131
小嶋秀夫　154

サ 行

斎藤　学　135
佐々木正美　114
佐藤修策　28
佐藤紀子　197,198
司馬理英子　183
シモン, T.　73
シュテルン, W.　43
庄司順一　132,139
白崎研司　70
次良丸睦子　41
杉山明子　175,176
スピッツ, R. A.　14,48,131

タ 行

ダーウィン, E.　36
ダーウィン, C.　36
ダウリング, C.　182
高野清純　58
高橋道子　48,130
高原須美子　171
詫摩武俊　37,38
武久美希　54
多田俊文　58
ディーコン, T. W.　35
トリオン, R. C.　39

ナ 行

内藤和美　135

21世紀職業財団　184,186,187
ニューガートン, B. L.　171
ニイル, A. S.　13
根津八紘　197

　　　　　ハ　行

ハヴィガースト, R. J.　59,60
橋口英俊　26
パブロフ, I. P.　21
原　紀子　24
ハーロウ, H. F.　16,17,184
バーン, E.　26
繁田　進　50
バンデューラ, A.　10,22,23
ピアジェ, J.　10,14,15,33,44,52,56
ビネー, A.　73
ファンツ, R. L.　45,46
福島瑞穂　200
藤井あずみ　55
藤﨑眞知代　128,129
ブラゼルトン, T. B.　46,130
フリーダン, B.　172
フロイト, A.　14
フロイト, S.　10,14,17,18,19
フロム, E.　13
ボウルビィ, J.　10,14,15,49,51,129,130,132,
　184
ポルトマン, A.　184

　　　　　マ　行

牧野カツコ　158
マレー, H. A.　81
三宅　廉　45
村田孝次　16
モーガン, C. D.　81
森永良子　125

　　　　　ヤ　行

山崎喜比古　160
山下　勲　28
山田　明　150
山本和代　191
柚木　馥　70

　　　　　ラ　行

ルンド, E.　30
ロジャーズ, C. R.　3,8,10,11
ローゼンツワイク, S.　82
ロールシャッハ, H.　80
ローレンツ, K.　34,35

　　　　　ワ　行

ワイナー, S. L.　55
渡辺弥生　29
和田秀樹　171
ワトソン, J. B.　21,42

事項索引

ア 行

IQ 73
愛着（アタッチメント） 5,10,14,15,16,17,45,
　47,48,49,51,129
ITPA 言語発達学習能力診断検査 78
アセスメント 4,8,23,60
後追い 130
安全基地 131
「育児をしない男を，父と呼ばない」 159
育児・介護休業法 167
育児休業 175
育児支援事業 141
育児体験事業 139
育児ノイローゼ 137,162
育児不安 137
いじめ 5,12,59,146
慰謝料 199
異　食 99
一対一のかかわり遊び 151
遺伝学的母親 196
イ　ド 18
遺　尿 95
遺　糞 84,93
インテーク 66
WISC-III知能検査 75
ウィリアムス症候群 6
ウイルス感染予防 156
WPPSI 知能検査 75
運動反応 81
『エイジレス・ライフ』 171
ADHD 114
SS（評価点） 78
SCT（文章完成法テスト） 82
HIV 156
M字型労働力率 174
MCC ベビーテスト 67
LD 6,114
エンカウンター 13
援　助 2,3,4,6,7,10,11,12,28,58

遠城寺式乳幼児分析的発達検査 67
援助方法 150
エンゼルプラン 167
『老いの泉』 172
応益負担方式 168
嘔　吐 92
応能負担方式 168
オペラント 25
親子関係検査 94
音楽療法 30,151
音声模倣 71
オンブズワーク（権利侵害の監視） 192

カ 行

下位検査 75,76,78
下位尺度 76,82
外　傷 6,19
カウンセラー 3,7,8,9,10,11,28,29,51,137
カウンセリング 1,5,6,8,9,12,13,26,30
核家族化 1,140
学習障害（LD） 6,114
学習障害児 76
学習理論 10,23
学童保育 165
過　食 135
家族の責任 175
家族的責任条約（ILO156条約） 175
学級崩壊 1,12,59-60
学校週5日制 166
葛藤場面 82
家庭裁判所 199
家庭の責任 175
家庭崩壊 6
環境ホルモン 156
気管支喘息 91
吃　音 84,104
基本的信頼感 131
虐待ホットライン 133
逆U字型労働力率 174
教育課程審議会 170

強化　22, 23, 25, 29, 45
共感　8, 11, 58
「共感される－共感する」という関係　144
協議離婚　199
協調運動　72
協調行動　144
虚偽尺度　82
局在関連てんかん　123
拒食　135
拒否的な態度　152
キレる子　1
緊急保育対策等5カ年計画　167
空想物語　81
くせ（習癖）　101
クライエント　3, 7, 8, 9, 10, 11, 25, 26, 28
クライエント中心　10, 11, 30
クリエンス　3
けんか　146
言語化　148, 149
言語指導　76
言語性IQ　75
言語発達　76
言語発達診断検査（TK式）　76
語彙指数　76
語彙年齢　76
合計特殊出生率　168
高次脳機能障害　124
口唇音　71
巧緻運動　72
行動主義　14, 21, 22, 23, 42
行動療法　10, 13, 23, 25, 26, 30
行動理論　21, 22
広汎性発達障害　113
交流分析　23, 26, 27
高齢化社会　171
高齢化率　171
高齢社会　171
国際家族年　190
国際高齢者年　171
国際労働機関（ILO）　175
ごっこ遊び　146
子どもの権利条約　191
個別式知能検査　73
コンシリウム　3
コンプレックス　19

サ　行

財産分与　199
産後ケア事業　141
サンドプレイ　80
CARS（小児自閉症評定尺度）　114
CAT　81
シェーピング法　24
ジェンダー（社会文化的性差）　192
自我　11, 14, 18, 19, 20, 21, 27, 33, 53
自我機能の障害　135
子宮外胎児期　184
試行錯誤　13, 22
自己概念　70
自己実現　6, 11, 33, 143
自己主張　143
自己中心性（エゴセントリズム）　52, 58
自己の未熟さ　152
自己否定的定義　135
自己抑制　143
支持的カウンセリング　95
自傷　84
視知覚障害　78
質問紙　82
質問紙法　80
児童買春・ポルノ処罰法　194
児童虐待　192
児童福祉法改正　165
自発的微笑　130
自閉症　6, 23, 28, 29, 107, 109
自閉性障害　83
自閉的傾向　138
社会化　33
社会学的母親　196
社会進出率　135
社会性　144
社会的虐待　135
社会的スキル　6
社会的ルール　144
集団式知能検査　73
習得度　76
受動的役割　148
受理会議　66
順番こ　144
浄化（カタルシス）　28
条件づけ　21, 22, 23, 35, 42
条件づけ法　25
条件反射　21
症候性てんかん　123
少子化　1, 3
情緒的満足感　151

情報処理過程　76
情報の入出力回路　78
食事行動の障害　98
食欲不振　98
女子差別撤廃条約　191
女性神話　172
初発反応時間　80
『白雪姫コンプレックス』　197
自　律　20,53,57
自律訓練法　23
心　因　88
新学習指導要領　190
心気症　90
神経症　4,5,6,19,21,23,29
神経症状　84
神経症的行動障害　88
神経心理学　124
神経心理学的検査　124
親権者　200
人権問題　132
人口置換水準　173
新行動主義　21,22
人口動態統計　172
人口乳保育　186
新児童労働条約　194
心身症　90,136
身体的虐待　135
身体的・心理的外傷　135
『シンデレラ・コンプレックス』　182
人物画テスト　84
新フロイト派　14,17,19
心理的虐待　135
心理療法（サイコセラピー）　3,4,7,8,12,23,26,30
スキル　13,62
スキンシップ　17,51
頭　痛　98
ストレス　1,2,5
生育歴　150
生活年齢　67,73
性器いじり　101
成熟拒否　136
精神身体の障害　88
精神遅滞　6,25,28,29,55-56,105
精神年齢　73
精神分析　10,13,14,17,18,20,26,30
性的虐待　135
生物学的母親　196

性別によるアパルトヘイト　193
生理的早産児　184
世界保健機関（WHO）　156
接近行動　130
セルフ・コントロール　25
セルフ・モニタリング（自己監視法）　25
潜因性てんかん　123
選択的社会的微笑　131
全般てんかん　123
全米婦人連盟（NOW）　172
総合的な学習　189
相談機関　65,86
相　貌　52
粗大運動　72
措置制度　168

タ　行

ダイオキシン　156
体外受精　197
退　行　85,142
ダウン症　6,29
田研式親子関係診断テスト　84
田研・田中ビネー式知能検査　74
脱毛症　84
多動性障害　6
食べすぎ　99
探索行動　16,20,49,51
探索の基地　131
男女共同参画社会基本法　159
男女雇用機会均等法　167
地域の子育てセンター　164
知覚指数　79
知覚年齢（PA）　78,79
知覚能力　78
父親の育児参加　140,158
チック　84,101
知的障害　74
知能検査　73
知能指数（IQ）　73
知能偏差値　74
チャイルドライン　188
注意欠陥／多動性障害（ADHD）　114,183
中央教育審議会　170
中央児童福祉審議会　168
超高齢社会　171
超自我　18
治　療　3,4,6,8,10,12,23,28,29,30
治療教育効果　73

事項索引　207

治療目標　67
通鼻音　71
爪かみ　84,101
爪むしり　101
津守・稲毛式乳幼児精神発達質問紙　65,94
定位行動　130
DSM-IV　109
DQ（発達指数）　66,67
TAT　81
DINKS　174
適　応　3,4,12,16,18,23,32,44,60
DEWKS　174
てんかん　122
電話相談　132,133,137
投影法テスト　80
登園拒否　102,138
同　化　14,33
登校拒否　23,28,29
動作性IQ　75
洞　察　7,8,13,61,63
動作の模倣　151
動作表現　72
動物行動学（エソロジー）　15
同胞葛藤　146
特発性てんかん　123
トラウマ　137

ナ　行

内　省　152
内的世界　152
喃　語　130
難　聴　138
21世紀職業財団　167
日本版K-ABC　76
乳児院　162
乳幼児期異常行動歴　82,83
乳幼児突然死症候群（SIDS）　186
認　知　6,14,15,22,23,25,26,30,52,53,56,58,59,61
認知検査　119
認知障害　125
認知処理能力　76
認知能力検査　122
認知のずれ　152
能動的役割　148
"のび太"と"ジャイアン"　183

ハ　行

吐き気　84
箱庭療法　23,28,29
パーソナリティ　12,20,22,27,28
発育障害　94
発信行動　130
発　生　14,32,36,37
発達課題　3,12,59,60
発達検査　65
発達指数（DQ）　66,67
発達障害　4,6,8,48
発達診断チェックリスト　67
発達心理学　1,14,56
発達輪郭表　66
発達理論　10,14,19,33,44,58
場面緘黙　104
反　射　17,22,44,45
反社会性　85
反応拒否数　80
反応決定因　80
反応終了時間　80
反応総数　80
反応内容　80
反応領域　80
反復性腹痛　92
PA（知覚年齢）　78,79
P-Fスタディ　82
微細脳機能障害（MBD）　116
非指示的　10,11
非社会性　85
微　笑　130
『ピーターパン・シンドローム』　181
否定的自己　142
非投影法テスト　80
人見知り　48,49,131
描　画　84
評価点（SS）　78
頻　尿　98
不適応　11,25,26
不登校　195
フレックス・タイム　170
フロスティッグ視知覚発達検査　78
憤怒痙攣（泣き寝入り発作）　89
平均寿命　171
ペイシェント　3
ベビーM事件　196
保育カウンセリング　1,2,3,4,8,10,14,23,51

保育サポート事業　167
保育士　168
保育者の役割　148
保育所保育指針　168
放課後健全育成事業　165,166
母子衛生　155
母子カプセル　141
母子交互作用　139
母子保健　155
ホスピタリズム（施設病）　16
母性愛欠如　154
母性愛神話　139
母性愛神話の呪縛　139
母性信仰　154
母性神話の払拭　140
母性的養育行動　132
母性本能　155
保　存　15,56,58
ほふく　138

マ　行

マザリング　132
マターナル・デプリベーション　132
ミルク嫌い　92
面接交渉権　200
目標修正的協調性　131
モデリング　22,30
モデリング法　24
模　倣　13,22,30

ヤ　行

夜　驚　84,100

遊戯療法　13,23,28,94
有責配偶者　199
指さし　71
指しゃぶり　101,148,149
養護性　154
養子縁組　192
幼児虐待　1,5,42,53,95,134
幼保一元化　170
欲求－圧力の理論　81
欲求不満－攻撃仮説　82
夜泣き　100

ラ　行

ラポール　9
ラマーズ法　156
離　婚　199
離婚調停　199
リトミック　151
リビドー　18,19
リリーサー（解発因）　15
臨界期　34,35
臨床経験　73
臨床心理学　1,8,12,30
レスポンデント　25
老人神話　172
ロールシャッハ・テスト　80
ロールプレイ　9,29

ワ　行

Y-G検査　82

● 著 者 紹 介

次良丸睦子（1章・2章執筆）

元 聖徳大学大学院博士後期課程臨床心理学研究科教授　大学附属家族問題相談センター長
東京都立大学大学院人文科学研究科心理学専攻博士課程修了
文学博士（東京都立大学）
主著：『児童心理学を学ぶ』（共著，有斐閣，1980）
　　　『性格』（共著，新曜社，1998）
　　　『現代アメリカ・パーソナリティ心理学』（訳，ジェウィッツ原著，聖徳大学出版部，1999）
　　　『発達障害の臨床心理学』（編著，北大路書房，2002）

五十嵐一枝（4章・5章執筆）

白百合女子大学文学部児童文化学科教授　臨床心理士
日本女子大学大学院家政学研究科児童学専攻修士課程修了
医学博士（東京女子医科大学）
主著：『脳とワーキングメモリ』（共著，京都大学学術出版会，2000）
　　　『発達障害の臨床心理学』（編著，北大路書房，2002）
　　　『軽度発達障害児のためのSST事例集』（編著，北大路書房，2005）
　　　『軽度発達障害児を育てる──ママと心理臨床家の4000日』（北大路書房，2010）

加藤千佐子（7章・8章執筆）

作新学院大学女子短期大学部名誉教授
日本女子大学大学院家政学研究科児童学専攻修士課程修了
主著：『ボランティア・ネットワーキング』（共著，東洋館出版社，1997）
　　　『幼児・児童期の教育心理学』（共著，学術図書出版社，2003）
　　　『家族の発達支援と家庭教育』（共著，大学図書出版，2007）

高橋君江（3章・6章執筆）

元 共栄大学国際経営学部特任教授　東京家政大学看護学部非常勤講師
日本女子大学大学院家政学研究科児童学専攻修士課程修了
主著：『発達心理学──赤ちゃん・子ども・わかもの・おとな・としより』（共著，宣協社，1995）
　　　『しっかり学べる発達心理学』（共著，福村出版，1999）
　　　『保育に役立つ教育心理学』（共著，大学図書出版，2005）
　　　『家族の発達支援と家庭教育』（共著，大学図書出版，2007）
　　　『しっかり学べる発達心理学　改訂版』（共著，福村出版，2010）
　　　『発達心理学』（共著，ナカニシヤ出版，2012）

子どもの発達と保育カウンセリング

2000年 4 月20日　初版第 1 刷発行	[検印省略]
2018年10月17日　初版第23刷発行	

著　者	次良丸　睦　子
	五十嵐　一　枝
	加　藤　千佐子
	高　橋　君　江
発 行 者	金　子　紀　子
発 行 所	株式会社 金　子　書　房

〒112-0012 東京都文京区大塚 3 − 3 − 7
電　話　03（3941）0111〔代〕
ＦＡＸ　03（3941）0163
振　替　00180-9-103376
URL http://www.kanekoshobo.co.jp

印　刷　藤原印刷株式会社
製　本　株式会社宮製本所

© M. Jiroumaru, K. Igarashi, C. Kato, & K. Takahashi　2000
Printed in Japan
ISBN 978-4-7608-2293-5 C3011